山の本をつくる

中西健夫
Nakanishi Takeo

ナカニシヤ出版

山の本をつくる

まえがき

「どうして、山の本を作っておられるのですか」

と聞かれることがある。その問いには、

「そこに山と本があるからです」

と、エヴェレストに消えたマロリーのような答え方をして煙に巻くことにしている。答えにはならなくても、つきつめるとそういうことなのです。とはいえ、山の本を四十年も作り続けて七十五歳も過ぎてくると、自分のアイデンティティと山の本の関係を整理してみなくてはならないと思い、そこで、この機会に「山の本つくり」について少し書かせてもらうことにした。

私の趣味は山登り。二十歳の頃から本格的にのめり込み、山好きの人なら誰も同じだと思うが、未だに年甲斐もなく、暇ができたら、山のことばかり想っている。二十歳代の若い時は、より高い山、より難しい山を目指して、ただ闇雲にピークをハントするような登山をしていた。でも三十歳を越える頃になると、ようやく周囲の景色が見えるようになってきて、挑戦するような山登りから、自然に融け入るように山に入る「山旅」という感じの山登りが好きになってきた。そして特に樹林の美しさに魅かれた。

はじめは山を彩る草花に目をひかれたが、やがて雪をおとして勢いよく跳ね上がる木々の力強さとか、春の雨をはじく甘く輝く産毛の生えた木の芽の輝き、葉よりも早く春を謳歌する白い木々の花々、そろそろ日陰のほしい時期に谷沿いの山道を飾るピンクのありきたりの花、長雨に濡れてモスグリーンの衣を羽織っている朽ちかけた巨木、そしてそのベンチのような根に腰をおろして汗を拭き、親しみを込めて思わずたたく大樹の肌、やがて秋になり、何よりも美しいのが錦秋の広葉樹林・・・。このものいわぬ樹木の立ちすがたに人の世界を超える悠々たる時の流れを感じた。

荘子の言葉に「淡交」というのがある。「君子の交わりは淡《あわ》きこと水の若《ごと》く」は、人と人との付き合い方の理想を説いた言葉だろうが、私と植物の間にも通じる名言でもある。人間の一生とスパンが異なる世界を生きる彼らの変化には夢があっておもしろい。今は虫にやられていても、次の世代は何がこの森を占有するのかを考えただけで楽しくなってくる。

わたしは単独登山が好きだ。誰かまうこともなく自由に山や樹木との対話ができるからだ。頭の中に清風をとおして日長歩いていると、日ごろのストレスが飛んでいく。岩間の清流にふくまれるミネラル豊富な水を飲むと、体内の悪循環物が汗となって吹き出していく。やがて適度の疲労と充実した一日がすごせた達成感で、そのあとには深い安穏の眠りが待ってくれている。そして明日への活力が再び湧いてくる。

　この本の目次を見てもらい内容を読んでもらうと、私が山の本を作りながら、そして岳人とつきあいながら成長してアイデンティティを構築していく過程が解かってもらえると思う。本と共に六十年、出版をメインにして四十年、その間に約二千点の書物を世に送り出してきた。山の本はそのうち十パーセントにも満たないが、その山の本をつくる楽しみがあったからこそ出版を続けてこられたようにも思う。それは山が好きで本が好きだったからだ。

目次

Ⅵ

装幀　竹内康之

I

山の本をつくり始めたころ

ブナやミズナラの森

──原生林を保護しよう──

「広葉樹林が危ない」

晴れてはいるが、雲が北から南へ足早に形を変えながら通りすぎていく。そんな晩秋の小春日和の日に、私は「奥美濃」とよばれる山域の最高峰・能郷白山（一六一七米）の頂上にたっていた。頂上から眺めると、これから行く北へと続く尾根にはダケカンバの大木が数本あり、それがこの辺りではめずらしい高山風の景観なので、いくぶん興奮気味に見つめていた。時雨をおもわす黒い雲がときおり山の背の少し上まで迫り、その雲の隙間から陽光がスポットライトのようにダケカンバを照らした。光をあびた白い幹に黄茶色の幾分縮れた葉がよく似あっていた。

それは四十年程前の十一月初旬のこと。友と二人で当時、自分達がフィールドとしていた、岐阜・福井・滋賀の三県境にまたがる奥美濃連山の能郷白山に登ったときのことである。広々とした頂上の祠の前で昼食を済ませると、地図に破線路のある北から東へとつづく尾根を温見峠へと向かって下った。踏みあともまばらな稜線の疎林帯をたどると、眼下の山全体がみごとに色づいていた。やがて尾根が北から東へと振るあたりから傾斜もゆるくなってきたので、この先はあまり危険なところはないと思い、もうこれ以上尾根すじどおりに降りる

うっすらと雪を冠った能郷白山。右に頂上、左に祠。（一九七〇）

のが馬鹿らしくなり美しい樹林帯に突入した。

　十月末の広葉樹林は錦繍というに相応しいものだった。ブナ、ミズナラ、トチ、幾種類ものカエデやナナカマド、ウルシなど、その紅（黄）葉の美しさは、わたしの住む京都で見られるような緑の中に紅葉が映える、どちらかというと渋い秋の色とはちがい、まさに目をみはるばかりの艶やかさであった。足元にはイタヤカエデの黄色い葉が一面にふり敷かれていて絨毯のようだった。小休止をとり、その上にごろっと寝ころんだ。色づいた木々の間からは紺碧の空のもと白い綿雲が流れるようにはしるのが望めた。ただただ天国にいるような気分で時の経つのも忘れてしまう昼下がりの瞬間《とき》だった。

　その印象が忘れられず、親しい友にもその美しい秋の広葉樹林帯が見せたくて、次の年にもう一度、今度は桑原武夫さんの本にある大郷谷を登るコースを通って山頂に立った。そして昨年と同じ錦秋の下山コースを通って愕然とした。昨年より林道が山の上の方まで伸びてきて、その分だけあの美しかった広葉樹の森は無くなっていた。そこにはただ無残に皆伐されて丸裸になった山肌があった。下山後、麓の村で聞いてみると、某大手製紙会社の仕業とのこと。その頃ぼつぼつ言われ始めていた日本の森林の危機を自分で眼の当たりにしたのだった。

　京都・福井・滋賀三県境近く、日本海に流入する由良川源流にある芦生《あしう》原生林が関西電力のダム計画で危ないということで、本の出版の話が出たのはちょ

能郷白山頂上から白山を見る。（一九七〇）

錦繍の広葉樹林（一九七〇）

うどその頃だった。私の山の本つくりは、その『京都の秘境　芦生』という原生林の保護の本からスタートした。それは昭和四五年（一九七〇）、三四歳のときのことである。

「山の本づくりのはじまり」

親父の代の昭和三年（一九二八）から京都大学の正門前で本屋をしていたことと、ごく私的な山での経験とが偶然に合致して私の山の本作りは始まった。しかしそれまでに全然本を作っていなかったかというと、そうではない。書店が主ではあったが、出版も片手間ながらやっていた。京都大学の教養部の教科書は憲法、法学、社会学、心理学、地理学、人類学、物理学、化学、図学など広範囲の分野のものを作っていた。とはいえそれらの本は自分の店で売るだけで、市販するものではなかった。そのころはテキスト以外の出版は皆目するつもりはなかったから、自分の本屋の店頭には、岩波書店を筆頭に有斐閣やみすず書房、白水社などもっぱら学生や先生に関心が高い他社の本が幅を利かせて並んでいた。その点でも市販向きの『京都の秘境　芦生』の出版はナカニシヤ書店にとっては画期的なことであった。

書店のお得意さんの中に、京都大学教養部で生物学の教鞭をとっておられる山下孝介という先生がおられた。先生は第二次大戦が終わって十年ほどした一九五五年に、木原均先生や今西錦司先生と一緒にカラコラム・ヒンズークシ

第二次大戦最中のナカニシヤ書店の店頭。
左から三人目は三高時代の江崎玲於奈先生。

学術探検隊に同行された。そして木原先生とともに小麦の一祖先であるタルホコムギの発祥の地を調査された。この時のことは、木原均編『砂漠と氷河の探検』(朝日新聞社、一九五六)に詳しい。私はその本よりも記録映画として同時に公開上映された総天然色映画「カラコルム」を今でもあざやかに覚えている。その映画の中にバルトロ氷河のコンコルディアからK2をはじめとするカラコルムの八千米級の山々、ブロードピーク、ガッシャーブルム、チョゴリザ、マッシャーブルムなどを望遠レンズで写した場面がでてくる。その山々の圧倒的な眺めに初めてお目にかかった私は、ただただ感動したものだ。

その山下先生の紹介で当時、農学部林学教室の教授をされていた四手井綱英先生に初めてお目にかかった。そして実際に芦生の原稿を書いておられる京大農学部付属芦生演習林(今は研究林)の助手の渡辺弘之先生を紹介していただいた。今、芦生の原生林に関西電力が揚水式のダムを計画している。これが出来ると、この原生林に近い広葉樹林帯が伐採されて、めちゃくちゃになってしまう可能性が高い。それでこの貴重な森の重要性を皆に知ってもらうために本を作りたい、とのことだった。私は一瞬、誰も住んでいない所を本にして売れるのか、と思ったが、先生は、毎年千人を超える学生がエクスカーションで此処を訪れるのに、ガイドブックがない。だから大丈夫、売れるから、とおっしゃったので安心した。

「芦生というところ」

ところで、突然話は変わるが、「極相林（クライマックス）」という言葉をご存じだろうか。極相林とは、一定の森の植生が時間の経過とともに変わっていって、最終的に達した森のことをいう。ちなみに日本の極相森は大きく分けて、南から常緑照葉樹林（シイ、カシ、クスノキなど冬でも緑で、もこもことした森）、落葉広葉樹林（ブナ・ミズナラなど冬に葉を落とす森）、針葉樹林（シラビソ、エゾマツなど亜高山帯や北海道にある森）の三種類からなっている。

照葉樹林、広葉樹林、針葉樹林、森はみなそれぞれに美しく、人々を魅きつけるが、春の新緑や秋の紅（黄）葉のことを考えると、私だけではなく誰もが落葉広葉樹林を選ぶと思う。私の住んでいる京都では、お寺の伽藍や白壁に映えるイロハカエデなどの紅葉の美しさなら毎年見ることができるが、群生したブナとかミズナラの紅（黄）葉は見られない。それを見ようと思うと、少し北へ向かって遠出をしなければならない。

京都の近くで大きな落葉広葉樹林帯を見に行こうと思えば、この京都大学農学部芦生研究林がすばらしい。芦生の森は、日本海に面した福井県の若狭地方から、ひと山南へ県境を越えた京都府側の由良川の源流地帯に広がっている。この地域は約百年前に京都大学が地元と契約して農学部の演習林として借りたために、それからの伐採や植林が最小限度にとどまっていて、およそ原生林に近い森が今も残っているのである。私は芦生の森が好きで何回も訪ねている。

由良川源流

もし皆さんがこの森を最初に訪ねられるのなら、五月の新緑の頃か十月の紅葉の季節がいちばんのおすすめだろう。

芦生の集落を経て研究林の事務所を過ぎ、美しい樹林のなかを歩いて由良川の源流を水上までつめると、そこが京都・福井・滋賀の県境である三国峠（七七六メートル）。そこからさらに今度は東へ下ると、鯖街道の中継地点・滋賀県の旧朽木《くつき》村（高島市）の生杉《おいすぎ》ブナ原生林に出る。それはほとんど樹林の中を通る一日の快適な登山コースである。

私はこのコースを二十三年もかけて越えた。という言い方は少しいい格好で、実はこれは作った本の上でのこと。渡辺弘之先生に『京都の秘境・芦生』という本を書いてもらったのが昭和四五年（一九七〇）。そして京都新聞社の写真家・山本武人さんに『近江朽木の山』を作ってもらったのが平成四年（一九九二）。その二十三年間のことだ。でもこの二十三年間は原生林の保護が注目を浴びるまでの長い道程であり、私には深い感慨がある。

そのころ渡辺先生は芦生の職員宿舎におられたので、私は何回か車で京都市内から北へ、佐々里峠を越えて芦生まで校正を届けに行った。手入れをされた北山杉のきれいな山間の道のドライブはいつも心を洗ってくれた。しかしそのころ世の中はちょうど学園紛争の真っ最中で、京都大学も騒がしいころだった。先生に校正をお届けする日が三島由紀夫の割腹自殺の日と重なり、カーラジオでそのニュースを聞きながら芦生に着くと、先生がテレビの前に釘付けになっ

芦生の林相

ておられたのを印象深く覚えている。
もともと原稿はほとんど完成していたので、一年ほどで本は出来上がった。

「原生林の保護から山の本へ」

そのころの私はまだ出版に対する知識が浅かったので、本が出来上がるころになって、ようやく装丁のことが気になりだした。デザインは自分ですることにしたが、そんなによいアイディアがすぐに浮かぶはずもない。それで当時、ナカニシヤ書店の店頭の書棚に並んでいる山の本をいろいろ見比べてみた。そしてその中で深田久弥著『瀟洒なる自然』（新潮社　一九六七）の表紙が気に入った。それで先生にアシウスギの綺麗な写真をお借りして、深田さんの本と似たデザインの表紙にした。私の作った初期の山の本は、この形式のカバーの本が『秘境奥美濃の山旅』『大台ヶ原・大杉谷の自然』『比良—山の自然譜』『万葉の山を行く』とその後も続くことになる。

出来上がった『京都の秘境・芦生』は、あちこちの新聞に書評が掲載されて、評判もよく、おかげで本もよく売れた。まだこのころは一地域を捉えた原生林の保護の本は屋久島くらいしかなかったので、読者にも新鮮に受け取られたようだ。増補版までいれると、十年で七刷か八刷までいった。

またそのころ、奈良の大台ヶ原の山頂近くまでドライブウェイが計画され、それが出来ると南限に近いトウヒの原生林に危機がせまるという話を聞い

た。そして『大台ケ原・大杉谷の自然』（一九七五）という本を、当時、奈良女子大学におられた菅沼孝之先生と大阪の大東高校の鶴田正人先生に書いてもらった。

私はこの本を作るのがチャンスとばかりに大台ケ原には何回も通った。西、東の周遊コースを散策したり、大台教会で山にまつわる伝説や気候の話を教祖さんから聞いたり、山道に降り敷くヒメシャラの花に感激したり、山麓で柿の葉すしの味を覚えたり、時には大杉谷へ抜け、松阪に下り、今をときめく「和田金」で松阪牛のすきやきを賞味したり、と楽しかった思い出がたくさんある。

この大台ケ原の本も新聞にとりあげられて、それなりに評価は受けた。が、しかし当時の「自然保護」に対する一般的な関心はまだうすかった。世間の関心は水俣病や四日市ぜんそくなど「公害」に集中していて、新聞もそちらの記事で連日埋まっていた。原生林の保護なんて、何きれいごと言ってんのやと思われていたのか、まだまだ蚊帳の外だった。

このように原生林の保護が一部の有識者の間では評価を受けるが、一般的には関心が少ないことの不満を、京都大学の林学教室に行って、そのころ助教授だった岩坪五郎先生（ヒンズークシュのワハーンに近いノシャック峰（七四九〇米）に昭和三五年（一九六〇）初登頂された）にこぼしていると、「中西君、反対や賛成や言うても、山や森に関心のある人はそれでええ。問題は無関心の人にいかにして関心を持ってもらうかやで。」と先生に言われた。この言葉は先生

ドライブウェイ工事の被害状況（1977）

はもうとっくに忘れておられると思うが、かけ出しの出版者としての私には大いに思いあたるふしがある重い言葉だった。「何も学術書だけが本ではない。啓蒙書を出して理解者を増やすことも大事なことやで」とおっしゃっているのだろう。

関西地方を中心とした山や自然の案内書の出版を始めたのはそれからだった。『京都北山を歩く』『京都滋賀南部の山』『京都丹波の山』『兵庫丹波の山』『鈴鹿の山と谷』『近江湖北の山』『福井の山１５０』『奥美濃』『飛騨の山山』『きのこの手帳』『京都の自然』・・・、つぎつぎと出版した。つねづね東京の出版社の出している関西の山の本では痒いところに手が届いていないと思っていたので、売れる数は少なくてもより詳しい丁寧な本を出すことを編集方針にして出版していった。

読者のほとんどが中高年だったのは少し悲しいことだったが、自然の中を歩いた喜びを記した読者カードが戻ってくるのは嬉しい。中には私と同じように、錦繍の森に出会った感動を記したものもあった。我が意を得たり、とはこんなことをいうのだろう。出版者冥利につきる瞬間だ。

「森への思い」

東北に残されたブナの森・白神山地での伐採を目的とした林道建設が地元の反対で止まったのを機に、自然林の保護についての世論も徐々に盛り上がって

（一九七二）

きた。このままではブナの原生林が日本から消滅してしまいそうになってきたからだ。数少なくなったとはいえ各地に点在して残っているブナ林の保護も続々とそれに続いた。行政も自然保護派の方に立たざるをえなくなり、最近では森を公的に買い上げることもひんぱんに行われている。また林相の変わってしまった森を元のブナ林に復元しようという息の長い植栽運動も各地で行われるようになっている。私はもうこれ以上人工によってブナ林が減少する心配はなくなったと思っている。

少し前になるが、京都で大きな地球規模の環境会議があった。そして出来た「京都議定書」という言葉にホストシティーとしての誇りを感じている。そのとき私はちょうどスイスアルプスの山麓にいた。テレビからは連日のように「キヨウト、キヨウト」と聞こえてきて、ヨーロッパでも関心は高かった。環境保護が政治的にもグローバルな大きなテーマとなった。いままでゴルフにしか関心のなかった人達も、このごろではオフロード感覚の4WDの車に乗ってアウトドアー指向、双眼鏡を首にかけて森の中に入ったりする時代になってきた。しかしまだまだ問題は山積みである。それらを集約していくと、そのほとんど全てが宇宙船地球号の定員オーバーにつながっているように私には思えるのだが。

山の森の本は後年になってもう一冊出版している。それは高桑進著『京都北山　京女の森』（二〇〇二）だ。高桑教授は京都女子大学で環境教育を教えてお

（二〇〇九）

られる。「京女の森」とは京都北山の尾越《おごせ》にある京都女子大学所有の森をいう。先生は此処をフィールドにされ、動植物を研究され、学生たちに自然環境の素晴らしさを体験学習させておられる。山は天然林と人工林の混生だが、それはそれなりの違いが比較観察できておもしろいはずだ。先生は自然と科学と宗教が合体した生命環境教育を提唱されている。森の持つ教育力が発揮されることを願って止まない。

　最後になったが、この本を作る頃になって『由良川源流　芦生原生林生物誌』（二〇〇八）という本をふたたび渡辺弘之先生に書いてもらった。この頃ではエコツアーで芦生に入る団体も多く、その森に入る人たちには自然ガイドの人も付いて説明をしている。しかし未だに四十年も前の『京都の秘境　芦生』が説明の主な参考文献になっているので、その後の研究や新種の発見も増補して書き直してもらった。この本は渡辺先生にしても、そして私にしても芦生の完結編である。

　今西錦司先生が老境に入られて最後に山に向かわれたのは、甥の四手井靖彦さんの車での芦生行きだと聞いている。先生は長治谷の小屋の前に座って、長い間じっと周囲の芦生の山を見えなくなった目で眺めておられたそうだ。芦生はすばらしい。

クヌギやコナラの林　―里山を守ろう―

「里山の名付け親」

前章の原生林に続いてこの章では、里山の森のことを書いておきたいと思う。

世の中がバブルの頃だったから一九九〇年ごろのことである。夏の終わりに北海道で学会があるので、出張販売をするために大阪から飛行機で飛び立った。その日は天候がよく、飛行機の窓から下界を覗くと日本地図を見ているようで楽しかった。しかし眺めていて驚いたことが二つあった。一つは秋田、青森の上空から下を見たときだ。リンゴ畑が緑ではなく灰色をしていたことである。たぶん農薬のせいだと思うのだが、これは大変なことだと思った。そしてもう一つのショックは、本州そして北海道と何処までいっても延々と続くゴルフ場のことであった。平野に近い低い丘陵のような山々、いわゆる里山のあちこちに芝生の草色が蛇のようにうねっているのである。予想以上に里山がゴルフ場化しているのに里山の将来を憂えた。

二〇〇六年、四手井綱英先生が御年九十四歳の時に、わが社から『森林はモリやハヤシではない』という本を出版された。わたしは本が出来るまで知らなかったのだが、「里山」の名付け親は四手井先生らしいのだ。本の中に先生は自分でその事を書いておられる。今ではごく自然に使っている里山という名詞

四手井綱英先生（一九一一〜二〇〇九）

だが、その言葉ができてからまだせいぜい五十年ほどしか経っていないのである。はじめは農地との境の松林やクヌギ林の丘陵のような山のことだったのだが、現代のように都会の生活が平地と山のぎりぎりのところまでせまってくると、住宅地やゴルフ場など都会と接する山も増えてきている。私たちが子どもの頃に昆虫採集などで入ったクヌギ林などは無くなってしまいそうである。

「法然院の森の教室」

一九九一年に、里山の自然を守ろうという目的で『フィールドガイド大文字山』という本を出版した。大文字山とは、周知のとおり京の夏の夜を彩る五山の送り火の中心に位置する「大」の字の灯る山のことだ。この山域はいわゆる東山と呼ばれるところで、京都盆地をとり囲む山並みの東側にあたる。大文字山の麓は鹿ケ谷《ししがたに》といって、昔は鹿ケ谷かぼちゃなど京野菜を作る畑地がグリーンベルトとなって町と里山との緩衝地帯を作っていたのだが、今では直接、市街地が接点となってしまっている。しかしその接点の里山側は、ほとんどが社寺林で占められているために結構自然度は高い。時にはイノシシやシカなどが山麓のお寺にお参りに来たりしてお坊さんを驚かしたりしている。

でもバブル経済の時代には、都会の隣接地帯であるために、この辺りの山にも宅地開発の波が押し寄せてきた。悪徳業者が魑魅魍魎《ちみもうりょう》となって大文字山から比叡山にかけての山中を走りまわり、貴重な里山が無茶苦茶に開発されそう

になった。最後は反対運動が勝って、その開発は中止になったのだが、放っておけば東山三十六峰の緑のなかに異様な建物が点在していたかも知れない。危機一髪だった。

大文字山の麓には足利義政が建立した有名な銀閣寺がある。そしてそこから西田幾多郎《きたろう》ゆかりの哲学の道に沿って少し南へ足を伸ばすと、もう若い人はご存知ないかもしれないが、歌人・川田順の「おいらくの恋」の舞台となった法然院という美しい庭と有名人のお墓をたくさん持つ浄土宗のお寺がある。この寺の歴代の貫主には学識者が多い。先代の橋本峰雄貫主は神戸大学の哲学の教授をしておられた。一度友人の法事の時にご高話を伺ったが、その時のお話でいまだに頭から離れない言葉がある。それは先生が外国から帰られたすぐ後のことだった。日本と外国の入浴の仕方のちがいを述べられ、日本では皮膚とお湯が融合するような入り方をするが、外国ではその感覚が味わえない。これが日本の特徴ではないだろうか、とおっしゃった。その時私は緑が滴るようなこのお寺からこそ出る発想だと思った。私が森に入った時の気持ちとも似ていて先生の言葉に強い共感をおぼえた。

今の貫主の梶田真章さんも「寺は生きているうちに行くところ」と「開かれた寺」を目指しておられる。梶田さんは音楽や絵画など芸術にも造詣が深く、若い芸術家に無料でお寺の場を提供して演奏会をなさったり、講堂をギャラリーに貸したりしておられる。お説教もお上手でこんな言い方をすると叱られる

法然院墓地。谷崎潤一郎夫妻の墓

が、ファンも多い。ときどきギクッとするような事も言われるが、いやみがない。私も真似をしようと思うのだが、これが出来ない。話術は天性のものなのだろうか。

また、自然保護にも関心が高く、この法然院とその背後にある大文字山を舞台に、「新しいコミュニティ作り」の一つとして、子供たちに集まってもらい、山の中で自然と一体になり、泥んこになって遊んで愉しむ「森の教室」を、代表世話人の久山喜久雄さんらと共に作っておられた。

バブル時代の日本の里山はどこも宅地造成やゴルフ場開発などでつぶされてゆき、里山の危機が叫ばれていた。私たちが子供の頃、ゲンジ(クワガタ)やカブトなど虫取りに夢中になった自然との触れ合いの場・里山はどこかへ消えようとしていた。そこで梶田さんは『フィールドガイド大文字山』(一九九一)という本を作り、その中で「法然院森の教室」の運動を紹介して、全国に里山を残そうと訴えられたのだ。この運動は大きく評価されて、本が出来あがるころに朝日新聞社の森林文化賞を受賞された。

私としては自分が子どもの頃から親しんでよく登っていた山を本にするのは大変楽しい仕事だった。またその楽しみながら作った本が、地元のたくさんの人々にも読んでもらえて二倍の喜び、そしてすぐに再版になるというおまけまでついた。

「大」の中心から見た京都盆地(一九九〇)

「大文字山で遊ぶ」

大文字山は私にとっても子どものころからの冒険の場であった。だから何十回となく登っている。山中には応仁の乱の昔から続く山道が四方八方についていて、それをたどってよく遊んだものだ。銀閣寺の前から松の大木がのこる山道を、大文字山の「大」の中心にある弘法大師堂まで登ってくると、展望がガラッと開けて京都市内が一望できる。ここまでくるとどんな時でも大きな晴れやかな気持ちになれたものだ。そんな気持ちのよい場所なので、お酒の好きな日本山岳会京都支部も毎年盛夏にここでビアパーティーをやっている。

そしてそのお堂から急坂をあとひと息登ると菱形基線の石柱がある標高四六六米の頂上に出る。その頂上で一休みしてから、さて今日はどこから下りようか。時間のあるときは東へ向かう。東山三十六峰では比叡山に次いで高い如意ケ岳(四七二米)を越えて、池の地蔵を通って、そのままうっすらと遠くに見える琵琶湖まで足をのばそう。あるときは南へ下る道を琵琶湖疏水沿いの桜並木を目指して毘沙門堂から山科へ下ったり、また新島襄や八重さん、徳富蘇峰など同志社ゆかりの人達のお墓がある若王子《にゃこうじ》山を通って南禅寺の境内に出たり、近くは俊寛が鬼界ケ島に流されるきっかけになった旧跡がある談合谷の楼門の滝から鹿ケ谷にくだり、そのまま吉田山を越えてわが家まで帰ったりと子どもの冒険の場がいたるところにあった。

「久山さんの里山での活動」

法然院森の教室を梶田貫主とともに主宰しておられる久山喜久雄さんとはこの本以来のお付き合いで、その後、第二弾の『大文字山を歩こう』（二〇〇二）や『御岳の風に吹かれて—開田高原への招待』（二〇〇二）を出版させてもらった。久山さんは若いころにアメリカのシエラ・ネバタで、人と自然の付き合い方に新鮮な影響を受けられたのが活動のはじまりと聞いている。同志社大学文学部事務長という多忙な仕事のかたわら、休日には子供たちと自然を題材にしたいろいろな遊びを奥さんとともに先頭に立って指導しておられる。これは僕らのような単独行型の人間には尊敬に価する存在である。私の付き合いの多いアルピニストにはがらっぱちが多いが、そういう人たちとは一味違うナチュラリストとしての真面目さ、誠実さに新鮮なものを感じている。会報の「むりょうじゅ」も山岳会の会報のように山行の自慢話とはちがって、読む人のためにていねいに作られていておもしろい。いつも楽しみに読ませてもらっている。

また久山さんはこのような大文字山での活動の延長線上として、より森との暮らしを体験学習できる場を木曽の開田高原に民家を改造して作っておられた。そしてそこでも子供たちにいろいろと遊びを教えておられる。

十年ほど前にその開田高原森林セミナーハウスへ招待を受けて行ったことがある。私のいちばん驚いたのは、開田高原そのものの変貌だった。道路がよくなったせいか、最近流行りの家族ぐるみで乗れるワンボックスカーが走り回り、

森のなかには別荘が立ち並び、あちこちに鄙《ひな》びた感じのそれらしきみやげもの屋が店を出すという景観だ。以前の、クレ葺き屋根の上に石をのせた開拓地のような家がぽつんぽつんとあった開田高原を知る私たちのような者にとっては、あの古き良き時代の日本を代表する山村の原風景はどこへ消えてしまったのか、という印象だった。とはいうものの、このごろの開田高原も捨てたものではない。高原のトウモロコシは甘くて美味しくなったし、蕎麦は小社の親戚のような中西屋のそばがまた絶品。孫は木曽馬のトレッキングを喜ぶし、私には素朴な温泉ありで、素晴らしい高原であることには変わりがない。そして、なによりもその変化した高原のはるか上には大きな御岳山が昔と変わらぬ姿でどっかりと空間を占拠している。これが素晴らしい。

次の日は飛騨の高山に友人が集まってくれているので、以前には歩いて越えた関谷峠や日和田を車であっさりと越えた。昔、峠のあたりで出会った、畑仕事をしていたモンペ姿のお母さんと赤いほっぺをした子どもが、つい最近の情景のように思い出されて、郷愁一入《ひとしお》であった。近くなったもので、高山には明るいうちにあっけなく到着して、旧友たちの歓待をうけた。

「新井清先生のこと」

木曽の御岳の名が出たので、この章でもう一人忘れることの出来ない御岳ゆかりの岳人を付け加えて書いておこう。その岳人とは新井清先生のことである。

開田高原のソバの花と御嶽山（一九六五）

先生は第二次大戦前から京都高等工芸学校で教鞭をとられていて、戦後学制が変わってもそのまま京都工芸繊維大学の教授、そして長い間同大学の山岳部長もしておられた。お宅がわが家から五分と離れていない吉田山の中腹にあったので、よく近くの路やナカニシヤ書店の店内でお目にかかって挨拶をした。先生は背はそれほど高くはないけれど、パイプを口にしたダンディな英国風紳士であった。でも私と先生との間には年齢差があったし（大正二年生まれ、二十三歳年上）、岳歴の違いもあったので、付き合いはそう深くはなかった。私にとっては常に畏敬の岳人であった。

　半世紀ほど前、木曽の御嶽山に登ろうとガイドブックをさがしたら、先生の書かれた『御岳とその周辺』（朋文堂、一九五九）が唯一のものだった。本は構成もしっかりしていて、よくできていた。この本の後にあのようにコンパクトにまとまった御岳の本は（名古屋辺りにはあるのかもしれないが）、私は見ていない。私の山の師匠である芝村文治さんも木曽や飛騨がお気に入りで、御岳周辺の山の話はよく聞かされていた。いつかそのうちに連れて行ってもらえると思って、予備知識として新井先生の本を本屋の店番をしながらくまなく読んだ。特に赤川地獄谷の登攀の記録などを読んで、わくわくしたものだ。しかし表（南）側の木曽からの御岳本峰や王滝川沿いの森林軌道と峠歩き、開田高原散策などは結局、単独行だった。芝村さんに連れて行ってもらったのは、むしろ美濃や飛騨から入る裏木曽の方で、そちらは数回お供をさせてもらった。

野麦集落の石置き屋根と蕎麦畑（一九六六）

裏木曽は玄人向きのなんとも渋い山域である。中津川から出る小さな北恵那鉄道、可愛いお手伝いさんに会うのが楽しみだった渡合鉱泉、道を間違って二度登りなおして時間をくった白巣峠、鞍掛峠、そして三浦ダム・・・忘れられない山旅ばかりだ。わが家にはその時から約四十年続いている歳時がある。芝村さんに連れて行ってもらった中津川の菓舗「すや」の栗きんとんに感激し、それ以来四十年、毎年「すや」から栗きんとんを送ってもらって、秋の訪れを教えてもらっていることである。私には京の和菓子よりも合っている。

やがて京都工芸繊維大学を定年になられた先生は、当時新設の奈良大学へ移られた。先生は新しい大学の文化財学科に所属され、専門の染色化学から考古化学という新しい分野の研究に手を染められ、万葉の色の化学的研究などをはじめられた。それから数年して『万葉の山をゆく(大和編)』(一九八二)という本を小社から出してもらった。奈良大学へ行かれたのを機に奈良盆地の周辺の山をあちこち登られたのが一つに束ねられたのである。「山の辺の道」ではなく「山の上の道」である。

私はそれまであまり奈良の山には登っていなかったので、この本の原稿を読んでいると、自分でも行きたくなり、読者に先行してあちこち万葉の山に登った。一つ記憶に残っていることは、先生の原稿では竜門岳が二等三角点と書いてあることだった。そんなはずはない、あの山は一等だ、と早速粉雪の舞うなかを家内と連れだって登りに行った。頂上には三角点の大きな測量櫓があった。

木曽越峠を越すと渡合鉱泉(一九六七)

そこには一等三角点と書いてあるのだが、悪い人がいて、一の字の上にもう一本横棒が落書きしてあるのだ。先生はこの落書きの入った写真を後でごらんになって、二等と思われたようだった。

やがて本が出来上がって工芸繊維大学山岳部の人達の主催で出版記念会が催された。山岳部ＯＧの中に、女性が世界で初めて八千米の山（マナスル）を登ったときの総隊長で他にイストール・オ・ナール登頂などでも著名な女性登山家・遠藤京子さんもおられた。挨拶に立たれた先生がこの竜門岳の話を皆に披露され、実際に見に行くとは大したものだ、と褒めてくださった。だが、こちらはただ山に登りたかっただけなので、恐縮して小さくなってしまった。一等か二等かを調べるだけなら、別に山へ行かなくてもデスクで充分なのに。

本が出たあと数年して先生とただの一回、一期一会の山登りをした。それも京都の北白川から比叡山を越えて近江神宮までの山中越えだった。その日は暑い日で、峠ちかくの集落「山中」の外れで白川の清流に足をつけてお昼を食べたのを思い出す。近江神宮まで下って、返りは旧の志賀越えで帰るべく、滋賀里から志賀大仏、崇福寺跡まではたどったが、そこからまた琵琶湖側へ引き返し電車で帰った。京都近郊の里山らしい山歩きだった。先生はもうこの時七十歳を越えておられた。

その後も先生はよくお見かけしたが、徐々にご自宅までの坂を登られるのが厳しくなってこられたご様子だった。そして平成十年（一九九八）に崑崙山に昇

志賀大仏（一九八五）

っていかれた。享年八四歳だった。

「比叡山と竹内康之君」

ところで私の里山での冒険は、子どものころの吉田山からはじまっている。（そのことは最終章に書いたので、後で読んでください。）そして年齢とともに大文字山、比叡山、京都北山、比良山系、奥美濃、信州の山と冒険の場を広げていくことになる。これは最初の吉田山を別にすると、京都在住の岳人たちがたどる道とほぼ同じコースをとっていると言ってもよいと思う。

二〇〇六年に出版した『比叡山１０００年の道を歩く』の著者の竹内康之君も同じコースを辿った岳人の一人である。グラフィックデザイナーの彼は、今現在は比叡山延暦寺の里坊のある滋賀県側の坂本に住んでいるが、独身の頃は私の家から吉田山を越えて東に行った浄土寺に住んでいた。浄土寺の東には白川越しに衝立のように大文字山が聳えている。彼は日夜その大文字山を見て育った岳人である。

わが社で発行している山の本の装丁に竹内君のものが多いのは、それは彼が山の事をよく理解していてくれているからである。そして頼んだ装丁デザインがほぼ間違いなくこちらの思いどおりに仕上がってくる。これも京都の岳人として、山に対する想いが似通っているからだと思っている。

彼は以前に『青海高原』（一九九〇）、『アムド山旅』（一九九二）と二冊の中

国奥地探査紀行の本を京都山の会出版部から上梓している。その他にも自身ミニヤコンカに二度、三度と行っているが、横断山脈と呼ばれるヒマラヤの東のあの辺りの山が好きらしく、中村保さんが会長の横断山脈研究会で事務局を引き受けてがんばっている。

二〇〇四年の春、ナカニシヤ出版は京都大学の近くにあった社屋が手狭になり、少し北、宮本武蔵の下がり松の決闘で有名な一乗寺へ移転する準備で大変だった。その直前に、竹内君は大部な、本にすれば五〇〇頁は下らないようなレイアウトもできた完全原稿を持ってきて、読んでほしいと言った。それは比叡山山中の道を克明に自分の足で歩いた研究書だった。結婚して琵琶湖畔の坂本に居を移した彼は、昔、大文字山に登ったときのように、暇があれば目の前の比叡山に登っていたようだ。比叡山のことだから、本はたくさん出版されているが、もしこのまま本にすれば多分いちばんボリュームのある本が出来上がったことだろう。しかしそんな大きな本を作っても小社では売る自信もない。それにちょうど社屋の引っ越しの時でもあったので、そのどさくさで原稿が無くなったりしては大変なので、残念ながらこのままでは出版できないから、もう少し短くしてもう一度見せてほしい、と原稿を返却した。

それから二年ほどして彼は短くした書き直し原稿を持ってきた。それが今回の本となった。写真や地図をふんだんにとり入れた、なかなかビジュアルなおもしろい中高年向きのハイキングに適したガイドブックになっていた。しかも

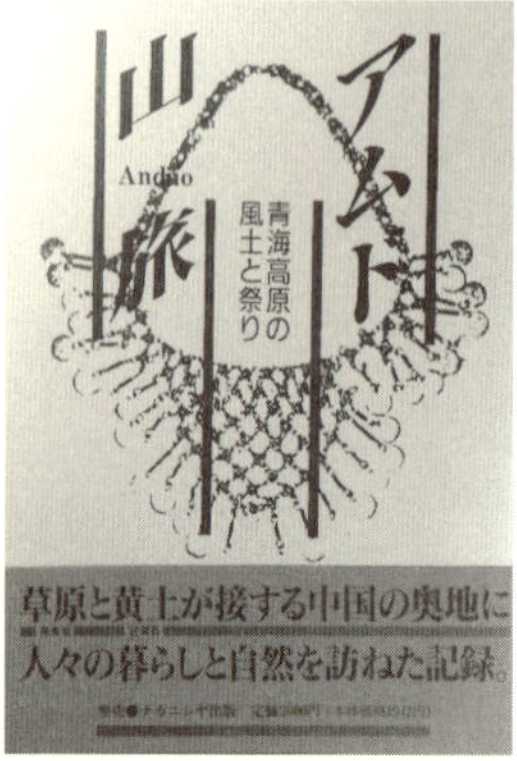

彼の場合は自分で版下まで作ってくれているので、こちらの手間はずいぶん省けたし、出版までにそんなに時間はかからなかった。お蔭様で売れ行きも上々だった。なによりもこの本で、会社が新しく移って来た地域、比叡山山麓の地元の人たちにも喜んでもらえたと思っている。

出版した次の年の五月に竹内君と社内の数人とで比叡山に出版記念山行を催した。竹内君の案内で比叡山に登り、京都では絶滅危惧種に指定されているクリンソウのみごとな群落をみせてもらった。こんな都会の近くにこんな大きなクリンソウの花園がまだ存在するのにはびっくりした。そして翌年にも見に行きたくて竹内君に頼んだところ、「クリンソウの咲いているところは他にもたくさんありますよ。」といわれ、別の場所を紹介してもらった。そこは昨年以上に華やかなお花畑だった。昔は比叡山にこんなにクリンソウはなかったのでどうなっているのか考えてしまった。その疑問は日本山岳会京都支部の人の一言で解決した。「鹿はあれを食べませんからね」だった。それでは鹿の食べるものはどうなっているんだと、今度はそれが気になりだした。

後日談。それから数年もしないうちに鹿はクリンソウを食べ出した。それも花と根を残して茎だけを。あっという間にお花畑は無くなってしまった。

比叡山に咲くクリンソウ（二〇〇九）

ケヤキやムクノキの社叢

——都会の潤いの場を保とう——

「まちの森・糺《ただす》の森」

一九九三年に四手井綱英先生に編集をお願いして『下鴨神社　糺の森』という本を作ってもらった。以前に出した『京都の秘境　芦生』は〈原生林の森を残そう〉、『フィールドガイド大文字山』は〈里山を残そう〉だったが、こんどは〈都会の森・社叢を大切にしよう〉という意図で出した本である。神社の森を社叢というが、社叢の「叢」はくさむらとも低い茂みとも読むが、林をつけて叢林と書けばやぶまたは林の意である。里山の林よりもう少し低い茂みを意味しているようで、やぶといったほうがよいのかもしれない。私の感覚としてはヤブツバキやモミジを連想する。しかし糺の森は社叢といってもれっきとした森である。

前節にも登場していただいた四手井先生は京都大学農学部教授、日本モンキーセンター所長、京都府立大学学長などを歴任されている。一方、京都大学学士山岳会の会員でもあり登山家としても有名である。そして長い期間、地元京都の環境保全にも深く関わっておられ、この本の編者として、まさに適任であった。（しかし二〇〇九年に九十八歳で崑崙の高嶺の彼方に逝かれた。合掌。）

『葵祭の始原の祭り　御生神事御蔭祭を探る』
下鴨神社宮司　新木直人著（二〇〇八）

京都盆地の真ん中を北から南へ流れる鴨川は、上流ではＹ字型に二手に分かれている。比叡山のそびえる北東の方角から流入するのが高野川、栈敷ヶ岳のある北西方向から来るのが賀茂川である。それが合流し名前を鴨川とかえて南へ流れていくが、その賀茂川と高野川の合流点の三角地帯にあるのが下鴨神社でその鎮守の森が「糺の森」である。

加茂氏の氏神として平安京のできる以前からあった下鴨神社は、上賀茂神社とともに、京都の三大祭の一つ、葵祭の催される神社として有名である。その社叢である糺の森は古代から続くまちの森としては多分日本でいちばん大きな森だろう。現在でもその広さは約九万平方メートルもある。東京の明治神宮とか新宿御苑の森も街の森としては大きいが、両方とも明治時代に作られた森で、森の歴史がちがう。

ひと昔前までは近くに松竹映画の撮影所があったので、この森の中では時代劇の撮影がよく行われていた。比較的新しいところでは、藤田まこと主演のテレビの必殺シリーズは主にここが舞台になっていた。しかし、チャンバラで人が踏み固めるのと、重い撮影機材が入ることで、だんだん地面が堅くなってきて、幼木が育ちにくくなっていった。こうして長い間続いていた糺の森と映画との関係は切れた。それで近年になって映画の撮影はお断りとなった。こうして長い間続いていた糺の森と映画との関係は切れた。寂しくはなったが、これも次世代の木を育てるためには仕方のないことだと思う。おかげで今ではその後に植樹された幼木が、高いものは五米近くにまで育ってき

下鴨神社本殿前のクスノキ

ているのを見ると、正解だったようだ。糺の森の南端に無声映画時代の名優、目玉のマッちゃんこと尾上松五郎の銅像が唯一の名残として今もあるが、それに気づく人もいなくなってしまった。

糺の森はムクノキ、ケヤキ、エノキ、シイなどの主に落葉広葉樹から成っている。この落葉広葉樹が鬱蒼と繁る長い参道を、本殿のある北へ向かって歩を進めると、糺の森の素晴らしさを実感することができる。春、境内に梅や桜の花が咲き小鳥たちの可愛い声の聞こえる頃、初夏、瑞々しい新緑のしたたる参道を祭りの行列が通る頃、盛夏、緑陰で涼しい参道横の馬場に古本市が立つ頃、冬、高い樹木の上に積もった雪がバサッという音とともに泉川に落ちる頃など、四季それぞれに素晴らしいので、いつ訪れても損をする場所ではない。その中でも私のお薦めは初冬の落葉の時だ。十二月の始め頃に参道を歩いていると、風もないのに黄色く紅く色を変えた葉っぱが雨のように降ってくる時がある。それに出くわすと、まるでおとぎの国にいるような気分にさせられる。ただしこの現象は毎年見られるものではない。北西の強い北風・こがらし一号が落葉する直前に吹いてしまった年は見られない。

参道を奥へ、本殿前の朱の鳥居が近づいてくるにつれて常緑樹のクスノキが多くなってくるのに気づかれるだろう。よく見てみると、この辺りのクスノキの形はおもしろい。もともとエノキやシイの大木があったので枝が横に広がれない。それで幹もさほど太くならずにひょろひょろと上に伸びている。そして

サイレント映画時代の人気俳優、目玉の松ちゃん（尾上松之助）の胸像

他の木よりも上に出たところでウワッと他の木を覆うように枝を広げている。これで、後から植えられたことがよくわかる。

「クスノキからみる温暖化」

たしか四手井先生にお聞きしたのだと思うのだが、「紀元二千六百年（昭和十五年）の記念におかみ（国）が〈クスノキは天皇を守る木やから神社の境内に植えろ〉と言って、全国の神社に幼木を配った」のだそうだ。「それが今育って各地で大きくなっているのや。」と言っておられた。そういえば、どこの神社でも境内には半世紀以上経過した大きなクスノキがある。下鴨神社では前述のとおり、クスノキが一番上層で広く枝を広げてきたので、以前からあった落葉広葉樹の日当たりが悪くなって木を弱らせ始めている。それでクスノキをある程度切るべきかどうか、神社では悩んでいると宮司の新木直人さんからお聞きしたことがある。

小社では一九七七年に『比良　山の自然譜』という本を膳所《ぜぜ》高校の中井一郎先生に書いてもらった。この本の序文を保育社の『原色日本植物図鑑』（初版昭和三二年）などを編纂しておられた北村四郎先生にお願いすることになり、先生の北白川のお宅に参上した。その時に先生からお聞きした話だが、「私はクスノキの自然林の北限は石清水八幡宮《いわしみずはちまんぐう》ではないかと思う」と言われた。石清水八幡宮とは京都の南、木津川、鴨川、桂川の三川が合流して淀川になる所の

糺の森の緑陰でのフリーマーケット

左岸の山上にある神社だ。天下に三社ありという。伊勢神宮，加茂神社、そしてこの石清水八幡宮である。山上の鎮守の森、それは立派なクスノキの森である。神社も神社だが、この森も一見の価値がある。一説には源義経が平家討伐に西国に赴くときに必勝祈願のために植えたといわれている。だからそれを信じても八百五十年ほどは経っていることになる。「あそこより北のクスノキは全部植えられたものだと思う」とおっしゃった。これは先程の四手井先生の話と合致する。

下鴨神社がそうであるように、京都では神社というとたいてい大きなクスノキが一本や二本はある。四手井先生や北村先生の話から類推すると、それらは後で植えられたものと思ったほうがよさそうだ。それがすくすくと育っているということは地球が温暖化している証拠ともいえる

「京都市内に緑を増やしたい」

私の会社の近くに、日本山岳会の京都支部長をしておられ、パミールのコングール峰(七七一九米)登頂の時に副総隊長だった塚本珪一先生が住んでおられる。先生の名前を初めて知ったのは、先生が昭和三七年(一九六二)に私の知り合いの東林書房という本屋さんから、平安山岳会編『京都北山』を上梓されたときだから、かなり古い。この本は京都北山の戦後はじめての本格的なガイドブックだった。そのころ先生は野球で有名な平安高校の先生をしておられた。

石清水八幡宮のクスノキ

しかし先生は野球ではなく山登りで、いや失礼、生物学の先生で、ファーブルのようにフンコロガシなど昆虫の研究をしておられ、『日本糞虫記』（一九九四　青土社）など数冊、昆虫学の本を出しておられる。

小社では『京都の自然―原風景をさぐる―』という本を昭和五九年（一九八四）に作ってもらった。そのころすでに京都市内の見えないところで環境の破壊が始まっていたのを人より早く察知された先生は、京都の原風景とは何か、それを見極めて京都の風景を大切にしよう、との訴えを、京都盆地を散策する形で記された。とはいえこの本の全体を通して底流にある自然の見方は、やはりいわゆる今西錦司先生が元祖の北山学派のもので、京都の自然は北山の自然と繋がるものであるというのが結論だった。先生は写真もお上手だったから、適度に写真が入って、一般の人にも解かりやすい本が出来上がった。

京都盆地も、ひと昔前までは街の周りを囲むように京野菜等を作るグリーンベルトがあり、その緑が都会に潤いを与えていた。しかしこのごろ大文字山に登り京都盆地を俯瞰してみても、現在の京都盆地はもう周囲の山まで住宅地が完全に迫っていて、グリーンベルトはどこにも見当たらない。それだけに余計に里山のお寺や神社の森は市民にとって貴重な存在になっているのである。盆地が全部コンクリート・ジャングルになってしまっては殺伐とした人間しか育たないにきまっている。残された社叢の緑を守るとともに新たな緑を創造して住みよい京都にしたいものだ。

私は思うのだが、京都の行政は以前から神社やお寺の林に甘えすぎている。緑に対する予算も他県に比べて少ない。だから意外に思われるかもしれないが、一度寺社を離れると木々の少ない町並みが続いている。そしてその上に町並み保存のための規制をするのが遅かったから、黒瓦の京町家の中に現代風のマンションが林立(混在)してしまっている。もうヨーロッパの町のように旧市街、新市街と面的には分けにくくなってしまった。京都の旧市街がヨーロッパの都市のように綺麗にならないのは、極論すると、小さな不動産屋の横行と、それに対する行政の弱腰が原因であると私は思っている。

そこで私が以前から自分で勝手に考えている「点と線計画」というのがある。たとえば京都駅を降りたら、そこから緑豊かなプロムナードが何本か線となって続き、その線をたどると点となる寺社へと到着し、またそこから緑の線が次の点へと続く、というような点と線の町並みが欲しいと思っている。今、京都には点はあるが線が続いていない。しかしこれなら今からでも間に合うと思うのだが。

京都の行政を司る人たちは、もっと大きなところから京都を見て、なぜ一年に五千万人もの観光客が来るのかをよく考えてほしい。遅きに失しているがやらなければならないことだ。

II

京都発の山の本をつくる

わたしの山登りと本　―岳友と山の本をつくる―

「芝村さんと奥山山荘同人会」

ナカニシヤ出版が初めて山のガイドブックを出版したのは、昭和四七年（一九七二年）のことだった。書名は芝村文治編著『秘境奥美濃の山旅』という。これはわが社発行の山の本で唯一、私も執筆者の一人として加わっている本である。わが山書づくりの原点にもなるので、この本の話から記しておきたい。

まず編者の芝村文治さんという人だが、この人は私の山の師匠に当たる人である。伏見の大手筋にあるミツヤという本屋さんの従兄弟で、伏見の大きな染物屋の御曹司だった。とはいっても仕事では親父さんとは喧嘩ばかり。家を出て山に籠ったりまた戻ったりで、山道楽を画に描いたような人だった。一年の半分を山で過ごす年が二十年近くも続いていたのではなかろうか。私たちの山小屋、比良山系の奥山山荘にも百日以上籠もる年が続いていた。

芝村さんは並の岳人ではなかった。例えば比良山系のイワナの棲息地は、人には言わねど全部わかっていたようである。毎年、中秋の名月の夜には山小屋に山友達が集い「奥山祭」を催すのだが、世間的には比良ではもうイワナは捕れなくなっていたはずなのに、当日の宴卓には、その日に釣った二十センチ超のイワナが人数分揃えてあるのには常々感心していた。

芝村文治氏と奥山祭（一九七〇ころ）

その芝村さんに初めて出会ったのは奥山山荘の前だった。私がまだ独身のころのことだが、ある夏、一人でテントを担いで比良山系を縦走していたところ、途中で日が暮れてきて周囲が真っ暗になってきた。そこでテント場をさがしていると、ちょうど南比良峠の近くで名前は後に知るのだが、奥山山荘の前に出た。小屋は無人のようで、前の広場がテントを張るのに適当な平地だったので、そこにテントを張って寝ることにした。すると夜中にテントの外でゴソゴソと音がする。それで外へ出てみると、そこには深夜に小屋へ到着した芝村さんが立っておられたのである。小屋に入れてもらい、次の朝には朝食までよばれた。そのときはそれで別れたが、これがきっかけとなって奥山山荘同人会という十人程の山岳会に入り、一緒に山へ連れていってもらうことになったのである。

比良や京都北山はもちろんのこと、湖北、奥美濃、裏木曽など春夏秋冬、仕事の許すかぎりお供をした。芝村さんの好きな渓流釣りにもよく同行させてもらった。木曽のてんから釣りとか入れ食いとかなかなかおもしろい山遊びだった。他にも、山スキーの楽しさに目覚めさせてもらったのも芝村さんのおかげである。特に湖北の山の尾根はよくゾンメルシー(短スキー)で芝村さんと歩いた。沢登りにもよく行った。比良の貫井谷に最初に入ったのも芝村さんとだった。そしてそれらの山の楽しみ方を総合して、厳冬豪雪の湖北の高時川で、ゾンメルシーを履きながら渓流釣りをして沢を登ったこともあった。

また奥山山荘では芝村さんのギターに合わせてよく山の歌を合唱した。

奥美濃源流でのイワナつり。入れ食い(一九七一)

「薪割り飯炊き小屋掃除　みんなでみんなでやったっけ　雪解け水が冷たくて
　苦労した事あったっけ　今では遠くみんな去り　友を偲んで仰ぐ雲」
（成蹊大学山岳部虹芝寮（谷川岳）寮歌『山の友よ』）

この歌は今でもいちばん胸にじぃーんとくる歌である。

私は三十代になって一度本屋を辞めようと思ったことがある。京大在学中に結核にかかって療養していた兄が治って元気になると、書店の棟梁は兄なので、「二人ともが家族を持って一つの商売をやることになると、将来もめごとがおこる。上手くいかない。」と叔父に言われ、請われて叔父の経営する会社へ行こうとしたのである。それで、それまで本屋を長いことやっていた記念に何か自分で本を出しておきたいと思った。そこで芝村さんとその山友達である洛陽登行会の沢田利一さん、中津和治さんの四人で相談した結果、皆でよく登った「奥美濃」の山の本を書こうということになった。

奥美濃の山とは、前にも述べたが、地域的には揖斐川、長良川の上流域の滋賀、福井、岐阜三県の県境稜線とその周辺の山のことである。その特徴はというと、峨々たる山はないが、近畿地方の山と比べて山が奥深く、広葉樹の森が素晴らしい。それに鄙びた山村や忘れられた峠が点在するなど玄人好みのする山域である。近畿地方の岳人達は戦前からこの山域を好み登っていた。他にも両白山地とか屛風山脈などという呼び名もあるにはあるが、どうもしっくりこなくて、滋賀県や福井県の方には悪いが、この山域は今でも奥美濃で通っている。

冬の比良山。南比良峠付近（一九六一）

山スキー。貝月山頂上直下（一九七〇）

「森本次男先生と奥美濃」

比良山系に山小屋を持つ「奥山山荘同人会」と名乗る小さなグループが、なぜ比良ではなく奥美濃を選んだのかというと、それは芝村さんをはじめ会員みんなが、我々グループのバックボーン的存在であった森本次男先生に心酔していたからである。

この森本次男（一八九九〜一九六五）という人は、戦前から関西では山の重鎮としてよく知られた人である。京都二商の教諭を長い間していた人で、戦前の関西岳人の中ではR・C・C（ロッククライミングクラブ）の創始者である藤木九三氏と並んで、とりわけ文章の上手な人だった。『京都北山と丹波高原』など約十冊程の単行本が出ているが、その中でも昭和十五年（一九四〇）に出版された『樹林の山旅』（朋文堂）は名著として誉れが高い。この本は初めて奥美濃を世に紹介したというだけではなく、私の独断かもしれないが、関西の山の本ベストスリーに間違いなく入る一冊といえるだろう。我々の年代の岳人は皆、この本を読んで奥美濃の魅力にはまっていったのである。

私自身は先生の晩年に三回ほど山へお供をさせてもらっただけである。先生の事で今覚えているのは、大変お酒がお好きだったこと。それで山行前夜の宿屋での晩餐がいつも大変盛り上がった。またスキーで斜滑降の時に二本の杖をたばねて両手で持ち、山側の雪にときどきストックで制御の操作をされる。その滑り方が、なんとも昔風で、古い山岳書の一本杖のスキー写真を見ているよ

お墓。
後背は比叡山

北山にある
レリーフ

うだった。さすが、日本のスキーの先駆者・猪谷六合雄《くにお》さん(ＩＯＣ副会長・猪谷千春氏の父)の従兄弟だと思った。

私はそのくらいしか先生のことを知らなかったが、芝村さんはそのころ先生と一緒によく飛騨の山旅をしていた。万波高原の話などをよく聞かされた。それはやがて山溪文庫で『飛騨の山旅』となる予定であったが、執筆半ばにして先生は惜しくも亡くなられた(昭和四十年、享年六六歳)。

芝村さんが先生と親しくなられたのは、その少し前に先生が執筆された山溪文庫の『比良連峰』(昭和三十六年、一九六一)のときである。先生は調査のためによく奥山山荘に泊まられたそうである。出来上がった本『比良連峰』にはわが奥山山荘も写真で紹介されている。そしてその次に出された同じく山溪文庫の『木曽路の旅』昭和三十七年(一九六二)の執筆調査のときには芝村さんはよく先生と同行されていた。このように芝村さんは先生に心酔しておられた。

我々が奥美濃の本を出すとすれば、森本先生がご存命なら当然先生を中心に作られただろうが、亡くなられた今となっては芝村さんを中心にしてやるより仕方がなかった。しかし我々の集まりは世間に知られたグループでもない。それで、初めは奥美濃の本を出すことには逡巡していたのだが、奥美濃を紹介した本が戦後に一冊も出ていないことや、地元の岐阜や大垣の人に聞いても自分たちは書かないとおっしゃるので、我々で書くことを決心したというわけだ。

「朝な夕なに奥美濃通い」

本にするとなると、抜けているコースや再度見ておかなければならないポイントなどが多々出てくるので、奥美濃には夜行日帰りや早朝発で本当によく通った。仕事の閑な時にはウイークデーにも一人で出かけた。そして夜を徹して何回も編集会議をやったのも、今となっては楽しい思い出だ。

なにぶん奥美濃は大きな山域なので、相談の結果、伊吹山から能郷白山までで一冊、能郷白山から大日岳までで一冊と計二冊に分けて出版することにした。前編の方(『秘境　奥美濃の山旅』)は一九七二年に完成したのだが、後編は結局未完に終わってしまった。その理由は、私たちのグループでは山はもちろんだが、峠の方にも同等の関心があったからである。旧の参謀本部の地図には峠道がたくさん記載されているが、実際に歩いて確認してみると、能郷白山から北の稜線にある峠道は、温見峠、蠅帽子峠など能郷白山の近くと石徹白への檜峠と油坂を除くと、そのころ(昭和四十年ごろ)すでに峠道はほとんど跡形もなく消え去っていた。それが後編を書く気を無くした一番の理由だった。水戸の天狗党の通った蠅帽子峠などはいろいろ調べて、書き終わっていただけに残念だった。

私は芝村さんと一緒に歩いた。主として峠、山村、生業など人間くさいところを担当した。奥美濃ではおもしろいことがいろいろあった。まだ車道の出来る前の高倉峠を福井県側から越えて岐阜県側の徳山村に入ったたときには、当

時計画が始まったばかりの徳山ダムの調査員と間違えられた。幾ら否定しても駄目で、宿屋で歓待を受け、岩魚の干魚を土産に貰って帰ったことがあった。また泉鏡花の戯曲で有名な夜叉ケ池に登ったときには、雲霧立ちこめる池畔の祠に一人でお祈りをする老人と出会い、「わしらは此処を通って鯖江の連隊に出征したが、よく生きて帰れた。池の竜神さんのおかげや。」と聞いたこと。そして、金糞岳の鳥越峠近くの出作り小屋では、「わしらの村の貧乏な家の娘らはこの峠を越えて長浜の紡績工場へいった。なかには遊廓に売られていった子もあったなあ。」と、野麦峠の話と似たようなことを夜の長話で聞いたことなどきりがない。

ほとんどの山は美濃側から登ったものだが、当時、笹ケ峰、美濃俣丸そして冠山には美濃側には道はなかった。私の好きな冠山にはちょうど福井国体のために切り拓かれた福井県側からの道が四，五本あり、それをたどって登ったものだった。今の冠山峠が開通して、揖斐川源流部に始めて車で越えられる美濃と越前を結ぶ峠道が完成したのは本が出来る年だった。そのころは能郷白山の東肩を通る温見峠の車道もまだ開通していなくて、能郷白山へ登って道なき道を温見峠へ下りると、その後の美濃側の徳山本郷までの林道のような国道が長くて大変だった。冠山、能郷白山とも今とは隔世の感がある。

ハードなコースは沢田さんと中津君が受け持った。福井県側から岐阜県内の不動山、千回沢山往復を一日でこなすなんてことは、残雪期とはいえほとんど

高倉峠に立つ芝村さん（1971）

伝説の夜叉ヶ池（1970）

限界に近いことだが、やってのけた。そのほかにも道のない若丸山や黒壁山、蕎麦粒山と五蛇池山も二人の担当だった。本を出すという目的があったからだが同じ山に二度、三度と全員でよくがんばった。

「『日本山嶽志』と奥美濃」

明治三八年（一九〇五）といえば日本山岳会が出来た年だが、そのつぎの年に出版された本に、日本の山を網羅した『日本山嶽志』（高頭式著）という本がある。その本には、こんな地味な奥美濃の山はほとんど記載されていないのだが、中にひとつ片仮名でワントムヅ山という不思議な名前の奥美濃の山が載っている。この山をどの山に同定するかということは前述の『樹林の山旅』にも書かれているが（私もそう思うのだが）、ワント（碗戸）谷とモズ（茂津）谷の源頭にある山、即ち烏帽子山だろう。夜叉ケ池近くの一等三角点の山・三周ケ岳から東へ、黒壁山の次のピークが烏帽子山だ。名のとおり三角錘のなかなか綺麗な形をした山である。

ある年の春、二泊三日を予定して、芝村さんとこの烏帽子山に挑戦することになり、山深い奥美濃のまたその山奥の烏帽子山を目指して、テントを車に積んで何処まで近づけるかと林道を走った。広瀬川奥の集落、川上から、もし歩きならテントを張る予定地としていたホハレ峠には車で入れた。まだ午前中だった。地図では峠からは北へくだる戸入、門入への車道があるだけのはずなの

とんがった烏帽子山（1971）

美濃の怪峰、冠山（1969）

だが、そこは三叉路になっていて西方の烏帽子山方面に向かって新しい伐採の為の林道がどんどん奥まで入っているではないか。それ行けと、その尾根の北側をトラバース気味についている林道を奥へ奥へとたどると、行けること行けること、烏帽子山まであと一時間という茂津谷の源頭近くまで昼に着いてしまった。林道の広がったところに車を駐車して、山支度。沢筋をつめて、少しヤブを漕いで、あっという間に秘境の山が征服できた。頼りないやら、あっけないやらの思いをしたことがある。

平成八年(一九九六)に大垣山岳協会から『美濃の山』全三冊を出してもらった時、地元の大垣近郊に在住の高木泰夫先生が「中西さん、烏帽子山はまた元の秘境に戻ったよ。中西さんの通った林道は消えてしまった。今では茂津谷をつめて五時間はかかるよ。」と言われ、奥美濃はかくあらん、と思ったものだ。

これも縁というものだろうか、高木泰夫先生とは、その後に大事業をする事になった。日本山岳会の百周年にあたる二〇〇五年に、その記念として日本山岳会編『新日本山岳誌』を先生の編集で小社から出版させてもらうことになったのだ。北海道から沖縄まで全国の山々約四千山を採り上げた二千ページにものぼる大部な本で、「山の広辞苑」と言っても過言ではないと自負している。高頭氏の『日本山嶽志』から百年、今度の本には当然のことながら奥美濃の山も多数掲載されている。

栃板を担いで登ると頬がはれるのでホハレ峠

京都北山・比良の本

——京都の岳人たちの本をつくる——

「京都一中と『山城三十山記』」

京都盆地の北に連なる山々、いわゆる北山を、西洋のアルピニズムを意識して、登山の対象として発見して登りはじめたのは、今西錦司先生だといわれている。もちろん、それ以前の明治や大正のころから、仕事とか信仰とかを離れて、遊山の対象として登っている人達がいなかったわけではない。その証拠に、北山だけでまとめられた本でなければ、近畿全域のガイドブックらしい本の中にはたくさん北山が紹介されている。

では今西先生が京都の北山を登山の対象として「発見」されたのは何時かというと、それには定説のようなものがある。それは先生が西陣の自宅から京都一中に通っておられた時のことである。当時、一中は京都大学の南、今の近衛中学のあたりにあった。先生はその通学の途中、毎日鴨川に架かる荒神橋を渡られるのだが、その時に橋の上から北を眺めて「あぁ、あの山々に登りたい」と思われた時、すなわち大正七年（一九一八）、先生が中学四年生の時だと言われている。

今、往時を偲ぼうと思えば、荒神橋ではもう鴨川の両岸に病院やマンションの建物がせまっていて北山は昔ほどには見えないので、もう一本下流に架かる

北山直谷のレリーフとお墓（上品蓮台寺）

丸太町橋から眺めるのが良いと思う。橋の中央には北山を眺めるために欄干が張り出して作られている。そこから上流すなわち北へ目をやると、鴨川、糺の森を前景にして北山がよく見える。私は歩くか、自転車で丸太町橋を渡る時は、いつも決まってそこからゆっくり北山を眺めることにしている。大正時代なら西の愛宕山から東の大文字山まで一八〇度近くは見渡せただろうが、今では鴨川の両側には府立医大や京大医学部、それに最近ではマンションの高いビルが続々と建っているので、北山はそれらに遮られてしまって一二〇度程しか望むことができない。それでも北の山並は春夏秋冬いつ見ても美しく人々の心を慰めてくれる。

今西先生は一中の友達である西堀榮三郎（第一次南極越冬隊隊長）ほか十名ほどで青葉会という登山サークルを結成して、北山を精力的に登りはじめる。そして、登るに値する山、「山城三十山」を青葉会で選定する。これらの山々が次に続く岳人達の目標となって競って登られることになる。

その頃の北山登山というと、奥へ入るバスもないので、下鴨の植物園前に集合して徒歩で往復といった具合の一日登山だから、北山といっても今とは違い荒神橋から見えるピークということになる。だからいちばん遠くても桟敷岳まで行くのがやっとだったようだ。

昭和九年から十年頃になると、バスがかなり北山の奥まで入るようになってきて、日帰りで奥の山まで登れるようになった。それにしたがって一中山岳部

丸太町橋から北山を見る。手前の橋が荒神橋

後輩の大橋秀一郎（元大阪市大山岳会会長）、梅棹忠夫（元国立民族学博物館館長）らによって「山城三十山」は改定される。そして京一中山岳部部報として『山城三十山記』（上巻　昭和九年、下巻　昭和十年）が発行される。多分これが北山を登山の対象として紹介した最初の本だろう。それでも北山の最高峰・皆子山まで行くのにはまだ一日では大変だったようだ。梅棹氏は岳友の川喜田二郎氏（地理学者）たちとハイヤーで大悲山峰定《ぶじょう》寺まで入って、そこから隣の峰床山へ登ったという記録が残っている。

　梅棹先生が民族学博物館の名誉館長になられてから、何かの用事でお部屋へお邪魔をしたときのことである。「中西君、この壁面にあるのは全部、わたしの関係した本や。」とおっしゃった。広い壁面を見るとそこには先生の著書と編集された本がびっしりと並んでいた。「そのいちばん左上の端にある本を見てみ。あれがわたしの最初に書いた本や。」椅子から立ってそれを見てみると『山城三十山記』（下篇）とあった。「これがわたしの物書きのはじまりや」とおっしゃった。

　小社ではその後に、日本山岳会京都支部編著『山城三十山』（一九九四）という本を出版した。内容は、今西先生や梅棹先生によって選定された「山城三十山」の現在の様子を知るために、京都支部の人達が全山を訪ねてみるという企画の本だった。この本には登山記のほかに山城三十山を選定された先人の梅棹、

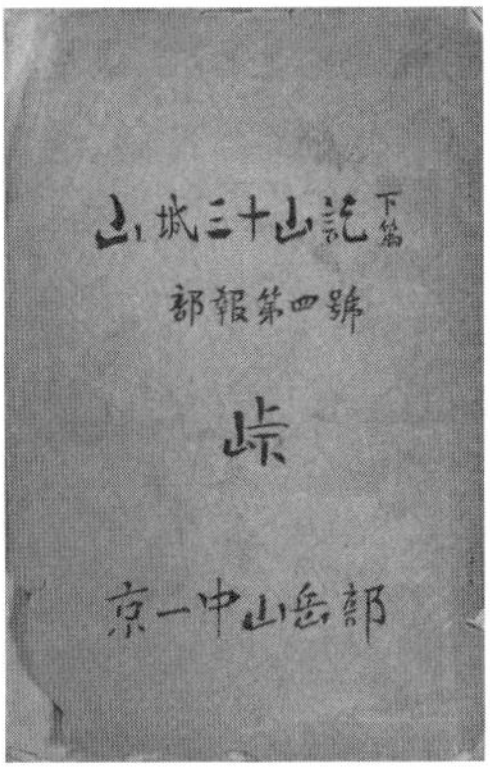

大橋、川喜田の諸先生による北山昔話の座談会が掲載されている。これがなかなかの読みものとなっている。

昭和十三年（一九三八）になると前述した京都二商の教諭であった森本次男氏によって、北山のガイドブックの決定版『京都北山と丹波高原』（朋文堂）が出版される。この本では一日で往復するのは無理にしても、日本海へと流入する由良川源流域の山々までガイドされている。そしてこの頃になると北山登山はより一般大衆のものとなり、どんどん登山者の数も増加して、山中に山小屋が建ったりし始める。

「金久さんの名著『北山の峠』」

そして次にこの京都北山の登山範囲を日本海まで広げた人がいる。第二次大戦後すぐの頃から「北山クラブ」を主宰して活躍した金久昌業という人だ。その金久氏によって昭和三十年（一九五五）から昭和四二年（一九六七）にかけて編集された『北山レポート』№1―№3（北山クラブ発行）は今読んでも素晴らしい本だ。ガリ版刷りだが現在でも古本で高い値段をつけられている。続いて昭和五十年（一九七五）にわが社から出版された『北山の峠』全三巻も名著といえるだろう（共に絶版）。それ以後にこの金久氏の著作を越える北山の本は未だ出ていないと言っても過言ではない。

金久氏の父上は丹後半島の出身で、まだ汽車の通っていない明治の始めごろ

の話だが、丹後半島から歩いて京都へ出てきて、そして弁護士になられたという。金久氏の本には、それまで知られていなかった丹後半島の山々や、若狭へ抜ける日本海の見える峠まで詳しく書かれているのは、その影響もあるのかも知れない。

京都から北へ北へと幾重もの峠を越えて歩いて来て、そして次の峠に着いて、初めて日本海が見えた時のことを想像してみよう。もう牧水も山頭火もくそくらえの気分だ。「分け入って　分け入った　末に海」。今もこの感激は北山登山の醍醐味の一つとなっている。

『北山レポート』は金久氏が自分で書かれた箇所も多々あるが、エリート集団であった北山クラブのたくさんの人達によって書かれたものを編集されたものである。それに対して『北山の峠』は写真も文章も全て金久さん単独で書かれた晩年の会心の作品である。

北山というと、どちらかと言えばなだらかな山ばかり、ピークハンターには馴染まない山域だ。北山杉の緑のなか、清冽な水の流れる小さくて可愛い渓谷に沿った木馬道や細い山道を辿って歩く。やがてお地蔵さんを祀った小さな峠に到着。手を合わせて、また向こうを眺めると鄙びた集落が見えている。山旅人は誘われるように峠道をくだり、鳥居を右に水車を左にしながら丹波棟のつづく村の中へ入り、遊ぶ子供とたたずむ老婆に声をかけながら又、集落を通りすぎて次の峠をめざす、といった峠と峠道に魅力のある山域だ。

我々のようにひとつの峠を一度か二度しか通らない者には感じられない、それぞれの峠の持つ独特の匂い＝個性を、金久氏は写真と文章で大げさにならず、的確に表現されているのには感心させられる。読んでみて、もう一度その峠なり峠道なりを咀嚼してみたくなる。そして氏は北山の峠の持つ文化にまで論じておられる。北山の特徴を最も表現できている本だと思う。

今となっては正確には思い出せないが、中巻か下巻を執筆中、氏は不治の病に侵されはじめていて、下巻の原稿をいただきに行くと床についておられることが多くなった。最後に下巻の写真が数枚足りないので、どうされるのかと心配したものだった。その峠の特徴を的確に表現した写真は金久氏自身でないと撮れないから、代わりに行くことはできない。本人ももちろんそのつもりでおられたから、何回か病が小康状態のときに執念の山行をされた。『北山の峠』全三巻はそのようにして完結した。

「澤先生の「北山を歩く」」

また平成に入って、澤　潔著『京都北山を歩く』全三巻（一九八九～九一）を出版した。サブタイトルに「地名語源・歴史伝承と民俗をたずねて」とあるとおり、北山の文化を深く追求した内容の本である。

京都には中山再次郎という大人が存在する。明治から大正、昭和にかけて長年、京都二中の校長をされていた人で、銅像の残っている伊吹山をはじめ関西

の各地に多数のスキー場を作った伝説的な先人である。澤先生はその中山再次郎校長の教えを受けた人だ。本を書かれた澤先生が北山好きでよく入っておられる登山家であるのは当然のことながら、長年、京都で中学の社会科の先生や高校の歴史の先生をしておられ、博学で専門の地名語源はもちろんのこと、北山の歴史や伝説にも大変詳しい人だった。京都には教育史上有名な旭丘中学校事件というのがあるが、先生はその時の左翼の闘士でもあった。闘士というだけに年齢の割に人より何倍もバイタリティがあり、そして自説を曲げない頑固さを持った御仁だった。本が出来るまでによく議論をさせてもらった。原稿も挿入部分が多く、読み難く大変だったが、校正が出るたびにまた赤字いっぱいで戻ってきて、普通の本に比べて倍の校正をさせてもらった。

私はこの本を通じて地名語源の難しさを教えてもらった。地名の語源は「そうも解釈できる」というくらいに読むべきなのだろうが、本になると一人歩きしかねないから注意しなければならない。北山クラブの人が本の中にある一つの地名を取り上げて、「澤先生が○○○の地名語源を追求しておられるが、あそこは私たちが昭和十五年ころに山仲間と付けた地名だ。」と聞かされて青くなったことがあった。

このあとに安曇川沿いの地名解明の原稿もみせてもらった。先生は主として朝鮮語で同定しておられる箇所が多かったのだが、戦前に角倉太郎氏はアイヌ語と対照して解明されている。どちらが正しいのかこれは難しいことだ。申し

伊吹山三合目にある中山再次郎の銅像
（草川さん撮影）

訳なかったが、出版は辞退させてもらった。

「比良の父・角倉太郎」

角倉太郎氏の名前が出たので、『比良の父・角倉太郎―比良登山今昔ものがたり』（一九九七）のことについても少し記しておこう。「すみのくら」氏は京都の名門である。あの高瀬川や保津川を改修したことで知られる角倉了以の末孫にあたられる。風貌といい態度といい、まさに「父」と呼ぶに相応しく、岳人をいつも温かく包んでおられた。平成七年（一九九五）、八七歳で天寿を全うされたが、若いころ昭和一四年（一九三九）に『比良連嶺』（朋文堂）という名著を上梓されている。万人が認めるところだが、その本を抜く比良山系のガイドブックは未だに見当たらない。戦前から「比良の父」と呼ばれ、比良山系をくまなく研究され、山中に望武小屋を作り、管理もされていた。そして京都山岳連盟の会長も長く務められた。私が氏とお会いするようになったのは氏の六十歳代のころだったが、戦前から父と呼ばれておられたのだから、あの第一印象は若いときからのもののようだ。

今、六十歳代からのお付き合いのように書いたが、実はもっと昔、昭和三十年代、先生四十歳代のころからお会いしていたのが後になってわかった。ナカニシヤ出版の前身のナカニシヤ書店には大きなキャシュ・レジスターがあった。親父が戦前に丸善から買ったものらしく、アメリカのナンバーワンメーカ

ーの上等な代物だった。本体に打ち込んであるメタルには、「一八八六年製造オハヨー州デートン市　ナショナル・キャシュ・レジスター」とプリントしてあった。電動製だが手動でも使えた。なにぶん機械が古くなってきているので、ときどき故障することがあったが、その時に丸善から修理にきてくれた人が実は今で思えば角倉さんだったのだ。角倉さんは若いころからずっと丸善に勤務しておられた。時代はその後コンピューター化していくのだが、そうなると昔の機械を直せる人はますます貴重な存在になり、角倉さんは定年後も続けてメンテナンスに来られていた。

私の親父は太平洋戦争末期の昭和二十年に死んでいるのだが、若いころ（大正時代）は丸善京都支店の洋書部にいた。親父が死んだのは私が小学三年生の時なので、私自身は親父の若い頃のことなどは何も知らなかった。ちょうど角倉さんとは年齢が近かったから、氏は私の親父のことも知っておられた。それで時々、丸善時代の話も聞かせてもらった覚えがある。だけど、その頃の私は角倉さんが比良の父だとはぜんぜん知らなかったのである。

さて、本のことだが、亡くなる一〇年か一五年前から二、三回角倉さんにお会いして、原稿の一部を見せて貰っていたのだが、それはまだ本になるほど整理されたものではなかった。早くおまとめくださいと言っているうちに時間が過ぎ、亡くなられてしまった。死後、阿部恒夫さんや山本武人さんら生前に親しかった人から、遺稿がなんとか本にならないものかと言ってこられたことも

蛇谷ヶ峰北肩を越す入部谷越の石仏（一九六三）

あったが、こちらがどうこうできるものではない。
その先生の散らかった？部屋を整理され、原稿をまとめられたのは、娘婿の佐々木信夫さんで（ちなみにこの方も丸善ＯＢ）、本当に大変な作業だったと思う。校正も速やかに進めてもらったので、なんとか先生の三回忌には間に合った。角倉家の菩提寺である嵯峨野の名刹・二尊院に、先生を父と慕う多くの岳人が参集され法要がおごそかにおこなわれた。その時の記念としてケース入りの特別な本を作った。そして残りを美装カバー巻きの市販本にさせてもらった。奥付は先生の命日の二月十七日にした。

「中井一郎先生のこと」

比良のことではもう一つ、中井一郎著『比良―山の自然譜―』（一九七七）の事を書かなくてはならない。中井先生は一九〇四年生まれ。京都大学文学部英文学科出身。大津市にある滋賀県随一の進学校、膳所《ぜぜ》高校で長い間教鞭をとっておられた。この本を出版するころはもう教員生活は引退されていたので、先生との連絡にはいつも三井寺の近くのご自宅へお伺いした。奥様が「京都に住んでいる人に近所のお菓子なんて」と言って遠慮がちに出してくださる和菓子が美味だった。いまでは有名な叶匠寿庵が、まだ先生の家の近くに小さな店を出していたころのことである。
当時、昭文社発行の山と高原地図シリーズ「比良山系」は先生が執筆されて

いた。先生は動植物に造詣が深く、それで比良で出会った植物と動物について見聞録風に原稿をまとめておられた。角倉さんの『比良連嶺』には動植物の記述はほとんどなく、それも意識して書かれたのだと思うが対照的な比良の本になっている。

原稿をいただいた時、文章についてはほぼ出来上がっていて、小社では何もする事はなかったが、植物の写真が少し足りなかった。先生はその頃すでに足腰が少々弱っておられたので、山麓の植物の写真は先生と一緒に車で走って撮った。雑草に近い植物だが、先生の指定された場所に必ずあるのには感心させられた。比良山へ登る必要のあるものは先生から場所をお聞きして私が二、三枚だが撮りにいった。ちょうどその年、昭和五十二年は比良の山稜の笹に麦角が出て、何十年に一度の笹の枯れる年だったのを覚えている。そして最後に残ったタケニグサの写真は私とその頃ナカニシヤ出版でアルバイトをしていた大阪大学出身の本多君(膳所城主本多氏の末孫、現 読売新聞論説委員)が、先生が指定された坊村へ撮りに行った。言われるとおり安曇川の河原にあった。そのとき、明王院の写真を撮ったあと、比良山荘で鮎の塩焼きや鯉の洗いを賞味したのが懐かしい。

私の所属する奥山山荘同人会の比良の山小屋は、琵琶湖側から登って南比良峠を越えた所にあった。今のＪＲ湖西線とほぼ同じく湖畔を走っていた江若鉄道を「ひら」で下りると、琵琶湖畔から南比良峠めざして二時間のきついジグ

比良のシャクナゲ

トチノキの花(比良 八淵の滝)

ザグの道が待っていた。はじめは猪垣の続く山麓のゆるやかな道だが、やがて深谷に沿った登りとなり深谷小屋（京都府立医科大学所有）に着く。ここからは谷を離れてジグザグのきつい登りとなる。そして南比良峠の二〇分ほど手前にある膳所高校の山小屋・太吉小屋に到着する。ここまで来ると美味しい水にありつけ、ホッとしたものだ。

　私がまだ中井先生を知らない若輩の時分だが、太吉小屋の前で休憩中に、泊まりがけで来ていた膳所高校ＯＢの人達数人とお喋りをしていたら、明日のコースについての話になり、私が「明日はオチャヅケ新道を通って下ります。」と言ったら、相手がギクッとした顔をしたことがあった。後々にわかったことだが、オチャヅケとは中井先生の膳所高校でのあだ名だったのだ。いつもお昼は職員室でお茶漬けを食べておられたことから付けられたのだそうだ。その時先生は横におられたらしい。先生が開拓された道は正式には中井新道というのだが、我々の仲間が膳所高校の連中から通り名を聞いて、粋がって使っていたのである。知らぬが仏とはこのことだ。

　いま、シルクロードをよく歩かれている西燉氏は先生の息子さんで、親の血を受け継いでおられるようだ。

　なお、二〇一二年に『登る、比良山』を草川啓三氏に執筆してもらった。古道もふくめて現在の山中の道についてはこの本がいちばん詳しく書かれている。

ヌタのホリから釈迦ヶ岳（一九六一）

京都北山からヒマラヤへ

―京都大学学士山岳会の人たちの本をつくる―

「今西錦司先生の本で全国展開がはじまる」

私は、山や自然の本は、長いあいだ関西エリアに限定して作っていた。なぜかというと、わが社の実力はまだ関西にしか通用しないと思っていたからである。著名でない出版社が急に全国展開の本を出しても、たとえそれが良い本であったとしても即、売れるものではないことを、書店を長い間やっていた経験からよくわかっていた。良い本を作っても、出版社の名前が売れていて、その出版社の営業網が全国的に広がっていないと売れないのである。本を売る書店側の立場でいうと、毎日来る大量の新刊に押し流されて、一点、一点内容まで細かく吟味する暇もない。だから主としてタイトル、著者、発行所を参考に(信用)して仕入れるのである。本が残った時に返品できるかどうかわからない無名に近い出版社から急に良い本が出てもなかなか店頭に置きにくいのが実状である。そんな中でナカニシヤ出版が全国に拡がる可能性のある本として出した最初の本は、多分この本ではないだろうか。それは著者が全国的に著名だったからである。

その本とは、平成六年（一九九四）に出版した、斎藤清明編『初登山　今西錦司初期山岳著作集』である。そのころすでに『今西錦司全集』は東京の出版社（講談社）から出ていた。先生は全集の完結前に亡くなられたのだが、ご長男の今西武奈太郎さんが先生の書斎を整理されると、先生の若いころ、すなわち京都一中、三高時代の未発表の山に関する原稿がたくさん見つかった。ただそれらが全集に収録されなかったのは、先生がご存命中には、これは若いときのものなので、自分でつたないと思われたからだと推測する。またその原稿類がかなり京都の北山のことに偏っていることも理由のひとつだったかもしれない。

当時、毎日新聞の京都支局に齋藤清明さん（その後　総合地球環境学研究所教授）という記者がおられた。齋藤さんは長年にわたって京大詰めの記者だったので、正門前で本屋をやっている私とは旧知の間柄でもあった。齋藤さんは今西先生と同じ京大学士山岳会の会員で、チベットのカンペンチン峰（七二八一米）などに登られた登山家でもあった。その齋藤さんが今西先生のこの原稿を見て、その内容が、京都で山の本を作っていて、しかも京大とも縁の深いナカニシヤが出版社として適当だろうと思って話を持って来られたのだと思う。ご自身でも北山の本も書いておられる（『京の北山ものがたり』一九九二、松籟社）齋藤さんの編集なら鬼に金棒、すぐに出版をお引き受けした。

（一九八三　毎日新聞社）

「本屋の小僧、京大へ配達にいく」

私は今西先生とは一度も山へご一緒させてもらう機会はなかった。しかし、山仲間の人たちと飲んだりすると、山での先生の男気がよく話題になったので、今西先生がどんな人かということは知っていた。良い意味でのお山の大将と呼ぶに相応しい人だったようだ。リーダーとしての統率力、綿密な気配り、行動力など何をとっても真似のできないものを持っておられたようだ。あのようなキャラクターの人は今後もあまり出ないのではないだろうか。

年齢的にふた回りも違うこと、先生の周りには偉い方々がたくさんおられることなど、私などとは違って別世界の岳人だと思っていたので、逡巡して先生とは山の話しさえできなかった。でも私は京大前で本屋をやっていたので、先生が京都大学に籍を置いておられるときは、先生の研究室へ雑誌の「自然」や「科学」を配達に行っていたので顔はよく知っていた。

今西先生が大変えらい人物だと思うのは、威厳は保ちながらも、人をわけ隔てされないところだ。私のような本屋の小僧でも同じ目線で話してもらえることだ。本の配達に行っても、「おおきに。ご苦労さん」とねぎらいの言葉をかけてもらえる。これは偉くなるとなかなかできないことだが、そのあたりが先生の親分の親分たる所以、人を魅きつけるところなのだろう。

本の話からは少しそれるが、当時、先生のおられた人文科学研究所には今西先生のほかにも仏文学者の桑原武夫先生、それに後に国立民族学博物館を創っ

今西先生の最初の単行本。一九四〇　弘文堂書房。冒頭の「私は今でも信じている。登山上の正統派なるものは、初登山を求める人たちを措いてまたほかにない。」は京都の岳人のバイブル。

て館長になられた梅棹忠夫先生をはじめ京都大学学士山岳会の錚々たる人たちが多数おられた。

桑原先生は仏文学者として高名だが、その他に学際的な共同研究の先駆者としても有名だった。『フランス革命の研究』『ルソー研究』（共に岩波書店）など共同研究による立派な本もご自身の著書の他に出されている。学術的な面での先生のことを語る資格はないので山のことに移るが、桑原先生が今西先生と同期で三高山岳部の創成期の人だということを知ったのは、京都大学が初めてカラコルムの山を征服したチョゴリザ遠征の時（一九五八年）に、隊長が桑原先生だと聞いたときだった。

桑原先生の『回想の山山』（一九四四、七丈書院）の中に、若いときに奥美濃の大郷谷から能郷白山に登り、温見に泊まられた紀行文「能郷白山と温見」がある。私が奥美濃に頻繁に通っていた一九五〇―六〇年当時でもこのコースが能郷白山へ登るにはもっとも早いルートだったので、私も同じコースを通って二度能郷白山に登っている。先生にお会いしたときに一度その話をしたかったのだが、桑原先生はもうそのころ文芸評論家としても超売れっ子だった。いつも多忙のようにお見うけし、そんな話をする機会はなかった。また私には学者としての威厳が感じられ、近づきがたい存在だった。

今になって考えてみると、それは学者の家系の桑原先生と西陣の商家出身である今西先生との人あたりの差ではなかったろうかと思ったりもしている。実

（黒谷 金戒光明寺）

際の桑原先生は、あのいかつい顔から受ける印象とは違い、いざ話されると京都弁が独特のユーモアたっぷりに出てきて、研究者、一般人を問わずその話術の虜となってしまうようだ。チョゴリザ遠征のキャンプの夜は毎日が文化講演会のようで楽しかったと隊員の人の手記には必ず出てくるし、西堀さんが何かに書いておられたが、今西、西堀、桑原とそろって札幌で講演したときに、千五百人の聴衆を前にした桑原さんの話では、一時間半の講演で五十回爆笑がおこったそうである。なお、桑原先生にはお嬢さんが何人かおられたが、私はそのうち二人の方と高校で同級生だった。庶民的な明るいお嬢さんだった。

梅棹忠夫先生は桑原、今西両先生よりはひとまわりくらい若かったことや、先生の弟さんが西陣で本屋さんをやっておられて友達だったこともあって、いつもお会いすると親しく喋っていただいた。『京都の秘境　芦生』（一九七〇）を出版したときも、献本を届けに行ったら、自分が三高山岳部に入って初めて比良山へ幕営登山に行ったときの話をしてもらったのを覚えている。

「今西先生の登山地図を見せてもらう」

さて、今西先生の『初登山』の原稿だが、原稿用紙にきっちり書かれた原稿を見せてもらって、中学時代からもうすでにこんなに緻密であったのかと感心させられた。やはり偉い人は若い時から大したものだ。豪放磊落の裏の一面を見せてもらった気がした。

（西堀栄三郎著　一九五八　岩波新書）

（梅棹忠夫著　一九五六　岩波新書）

また先生のお宅へ伺った時、先生が大切に保管されていた大量の日本全国の地形図をご長男の武奈太郎さんに見せていただいた。その地図上には先生が自分で登られた山の行程が全部赤鉛筆でトレースされていて、所々に谷の名前やイワナ、アマゴという文字が鉛筆で書き込まれていた。ともかく生涯で一五五二山も登られた方だから、地図の山頂三角点に登頂の印の赤三角印が入っている山が多いこと多いこと、登山家としての今西先生にただただ敬服したものだ。

そして今度の本の表紙カバーにはその地図の中の一枚、五万分の一地形図「北小松」の一部をレイアウトして使わせてもらった。息子さんの武奈太郎さんと娘さんの皆子さんの名前が入った箇所、すなわち比良山系の最高峰・武奈ケ岳と京都の最高峰・皆子山が入ったところである。

「学士山岳会の人の本を集める」

私はこの本づくりを通して、学士山岳会の人と歴史について詳しくなった。戦前の大興安嶺や白頭山の探検、戦後のアンナプルナから始まるヒマラヤ、カラコルムの山々への挑戦などのこともそうだが、中でもいちばん目を見張ったのは、京大正門前で書店をしていた時のお得意さんの中に、こんなにたくさん学士山岳会に籍を置いた先生方がおられたのかということだ。本屋の小僧の時にはそのことを何も知らなかったのが今となっては返す返すも残念なことであ

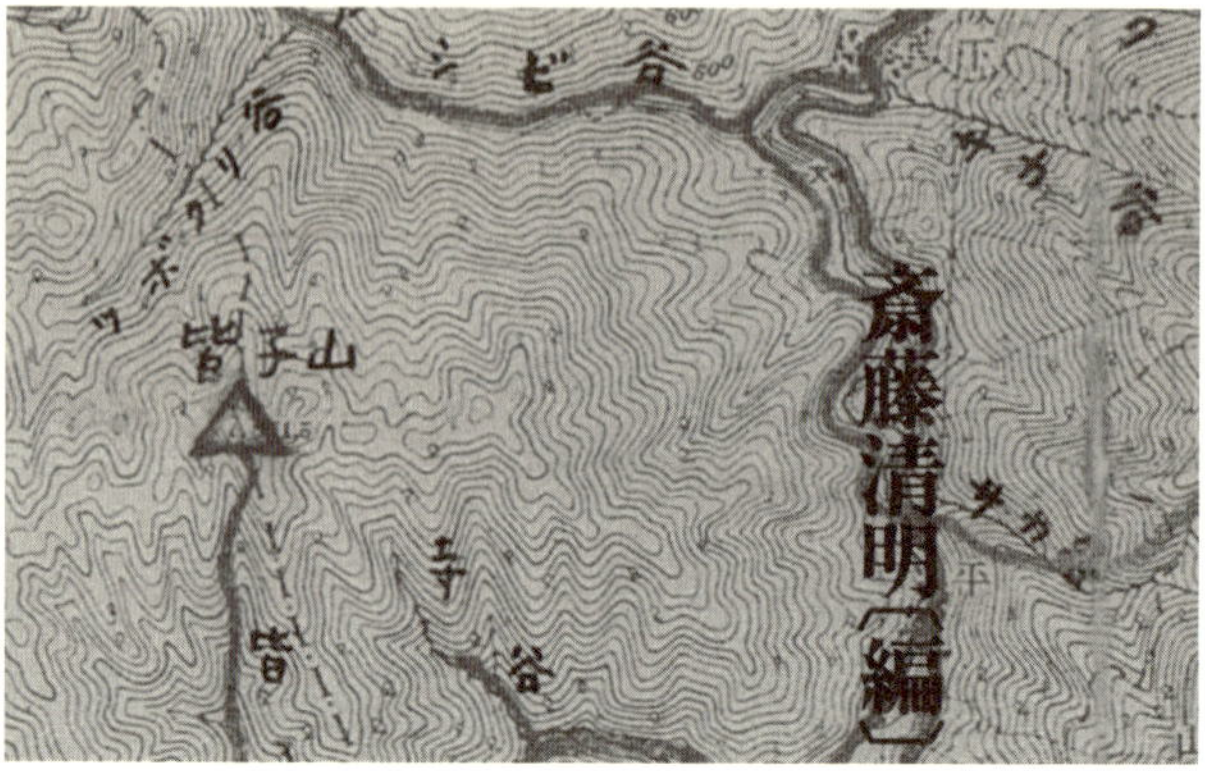

カバーに使わせてもらった今西錦司先生の地図

る。いつも笑顔で接していただいた工楽英司先生、たくさん本を買っていただいた岩村忍先生、教養部のテキストをいつも売らせもらっていた物理の多田政忠先生、生物の吉井良三先生、娘さんがナカニシヤ書店でアルバイトをしておられた小野寺幸之進先生、遠い親戚だった上尾庄一郎先生‥などきりがない。

昭和六三年（一九八八）に中央公論社から今西錦司編『ヒマラヤへの道―京都大学学士山岳会の五〇年』という本が出た。実際の執筆者は斎藤清明さんであろうと推測している。この本が出版されたのは、今西先生や桑原先生がもう老境に入られ、何とかご存命中にまとめておきたいと思われたのだろう。この本を読むと学士山岳会の歴史が明瞭にわかる。ただ私にとってこの本は大変な本になった。というのは、この本の最後に参考文献として「本会の主要な山行の報告書」「本会会員の著作のうち本書の内容に特に関連の深いもの」という項目があって、学士山岳会の方々の書かれた山の本が羅列されているのだ。こんな一覧表を書かれると困るのである。山書コレクターの端くれとしての血が騒ぐ。早速、私はそのリストと自分の棚の本をチェックしてみた。すると自分としては結構そろえているつもりでいたのにまだ抜けている本が多々見つかった。

当時、私は日本書籍出版協会の理事をしていたので、月に二回は本部のある東京の神楽坂へ通っていた。人の多い東京は好きではなかったが、それでも少しの間はこの山書探しのおかげで東京行きが楽しくなった。暇を見つけては神

田の悠久堂や和久井さんの穂高書房など、都内のあちこちにある山の本を置いている古本屋さんを廻りはじめた。でも、探す本はすぐには見つからず、書棚はなかなか埋まらなかった。結局、新刊で出たときに話題になったような本は何冊か見つかったが、見つけにくそうな本は何年経ってもやはり残ってしまった。例えば、木原均著『一粒舍主人　写真譜』（木原生物学研究所、一九八五）、『内蒙古の生物学的調査』（養賢堂、一九四〇）が未だ見当たらない。どなたかお頒け頂ける方はありませんか。小生、京大関係の山の本を集めておりますので。（前書はその後、京都の其中堂でみつけました。五千円でした。）

「チョゴリザ初登頂の平井先生」

昭和三十年代の京大の名総長であった平沢興先生が京都大学学士山岳会編著「チョゴリザ」（一九五九、朝日新聞社）という登頂報告書に次のような序文を寄せておられる。「チョゴリザ登山隊の隊長から「登頂に成功」との電報を受けたときの感激は、いまも忘れることはできない。一九〇九年アブリッジ公の、一九五七年にはヘルマン・ブールの登山隊をしりぞけたヒマラヤの処女峰チョゴリザは、ついにわが京大学士山岳会にその登頂を許したのだ。まことに世界山岳界における快挙である。・・・」当時としては、チョゴリザは日本では戦前の立教大学のナンダコット、一九五六年日本山岳会のマナスルにつづく三番目のヒマラヤ初登頂だったので、平沢先生の感激ぶりもわかるし、世間も大騒

ぎだった。若い頃の私もわがことのように、新聞記事を各紙くまなく読んだり、講演や映画に興奮をした思い出がある。

平成八年(一九九六)になって、そのチョゴリザに藤平正夫さんと一緒に初登頂された平井一正先生に『初登頂　花嫁の峰から天帝の峰へ』という本を作ってもらった。先生のヒマラヤの四つの初登頂を中心にした登山史である。平井先生の凄いのは、初登頂されたチョゴリザ(一九五八)、支援隊員だったサルトロカンリ(一九六二)、隊長だったシェルピカンリ(一九七六)、総隊長だったクーラカンリ(一九八六)とも犠牲者なしの無事故で初登頂に成功しておられることだ。これは運だけではないと思う。また後年、先生は心臓を悪くされたが、見事に克服してその後も元気に登山を続けておられる。これもいつも不整脈でぐずぐずしている自分にとっては凄いことだと思う。

それぞれの山の報告書は別に出ているので、先生の登山についての詳しいことは割愛するが、誰も書かない気になっていることを書いてみる。こんなことを書くと先生に叱られると思うが、先生の癪の種のエピソードを二つ。

一つ目はチョゴリザの初登頂のこと。バルトロ氷河のコンコルディアから北へ、K2方面へ出ているゴドウィン・オースティン氷河の方角から見るチョゴリザは、あまり類例を見ない、長く美しい水平の頂稜線をもつ台形状の、通称「ブライドピーク」の名の通り花嫁のベールのような純白の美しい山容をしている。チョゴリザの頂上はその両端、北東端と南西端だ。京大隊が登ったのは

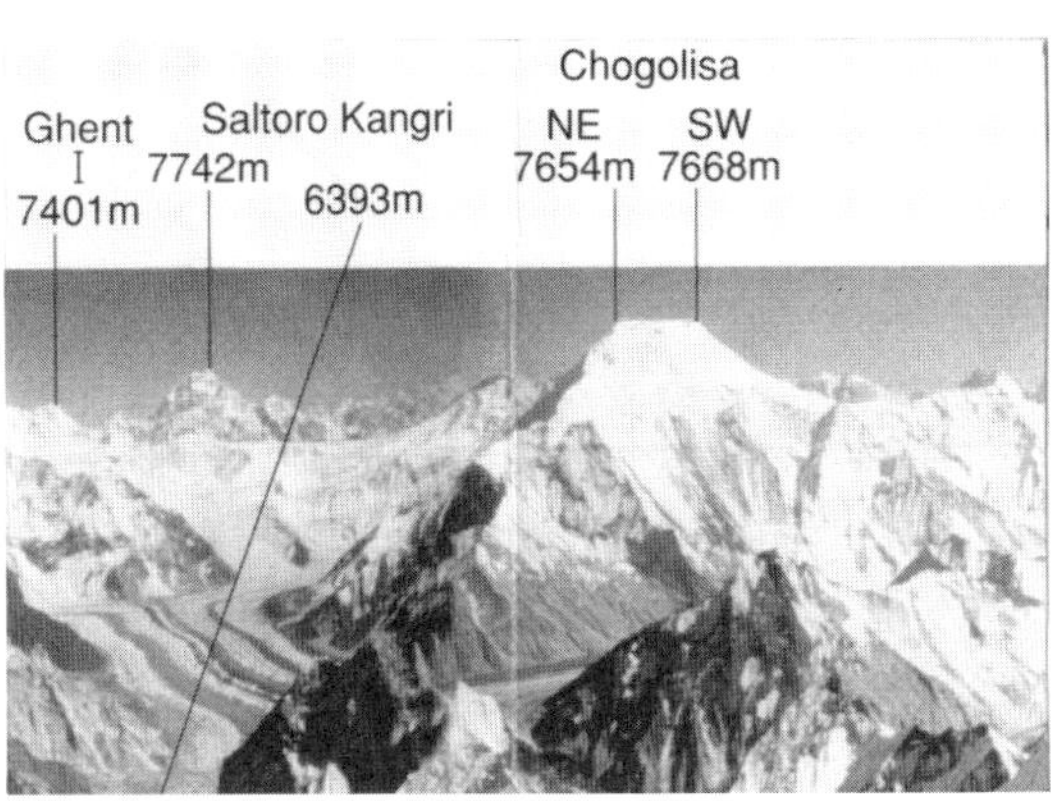

(古関正雄氏撮影)

バルトロ氷河に近い北東峰七六五四米、その十七年後にオーストリア隊が登ったのは南西峰。この南西峰は京大隊が登った頃には七五五四米とされていたが、現在では七六六八米とされている。南西峰の方が少しだけ高いのだ。これは年月が経つとチョゴリザの初登頂は両方別々の表記か、最高点の南西峰のみの表記になってしまうようにも思えるのは私だけではないだろう。

もう一つは、シェルピカンリの頂上近くの牙のような岩峰のこと。一九七八年、神戸新聞出版センター発行の『コンダスの女王　シェルピ・カンリ』の本中の写真を見ると、ドーム状の頂上の最高点の少し手前に牙のような岩稜が天に向かってつきあげている。その牙は神戸大学隊の報告書には頂上とほぼ同じ高さとなっている。私は初めて写真で見たときに、形はぜんぜん違うが奥秩父の金峰山の五丈石みたいやなぁと思った。登ってきたとすると、誰が見ても、考えてもドーム状に広い最高地点（当時の頂上の標高は七三八〇米とされていた）に頂上の風格がある。その奇怪な牙は山門の仁王様のような存在だろう。しかし現在では最高点はその岩峰になっていて七三〇三米、とされている。まだその後にこの岩峰には誰も初登攀していないようだが、この岩峰に登った登山隊が出ると、また先生の癪の種が増えそうな気配だ。

先生がおっしゃるには、「こんな事を言っている机上の人間（アームチェアー登山家）が一番始末が悪い、」ということになる。

（一九八八　神戸新聞総合出版センター）

「ノシャック初登頂の酒井先生と岩坪先生」

学士山岳会の先生の本はまだ何冊かある。一冊目は酒井敏明著『世界の尾根に登った人びと』（二〇〇五）だ。この本の企画までの経過が少し変わっているので記しておきたいと思う。

活字離れのせいでもないのに、平成一五年から一六年にかけて、地理学の出版社が二つも店を閉じた。一つは京都にあった地人書房。主人の石原さんが奥さんと二人でやっておられる小さな出版社だったが、地理学の立派な本を沢山出しておられた。石原さんは若いころはミネルヴァ書房におられて、高校生用の地理の参考書を作られていた。その後に独立して、ご自宅のある大文字山麓の鹿ケ谷で出版社をはじめられた。京都大学に近いせいもあって、京大出身の先生の立派な本がたくさん出ていた。少し頑固な人だったが実直な人で、私とは馬が合った。よくお邪魔をして長話をしたり、逆に作った本を持って喋りに来られたりと交遊を楽しんでいた。それがついお互いが多忙で少し会う間隔が開いていたら、後で知ったのだが、その間に癌になられ、手術を受けられていた。そしてすぐに再発して急逝された。

もう一つは古今書院と並ぶ地理学の大出版社である神田の大明堂さんだ。地理学の本はどちらかというと自然地理学は古今書院、人文地理学は大明堂と棲み分けして出版されていた。社長は神戸さんというお名前だが、神田生まれのちゃきちゃきの江戸っ子、出版業界の公的な仕事をたくさん引き受けて多忙な

（一九六一　朝日新聞社）

人だった。よく本屋さんで見かける「これから出る本」という新刊ニュースは神戸さんの仕事だ。私も遅れて日本書籍出版協会の理事になったので、よく一緒に仕事をさせてもらった。神戸さんは京大の先生の学術書や教科書をたくさん作っておられたので、書店をやっているころはよく売らしてもらっていた。そのころからの長いつきあいで、本当にいろいろお世話になった。晩年は病気気味だったのに加えて、地理学の本が昔ほど売れなくなってきていたこと、それに後継者がおられなかったこともあって気力を無くして店を閉じられた。

伝統的に人文地理学は京都大学など関西の大学の先生方が中心だった。大明堂と地人書房の二社がなくなると、人文地理学を主体とする出版社がなくなってしまう。それで以前から京都大学の地理学のテキストなどを出版していた小社に、地理学の本を積極的に出版してみないか、とお声がかかってきた。私は昔から地理が好きだったこともあって、先生方とのお付き合いも続いていたので、喜んで引き受けることにした。

そのお披露目の第一弾として、「叢書　地球発見」というシリーズを、千田稔先生(元国際日本文化研究センター教授)、金田章裕先生(元京都大学教授)、山野正彦先生(元大阪市立大学教授)に企画していただいた。一地域を捉えたミクロな研究ではなく、地球規模のものの見方で、〝人間〟をダイナミックにとらえようとする地理学中心のシリーズだ。その第一回の編集会議で「中西さんの好きな山の本もこの叢書に入れなさいよ」と言ってもらい、最初に頭に浮かんだのが、京大の地理学教室出身で帝塚山大学で教鞭を取っておられた、酒井敏明先生だった。

先生は一九六〇年、東部ヒンズークシュにあるアフガニスターンの最高峰・ノシャック(七四九〇米)に岩坪五郎先生と初登頂をされた山歴の持主である。以前に古代から中世の間にパミールを通った大旅行家の歴史を書いた『旅人たちのパミール』(春風社 二〇〇〇)を出されている。ぜひわが社でも、遙かなる高地に魅せられた人々の歴史のようなものを書いてもらいたかったので、ご執筆のお願いに山科のお宅に伺った。幸いなことに教鞭生活は終わっておられたので、今は比較的暇だから、と執筆を快諾してもらえた。叢書としての制約もあったので、書きにくい面もあったかと思うのだが、期限どおりに仕上げていただいた。世界の登山史が文章とともに表にも纏めてあり、それが先生自身の足跡の部分と巧くミックスして、大変興味深い読みものとして仕上がった。

この「地球発見」というシリーズにはもう一冊、山の本ではないが、京大のK12峰の遠征に岩坪先生らと一緒に参加されている能田成先生の『日本海はどう出来たか』(二〇〇八)という本もある。日本海は陥没して出来たのではなく、日本列島が回転して出来たことを教えてもらった。日本山岳会京都支部の会員でご自宅はわが社から近い岩倉なのだが、熊本大学定年退官の後は台湾の国立大学で教鞭をとっておられるのであまりお会いできないでいる。

二〇〇八年には岩坪五郎先生に『ゴローのヒマラヤ回想録』という本をつく

ってもらった。はじめて先生の研究室にお邪魔をしてから実に四十年になる。助教授、教授となられるにしたがって、専門的なしかも地球規模のご研究が中心になり、山の本をお書きいただくような雰囲気ではなくなった。それがようやく先生もその気になられたのは、二〇〇七年(平成十九年)に出版させてもらった斎藤惇生編『北アルプス大日岳の事故と事件』の編集で、マングローブなど熱帯樹林の研究で有名な荻野和彦先生と頻繁に来社されるようになったからである。その本の主題である山本一夫さん、高村真司さん両名の支援活動に積極的に参加されたにもかかわらず、表に出ず黒子に徹しておられるのを「藤沢周平の『三屋清左衛門残日録』を彷彿させますね。」と言ったのが先生と意気相投ずところとなって本を作ってもらえることとなった。

先生の人間味あふれる文章を読まれた方は、そのおもしろさに思わず吹き出すところが多々あるはずだ。小社に山の本はたくさんあるが、その中でも一番楽しんで読んでもらえる本だと思う。ぜひご一読をおすすめする。

なお、四手井綱英先生の晩年の本を二冊作らせてもらっているが、これは荻野和彦先生がご編集を担当されて世に出た本である。

そして京大としてはチョゴリザ、ノシャックに次ぐ三番目の七〇〇〇米峰初登頂、サルトロカンリ(七七四二米 一九六二年)や世界で初めて還暦を超えて八〇〇〇米峰(シシャパンマ 八〇二七米 一九九〇)に登られた斎藤惇生先生には序文や推薦文をよく書いていただいている。『北アルプス大日岳の事故と事

件』（二〇〇七年）では「はじめに」と「結語」を書いてもらった。また『新日本山岳誌』は当時日本山岳会会長をなさっていたので、わが社で出版ができたのである。御礼をいくら言っても言いたりない。次は先生のご本を出させていただければと願望している。

さらにもう一冊。山本紀夫著『雲の上で暮らす―アンデス・ヒマラヤ高地民族の世界』（二〇〇六）がある。これは秩父宮記念山岳賞を先生が受賞された時の本だ。先生は民族学博物館教授で日本山岳会京都支部の会員でもあった。山岳民族学を志し、高地の美しくも過酷な環境で暮らす人々に寄り添って四十年のフィールドワークをされ、その成果を本にされた。その研究はヨーロッパアルプスやエチオピア高地にまで及んだすごいものである。しかし海外に長くおられた関係で、あまり個人的には存じ上げなかった。

私の会社の屋上からは北山がよく見える。岩坪先生が以前に何かの本に掲載されていた京大の農学部の屋上から写された北山の俯瞰写真とほぼ同じ方角に北山が見える。天気のよい空気の澄んでいる時には屋上に上がり、その写真と対比しながらひとりで北山を同定して楽しんでいる。今西先生が荒神橋の上から見られたように、桟敷岳をはじめ北山の前衛峰が綺麗に見える。飯盛山か天童山もそのはるか奥には見えるような気がする。春夏秋冬、空気が澄んでいるときにはいつも楽しんでいるのだが、お近くを通られたらお立ちよりください。

（一九六四　朝日新聞社）

「エヴェレストへの思い」

京都の大学山岳部ではもう一つ同志社大学の岳人のことも書いておこう。かつて小社の近くに小学館の京都事務所があった。そこでは同志社大学山岳部OBの前芝茂人さんと宮崎貴文さんが仕事をしておられた。ちょうど『梅原猛全集』を編集しておられるころだったと思うが、ある時お呼びを受けた。

行ってみると、一九七〇年に難峰、ダウラギリⅠ峰の第二登に成功した同志社大学隊の川田哲二さんが自費出版で本を出したい、とのこと。早速にお会いした。情熱を内に秘めた、朴訥としたタイプの人だった。こういう人が強いんだ、と思わす人だ。私は会ったことはないが、マナスルに初登頂した今西壽雄氏も風貌からしてこのタイプの人ではなかっただろうか。

原稿の内容は、自身の登山史のハイライトとして挑戦された六十歳を超えてのエヴェレスト登山の折、結果は未踏に終わったとはいえ、無事生還したときに自分の心のなかに沸き上がった思いを綴ったものだった。この本の巻頭にあるウルマンの詩「青春」の一節がまさにそれに当てはまっていた。それは川田さんが教職者として生徒たちにいちばん伝えたいことだったのではないだろうか。その『エベレスト61歳の青春』は二〇〇二年に完成した。

またカイラスに近いサイパル（七〇四〇米）に初登頂された平林克敏氏には『新日本山岳誌』の出版の時などいろいろお世話になっている。

在学中に大学の山岳部に入っておられたとは聞かないが、立命館大学のＯＢでは内田嘉弘さんがおられる。内田さんと私は年齢がほぼ一緒なので著者というより友人のような関係でお付き合いをさせてもらっている。

内田さんは一九五七年にカラコルムの西端のプリアンサール（六二九三米）に初登頂されている。この山は私が若い頃に読んだ京大探検部の本多勝一さんが書いた『知られざるヒマラヤ―奥ヒンズークシ探検記―』（一九五八　角川書店）に出てくる山なので、初めてお会いした時に内田さんもこの本を読んで計画されたのではないかと思った記憶がある。

この初登頂の一年前に自費出版で若き日の山行をまとめた『山の魅力』を上梓されている。五十歳記念の時の本はわが社から作ってもらった（『山のスケッチ』一九八九）。その後『京都滋賀南部の山』（一九九二）、『京都丹波の山』（上）（一九九五）、（下）（一九九七）、『大和まほろばの山』（二〇〇〇）と、関西の山のガイド紀行の執筆を続けてお願いした。二〇〇七年には自ら歩かれたシルクロードとその周辺の山をまとめた『シルクロードの風』を上梓された。『新日本山岳誌』にも京都の山をいくつか書いてもらっている。

内田さんの足跡はアンデス、イラン、ボルネオなども含め地球上のあちこちの山にある。最高到達点はコムニズム峰の七四九五米である。ところがこれでは奥様に頭が上がらないことになる。奥様は一九七四年に日本女性として八〇〇〇米峰に初めて登頂された人だ。あのマナスル（八一二五米）の女性初の

登頂者である。お会いすると貞淑な家庭的な方で、どこにあのファイトがあるのだろうかといつも思う。お二人で日本の山を歩かれる時は愛犬がよくお供をしていた。素晴らしい夫婦登山家である。

内田さんは山へ登るといつもスケッチをしておられるが、その絵は近年益々上達してこられて、プロの領域に近づきつつある。最近ではエヴェレストを描きにゴーキョピークまで登られている。

三角点に想いをよせる人たち

同じく『日本山岳誌』に京都の山をいくつか執筆してもらった人に一等三角点研究会会長の大槻雅弘さんがおられる。元は京都市交通局山岳部の方で、ここには以前、伊藤潤治、坂井久光など錚々たるメンバーの人達がおられた。戦前の大阪に住友山岳会というとてつもなく立派な山岳会があったが、その京都版のような山岳会であった。この会の人達は皆さん山に対する取り組みが緻密で執拗なのである。伊藤さんの奥美濃研究、坂井さんの三角点研究などがその代表であろう。大槻さんも間違いなくその精神を受け継いでおられる。前述のお二人と比較して違うのは、その上にプラスして事務処理抜群ということであろう。その編集振りは精緻で、おかげでわが編集部はその分助かっている。二〇一一年に一等三角点研究会編著『一等三角点全国ガイド』を出版してもらった（以前の日本山岳会京都支部編『山城三十山』も大槻さんの編集）。この本

には全国の五〇〇米以上の三角点五四六個の石標が全部写真で載っているが、山姿は載っていない。三角点に関心のない人が見たらびっくりするような本である。しかしこれは大変な労作なのである。特に二割を占める北海道の一等三角点には道もなくヒグマの恐怖の中を山頂に向かうところもある。本は好評だったので今度は五〇〇米以下の一等三角点の本も続巻として出版企画にある。今度は離島の一等三角点が大変であろう。

　一等三角点研究会は今西錦司先生を顧問、坂井久光氏が初代会長で一九七三年に生まれた。坂井さんは全国の五〇〇米以上の一等三角点を完登しておられる。この会に集まる人達の登山は山頂に到達すると、まず三角点に頬擦りをしたり、なでさすったり、お神酒をかけたり、そして「ヤッホー」とか「バンザイ」を三唱したりということになる。

　今西先生はこの後の章にも何回も登場されるので省くが、坂井久光氏は京都の岳人の中で三奇人の一人といわれるだけあってエピソードがたくさんある。ツチノコを探索するノータリンクラブでの逸話とか本人がよく書かれる話では今西先生との山女魚釣りで泊まった営林署の小屋が焼けてしまった話、友人の話では帰途の林道でトラックのヒッチハイクを上手にされる話など切りがない。森本先生と今西先生の揖斐川源流の赤谷、道ノ谷遡行の論争では両者とも坂井さんの師匠の先生にあたるので間に立って気苦労をしておられた。しかし山以外には気を使わない人なので下界ではユニークな人だった。

晩年は一ヶ月に一度ぐらい会社へお越しになった。ある時に生まれが金沢で、姉は前田の殿様の隠し湯の温泉を経営していると言われたので、温泉好きの私は家内の実家が富山なので立ち寄ってみた。一軒宿だとか隠し湯だとか聞いたので山間《やまあい》の宿かと思って行ってみたら能舞台もある立派な宿だった。一番良い部屋に案内され、老女将《おかみ》が挨拶された。「久光が京都で皆さんにお世話をかけまして……久光をよろしく……。」と言われた。こちらも正座をし直して頭を下げた。翌日朝にこの深谷温泉を出るまでに三回も頭を下げた。温泉は白濁で私には少し熱かったが良い湯だった。お土産に白山狛犬の番いを買って帰った。

坂井さんの代表的な著作に『関西とその周辺の山』（一九七八　創元社）がある。そこでは一等三角点の山四十二座を紹介しておられる。また私家版として『槌の子と金鶏の正体を発く』（二〇〇七　山想社）という本もある。

二代目の会長は三谷忠男氏で、いつも日本山書の会で本をたくさん買ってもらった。一度、病気をされた時に暇潰しに小社の『新日本山岳誌』を精読され、多数のコメントが送られてきたことがあった。この会の人達は山に対する取り組みというか執着度が尋常ではないのを実感した。

現会長の大槻さんも同じで、例えば一等三角点研究会ではなく一等三角點研究會なのである。また会報の「聳嶺《しょうれい》」には我われには面白いが一般的にはかなりマニアックな論文が多数並んでいる。

III

関西の山の本から日本の山の本へ

琵琶湖をめぐる山の本

―近江の山を書く人たち―

山の本を作りはじめた頃は、一生かかって幅三尺（約九十センチ）の書棚の一列分でも出せたら本望だと思っていたのに、それがどんどんと増えてきて、書棚の二列目、三列目と進出し、今では百点をはるかに超えてしまった。それにともなって、山の領域も京都だけではなく、徐々に近畿地方全域に、そしてそれもオーバーして膨らんでいった。この章では第二章に引き続いてその後の著者との触れ合いを少し書いてみようと思う。

「わが社で最長の山の本・西尾寿一著『鈴鹿の山と谷』」

A5判で約二千ページに及ぶ大書『鈴鹿の山と谷』（全六巻）の著者の西尾寿一さんとは若い頃からのつきあいである。それというのも西尾さんの職業が私の商売との関連業種である製本屋さんだったからである。直接の仕事上の関係はなかったが、西尾さんの会社の隣に軽印刷屋さんがあって、そこへはよく出入りをしていたので、ついでにお邪魔をしては話し込んだりしていた。

西尾さんは山書のコレクターでもあったから、私が山の本を出版すると、友人の分も含めて数冊、ときには十冊以上も買ってもらえるので、ありがたいお得意さんでもあった。彼は三十歳代に金久昌業さんの主宰する「北山クラブ」

から独立して、「京都山の会」という会を立ち上げた。やがてこの会は京都では「京都趣味登山会」に次いで二番目に大きい、会員も二百人を超える大所帯の山岳会に成長した。人気、統率力両方をそなえた西尾さんの度量の大きさがなせるわざだろう。

西尾さんは一見したところ体脂肪もあり、登山する人の体型には見えないが、雰囲気が大人風である。当時、中国と日本の指導者を比べて、日本では竹下さんや宮沢さんでも指導者になれるが、中国ではなれない。中国では大人風というものをプラスしないとなれない、と言われていた。なるほど、鄧小平は背が低くても大人風だと納得したものだ。西尾さんは別に背が低いわけでもないし、リーダーとしての風格は十分だった。

私が西尾さんと付き合いだしたころには、既に『渓谷』という、タイプ印刷だが、B５判で全十巻にもなる大冊を、自分で編集、出版しておられた。それは一寸、一人でできるとは思えないような分量のものだった。その渓谷研究は比良山系からはじまり、奥美濃、京都北山、奥只見、那須・越後、九州、北関東・越後、日光、会越国境などにまで及んでいた。この本は少部数の発行で一般には市販されていなかったので、知る人ぞ知るという感じだったが、遡行好きの人たちの間ではかなり評判になっている本だった。

わが社で出してもらった『鈴鹿の山と谷』全六巻もやはり総頁が二千頁にもなる大冊である。私は昔から西尾さんをよく知っていたのでわかるのだが、『渓

谷』同様、この本も普通の人が一人で出来る容量は超えている。本が途中まで出た頃に、某出版社の編集者が、あんなものを一人でやれるはずがない、と私に疑問をぶつけてきたことがあったほどだった。

原稿を初めて見せてもらったときは、まだ全体の半分くらい、鈴鹿山脈の北から始まって真ん中の御在所山くらいまでだった。原稿は非常に克明なもので、国土地理院の地図にある地名、山名、谷名などについては全て丁寧に研究、解説されてあった。沢筋もほとんど遡行されていて（遡行図つき）、これは『渓谷』の鈴鹿版のようだとも思った。ほかにも、道、山中の集落と生業などは取り残すことなく、他の追従をゆるさない記述である。西尾さんはこの量をこなしても筆がぶれない。もし作家になっていればそれで大成されたのではないだろうか。

一九八七年から毎年一冊のペースで出版して結局六年間で予定通り出来あがった。最初から全三冊くらいにはなるだろうと覚悟はしていたが、最終的には全六冊にもなってしまった。何回も記したように総ページ数は二千ページにもなった。

『鈴鹿の山と谷』を出版してみてわかったことは、鈴鹿山脈はどちらかというと中京の人たちの山だいうことだ。私の予想とは違って、本の六十パーセントは名古屋を中心として中京地域で売れた。この本の特徴は、南北に続く鈴鹿山脈の西側、すなわち滋賀県側に大きく広がる鈴鹿山地の研究が、これまでの本より詳しいことだが、わざわざ滋賀県側から登ることの少なかった中京の岳人にはそこが新鮮に映ったようだ。本は六巻を除いてすべて再版になった。こんな大部な本がよく売れたものだと思う。

西尾さんのその後を付け加えると、還暦を機会に仕事をきっぱりと切り上げ、バイクにツェルトだけ積んで北海道や東北の山に出かけ、三ヶ月で二十万円しかかからなかったというような自慢話を聞かせてもらったり、日本の離島の最高点を全部踏みにいったり、また世界各地の山々にもちょくちょく単独で出かけておられる。悠々自適、毎日が山登りという羨ましい生活を続けておられる。

「わが社で最初のグラフィックガイド本・山本武人著『近江湖北の山』」

私が始めて滋賀県の山の本を出したのは、前述の中井一郎著『比良　山の自然譜』(一九七七)だが、次に出版した本は『近江湖北の山』(一九八五)である。この本の著者の山本武人さんとは、それ以来、長いおつきあいをしている。

山本さんは若いときから精力的に活動する登山家だった。わが社で本を出される十年も前の昭和五〇年(一九七五)に二七歳の若さで、比良の自然を題材にした写真の個展を地元の大津市で開催、その翌年から自分の勤めていた滋賀日日新聞社で、同じく比良の自然をテーマにした新聞のコラムを担当。それを次の年には『比良の詩』(サンブライト出版部)という本にするというように、ともかく若いときから比良と自然保護に視点をおいて活躍されていた。

山の本を作りはじめた初期のころの私は、登っておもしろい山地があるのに

紹介した本のない地域を見つけては本にしていた。琵琶湖の北に連なる山々は私も好い場《すいば》にしている山域なのに詳しく書かれた本はそのころ存在していなかった。先程の西尾さんには悪いのだが、私は鈴鹿の山にはあまり登っていない。滋賀県の山は山小屋のあった比良山系を除くと、いつも湖北まで足をのばしていた。なぜかと言うと湖北の山まで来ると樹相はがらりと変わって私好みの落葉広葉樹林になるからだ。だから鈴鹿山系とは少し秋の山の彩りが違うように私は感じていた。それに冬から初春にかけては積雪量も多くて山スキーが楽しめる。春の残雪の頃にはミズバショウはないが、北国らしくザゼンソウが咲く。初夏のブナやミズナラの芽吹きの頃もすばらしい。

　山本さんに湖北の山の本を作ってもらった頃にはもう勤めておられた滋賀日日新聞社は京都新聞社に吸収合併されていて、山本さんは京都御所にほど近い京都新聞社本社の写真部に通勤しておられた。始めは湖北の全域を書いてもらう予定でいたのだが、著者の都合で伊吹山から北へそして西へ山々をとらえて、ＪＲ北陸本線沿いの三方《さんぽう》ヶ岳あたりまでになってしまった。湖北の山のおよそ東半分である。しかし後で考えると、一冊の本の分量としてはこのほうが適当だった。残りの以西の山々は、後に紹介する草川啓三さんに『近江湖西の山を歩く』（二〇〇四）というタイトルで書いてもらうことになる。

　湖北の山の半分といっても滋賀県の最高峰・伊吹山や横山岳を除くと、取り上げられた三四山の大部分は初紹介の山々ばかりである。山本さんは写真家だ

から、予想通り写真のきれいな、わが社としては初めての横幅の広い変型のグラフィックガイド風の本になった。このあたりの県境稜線の山々は私もかなり登っていたが、己高山《こだかみさん》、七七頭《ななず》ヶ岳など滋賀県内の名山には登っていなかった。本を読んでみて是非とも登ってみたい山として今も残ったままだ。山中にある菅山寺のケヤキの大木も是非この目で見ておきたい。そんな山々が満載されたおすすめの本である。

　続いて一九九二年には『近江朽木《くつき》の山』を、地元の朽木山岳会の人と一緒に作ってもらった。当時、滋賀県に唯一残された村・朽木村（現 高島市）の山々の案内書である。本のスタイルは山本さんらしく写真や地図のたくさん入ったグラフィックな構成で、取り上げられた大部分の山は初の紹介となる。

　琵琶湖の北西、安曇《あど》川上流にある山村・朽木村には元気なお年寄りがたくさんおられて、会長の中野弘さんを中心に朽木山行会という会を作っておられた。そして山本さんのような登山家の指導のもとに昔、山仕事で通った道や若狭や京都北部への峠道をもう一度整備し直し、その峠から山の頂上へ向かって尾根道を切り拓いて登山道をつけておられた。

　この本の特徴はいろいろあるのだが、なかでも巨木の写真がすばらしい。今まであまり人の入らない深い山の中だったので、地元の人以外にはほとんど見られることのなかった樹齢数百年クラスのアシウスギやカツラ、トチ、ブナなどの巨木が多数紹介されている。本を作っている途中で写真を見て、私もその

大きさにびっくりするほどだった。会社の私の部屋には今でもタペストリー風に朽木平良《たいら》のトチの大木が壁に架かっている。

本が出版されると、京都北山より新鮮味があるので、あちこちの山岳会の例会に取り上げられた。そして朽木山行会によって切り拓かれた道は多くの登山者の靴で踏み固まっていった。

緑滴る六月に比良山系の北西麓にある「朽木想い出の森」で出版記念会が催された。出席者用にはケース入りの特製本を作った。会は村をあげてのものとなり大盛会だった。私は皆の前で初めて感謝状なるものを村長さんから頂戴した。作った本で賞をもらったのは初めてのことだったので嬉しかった。

並べられたテーブルには朽木の山で採れたタラノメやコシアブラを始めとするいろいろな山菜の天ぷら、自家製のしば漬けや各種山菜の漬けものにワサビの葉やクレソンのあえもの、安曇川上流で捕れたアマゴにイワナの塩焼き、それに若狭の鯖をご飯で漬けた珍味サバのなれずし、山奥の雲洞谷の人たちが実演で搗く栃餅などなど、都会から来た人たちには応えられない素朴で美味な料理がテーブルにわんさと並び、参加者全員を喜ばせた。三百人を超える人の中には、一九九二年当時、未踏峰世界最高峰だったナムチャバルワ（七七八二米）に初登頂した山本一夫さん（隊長重廣恒夫）やカラコルムのラトック1峰（七一四五米）に一九七七年重廣さんらと初登頂した時の隊長だった高田直樹さんの犬をつれた姿も見られた。

草川さん撮影

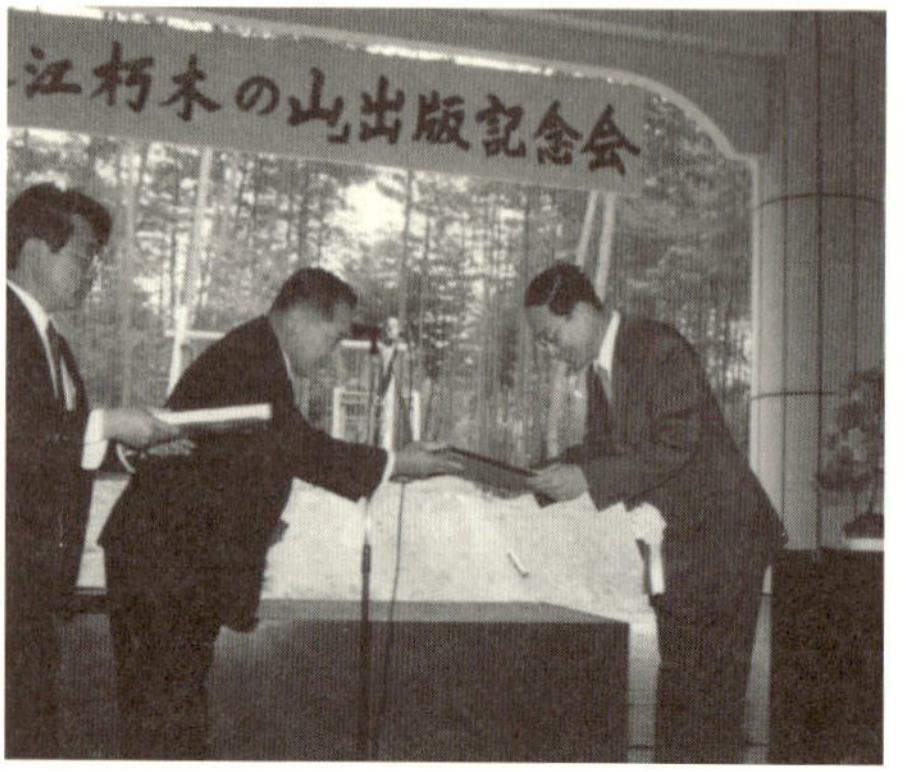

こうして過疎の村・朽木村に人が入ることは、山奥の集落の活性化にもつながった。朽木の中心の集落である「市場」にはやがて日曜朝市が立つようになり、そこに並ぶ栃餅が香ばしくて美味しいと評判になった。それは上流にある集落・雲洞谷の老人たちの作るものだった。また新緑の頃には針畑の山菜が評判になったりもしだした。そしてそれらの品物から得られる現金収入は山奥のお年寄りたちの生き甲斐にもつながった。今では日曜朝市は都会並みの賑わいである。そしてこれらの山奥の名物はますます人気ものになり、琵琶湖岸沿いにできた「道の駅」にまで進出して、常設で売られるようになっている。めでたしめでたしである。

それ以来、私も朽木山行会の人たちとは親しくなり、毎年秋になると安曇川の河原で催されるすき焼きパーティーに招待してもらい、その日に周囲の山で採れた松茸三昧の野趣あふれる料理を賞味させてもらった。家内ともどもそれが秋のいちばんの楽しみになった。また四章にでてくるが、ドイツからきた登山家を朽木に招待して、日本の田舎を満喫してもらったこともあった。ちょうどその日に近くの山で獲れた鹿の生肉の美味しさは未だに私の舌が忘れない。

山本さんには七年ごとに一冊作ってもらっていることになるが、次に作ってもらったのは、近江百山之会編『近江百山』（一九九九）である。世の中に百山ブームなるものが存在したかどうかはともかくとして、書く人にも、登る人にも百がひとつの区切りになることには違いなく、この本もよく売れた。

（一九九四　読売新聞社）

「わが社の山書で最も多作の人・草川啓三著『近江の山を歩く』ほか」

滋賀県の登山家で現在、いちばん脂がのって活躍されているのは草川啓三さんである。草川さんは西尾寿一さんの主宰する「京都山の会」の人で、近江八景のひとつ「矢橋《やばせ》の帰帆」で有名な草津市の琵琶湖畔に近いところに住んでおられる。草川さんはもの静かな思索がたの岳人で、自然への〈妙《たえ》〉に敏感な詩人である。『極上の山歩き』（二〇一〇）がそれを教えてくれる。滋賀県大津市の大きな印刷会社に勤務しておられたが、それはご自身が本好きだったからだろうと推測している。

草川さんの処女出版は昭和五九年（一九八四）に京都山の会から上梓された『近江の山』である。私はその時に少し経緯があったので、十年以上草川さんとは会いそびれていた。その経緯とは、西尾さんから、わが会の若手の中に草川君という優秀な男がいる。その彼が原稿をまとめたのでナカニシヤさんから出版してくれないか、という話であった。そして原稿まで見せてもらった。内容は滋賀県の主要な山を百山以上踏破して記したものだった。だが、山本武人さんにそういう内容のものを書いてもらうようにお願いしていたので、お断りしたのである。その後『近江の山を歩く』（二〇〇〇）がわが社から出版できたのは、別にわだかまりもないのにぐずぐずしていたら、同じ会で、いつもわが社で作る山の本の装丁をしている竹内康之君が仲立ちをしてくれたからだ。

二冊目の『鈴鹿の山を歩く』についていうと、鈴鹿には西尾さんの大書があ

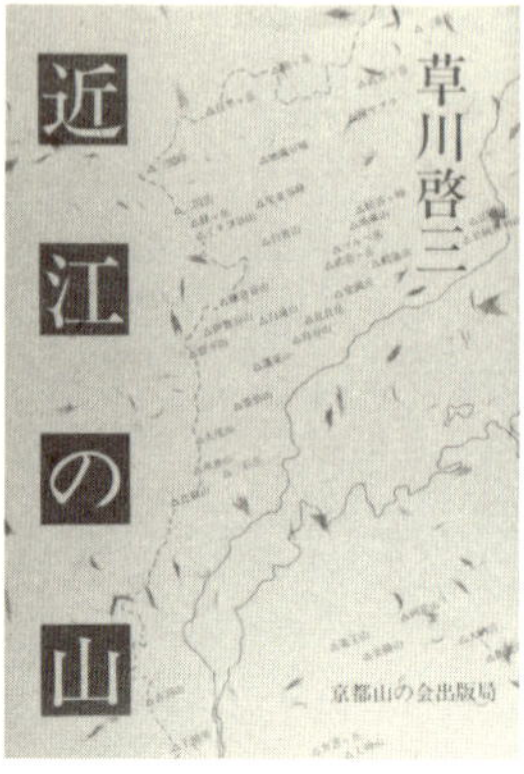

る。しかし昭文社の「山と高原の地図」の鈴鹿山系の執筆者としては、ベースに本が一冊、必要であったということだろう。先輩である西尾さんの本を意識して書いておられる。動植物や風景をとらえた叙情的な随想が入っていることや、道ではない尾根歩きを主としたフィールドノートが多く付いていることなどが西尾さんの本とはちがう特徴だ。この本にはそのうえに各山のプロフィールとガイドを詳しく入れたものだから大部になり、立派な本は出来あがったのだが、一方で値段は抑えねば売れないということもあって、採算のとれる本にはならなかった。

三冊目の『近江湖西の山を歩く』（二〇〇四）は以前から私の出したいと思っていた地域の本だった。若い頃はこの山域でよく遊ばしてもらった。人の気配の少ない素朴な山々の連なる地域で、ひとりで山に溶け込むには最適のフィールドだった。特に若狭側には取り残されたような山や森が今も残っている。昔はこの山稜で山スキーもよくやった。草川さんは各山を写真と地図で補完してうまくまとめられた。本も玄人くさい山域のわりにはよく売れたと思う。

わが社で出した草川さんの本は他にも『伊吹山案内』（二〇〇九）、『琵琶湖の北に連なる山』（二〇一二）、『登る、比良山』（二〇一二）などと続く。琵琶湖を一周して、残りの歴史ある湖東、湖南の山の本を上梓されるまで、はたして私の命がもつかどうか競争になってきた。

そしてわが社で出版する本以外にも、市販するのに採算がとれるだけの冊数

が売れないような本は、友人の元昭文社にいた壇上俊雄さんに編集を手伝ってもらい、自分の勤務する印刷所で印刷・製本して、自費出版で出しておられた。『芦生の森を歩く』『芦生の森案内』『近江の峠　歩く・見る・撮る』『山で花と出会う』『巨樹の誘惑』『湖の山道』などがある。それらにはカラー写真がふんだんに挿入してあった。

わが社でも本中にカラーの頁が不可欠になってきた。ちょうど時代的にもガイドはカラー頁が当たり前になってきたころで、その後に出す山の本も草川さんの本を契機に徐々にカラー化していった。

最後にエピソードをひとつ。草川さんから出版依頼を受けた本はまだもう一冊ある。それは『芦生の森を歩く』（青山舎　二〇〇一）という本だ。原稿も見せてもらい売れそうなので是非出したかった。しかしこの本はナカニシヤ出版からは出せなかった。芦生は京都大学の演習林なので京都大学の許可が必要なことを以前から知っていたからだ。当時の演習林の林長にも念のために電話でお聞きしてみたが、やはり許可はおりなかった。林内での遭難事故などについて責任がとれないことなどが理由だった。といっても林内の一部分に限定すると実際にはエコツアーの人をたくさん受け入れているのだが。でも林内の詳細なガイドブックはお断りということ。渡辺弘之先生の『京都の秘境　芦生』で初めて小社が紹介した山の森だけに残念だった。

沢登り、修験の山の本など
―JAC関西支部の人を中心に―

「大阪わらじの会の中庄谷さん」

今回は沢登りの話から。「地下足袋草鞋《じかたびわらじ》」という言い方がある。戦前の大ヒット「瞼の母」の作者・長谷川伸の造語「股旅草鞋《またたびわらじ》」からきたという。「明日の山はどんな恰好で行く?」「地下足袋草鞋にする。」というように粋に使うのだが、こんな言い方は今の若い人でも通用するのだろうか。また、ついでだが、そのころは革の山靴を軍艦とも言った。アルプスなど大きな山へは、ソール(靴底)にばんばん鋲を打ち込んだ重厚な軍艦が出動するのである。私が登山を始めたころは、ちょうどソールがイタリア製のビブラムに変わる頃だった。軍艦の革靴に比べると軽く、そして足の裏にゴムの反動を感じるので、重い鋲を打った革靴のソールはあっという間にビブラムに変わっていった。

夏場は涼をかねて沢登りとか岩魚釣りによく出かけた。京都近辺には北山や比良、湖北の山など日帰りで行けるおもしろい沢が幾つもあった。そんな時には、地下足袋を履いて草鞋を二足ぶらさげてでかけたものだ。草鞋は足の指先にガードがないので突き指には注意は必要だが、地下足袋の上から草鞋をつけて沢に入ると、軽いこと、滑らないこと、親指のフリクションが確実なことなど、革靴よりも断然優れていた。京都は今西先生が地下足袋草鞋の率先派だっ

比良八渕の滝・大摺鉢

たので、みんな山の玄人になった気になって地下足袋山行をしたものだ。

　ここで急に本の話に変わるが、目の前の本を見て、自分もこんな本を作りたい、と羨ましく思うことがときたまある。大阪わらじの会編『台高山脈の谷』（上）（一九七七）、（下）（一九七八）、『大峰山脈の谷』（一九七八）はまさにそんな本の一つである。表紙は革を真似たレザックというありきたりの一枚紙だし、本文は軽印刷だし、見かけは何の衒《てら》いもない本だがどこか品格がある。それは中身から滲み出てくるものに違いないのだ。台高・大峰の谷をほぼ完璧に遡行してそれを編んだ大阪わらじの会のエネルギーに敬意を表したい。

　前述、西尾寿一さんの『渓谷』の一、二巻は一九七三、四年頃の発行で、そこにも台高・大峰の谷はたくさん載っている。本が完成した年代としては西尾さんの本の方がひょっとすると早いのかも知れない。しかし残念ながらここまで系統だった緻密な調査ではない。一方、わらじの会としての遡行調査は、会長をしておられた中庄谷直さんが、昭和三〇年（一九五五）頃に大杉谷の支流・堂倉谷の遡行記録を書かれたのが、最初だと聞いている。それだと調査の始まったのは西尾さんより以前のように思われる。

　深田久弥さんの日本百名山（昭和三十九年、一九六四）には近畿の山は伊吹山、大台ケ原山、大峰山の三山しか入っていない。しかし百名谷を選んだとすると、この大峰・台高から選ばれる谷がもっとあるはずだ。日本でも屈指の雨量を誇り、そのために常に豊富な水量を持つこの山域の谷は、岩を豪快に削り、一気

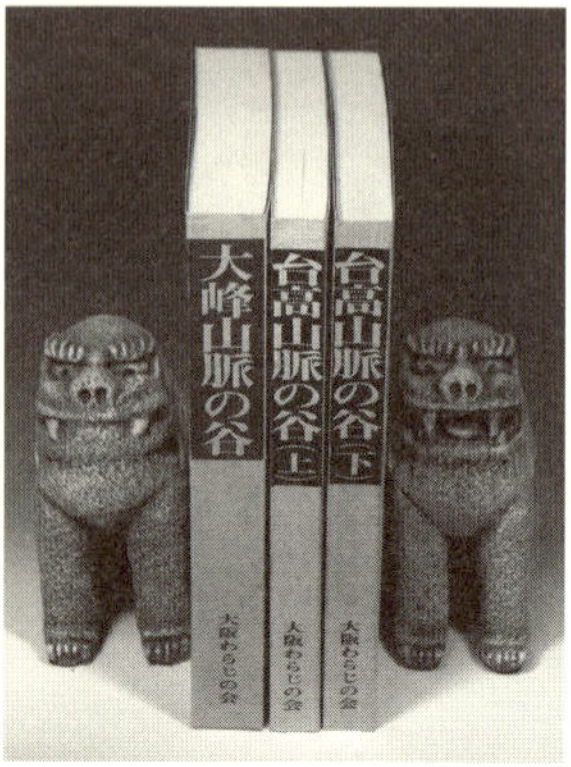

白山狛犬

に流れ落ちる。まさに沢登りにうってつけの条件が整った山域である。

『日本百名谷』（白山書房、一九八三）という本がある。この本は中庄谷さん自身も編者の一人なので少し選定が甘いかも知れないが、台高山系では東ノ川、銚子川岩井谷、大峰山脈では白川又川本谷、池郷川、芦廼瀬川と五つの谷が選ばれている（近畿全域で八谷）。中庄谷さんはその後、『関西周辺の谷』（一九九〇）を上梓され、そこでは関西の谷ベスト一〇〇をセレクトしておられる。

　そしてそれから十年後に初めてわが社でも、後輩の吉岡章さんと共著で『近畿の山　日帰り沢登り』（一九九四）を書いてもらった。この本で取り上げられた谷は、比較的やさしいけれどおもしろい谷ばかりである。今でも沢登りのシーズンになるとよく売れている。好評につき、続いて『近畿の山　続日帰り沢登り』（一九九九）を作ってもらった。この二冊目の本では前夜発日帰りの沢も含まれている。この二冊を揃えると一部の上級者向きの沢を除いて、ほぼ近畿地方の面白い谷は網羅されている。

　本を作ってもらった一九九三年頃の中庄谷さんは、もう大阪わらじの会を退いておられて、のんびりと気の許す仲間とともに大人の水遊びをしておられた。逆に吉岡さんはちょうど脂が乗っておられる頃のようにお見受けした。

　中庄谷さんには沢登りの本とほぼ並行して、肌違いの『関西山越の古道』全三巻を作ってもらった。これは中庄谷さんも年配になってこられた証拠のような本である。冬はあまり沢に入らなくなった、それでは冬の山行は何をテーマ

にしようか、ということから、ただ歩くだけでは充足感が少ないので、冬になると歩きやすい古道探索などをやってみようと思われたのだと思う。

上巻(一九九五)では大阪から奈良への生駒越、和歌山などへの葛城越、神戸から北への六甲越など三〇の峠道を、中巻(一九九五)では比叡山、高野山、西国三十三所の巡礼道、熊野古道、伊勢道などの参詣道を二六、下巻(一九九六)では室生道、吉野道、鈴鹿越、妙見道など歴史にゆかりのある道を二六とりあげて、そしてそれを中高年向きのハイキングコースとして紹介してもらった。この本は増え始めた中高年のハイカーに大好評だった。

一九九五年、この本を作ってもらっている最中に阪神淡路大震災が起こった。阪急宝塚線沿線の池田市に住んでおられた中庄谷さんも、就寝中に書棚が倒れてきて、肋骨を折られた。お見舞いがてらご自宅が近い阪急の池田駅まで校正を頂きに行ったときは、車窓から見る沿線の民家の家並みがブルーシートで覆いつくされていたことを思い出す。

その後も『関西の山 日帰り縦走』(一九九八)、『関西周辺 低山ワールドを楽しむ』(二〇〇一)と低山でもひと捻りして登るとおもしろいよ、という本を二冊作ってもらった。これらの本も好評だった。

「同人・わっさかわっさか沢歩き」という変わった名前の会の田畑吉雄さんとは縁あって、『わっさかわっさか沢歩き記録集』近畿編(一九九八)、鈴鹿、奥美濃、白山編(一九九九)、それに自費出版で『山の響き』(一九九七)と三

冊も作らせてもらった。田畑さんは奈良県の大和高田市に住んでおられる。奥さんが霊感の利く方で、地元に本山のある弁天宗を深く信仰されていた。そんなこともあってか、田畑さんも水の神様・弁財天と山の関係を深く調べておられた。樹木の絵がお上手で、自分で出しておられる季刊誌「樹下」に文章とともに、巨樹の生命感あふれる迫力満点の絵をいつも掲載しておられる。

沢登りではもうおひとり、やはり大阪わらじの会出身の樋上嘉秀さんにもお世話になった。シリーズ関西の沢登りとして、1『台高の沢』（二〇〇三）、2『大峰の沢』（二〇〇三）、3『南紀の沢』（二〇〇七）と三冊出版させてもらった。二巻と三巻の間に年月が開いたのは、日本ヒマラヤ協会の仲間の遭難からのご自身の精神的回復の期間であった。

私は遡行図という地図にたいへん興味をもっている。ヨーロッパの真似をしたわけでもなく、地理学者の作ったものでもない。沢登りの人たちが明治のころから工夫に工夫を重ねていま完成型に近づいているのである。東西南北はある程度いいかげんだが、遡行する人にはそれはあまり関係がない。それより下部が取付点、上部が最上流そして稜線として書かれるのが特徴。これだけは衛星写真では書けない、実際に歩いた人でないと作れない地図である。うまく描かれていると谷の形が想像でき、谷の迫力すら感じる。この地域には、昭和九年（一九三四）に発行された中川秀次、富川清太郎共著『大峰山脈と其渓谷』（朋

文堂)という古典的名著がある。その本には大まかな渓谷の地図は付いているが、まだ遡行図は完成の域に達していない。全国的には冠松次郎氏ぐらいまでは遡れるのだろうか。はたして最初に遡行図らしい遡行図を描いたのは誰だろう。こういうことは私より多分、白山書房の簑浦さんが詳しいと思うので一度お聞きしてみたいと思っている。

「JAC関西支部の人びと」

大阪にある日本山岳会(JAC)関西支部のルームは、戦前に建てられた、趣のあるセルロイド会館という建物の一室にあるのだが、同じ建物の隣室に大阪府山岳連盟の部屋もある。重複して入会している会員が多いのでこれは便利なことだ。一九九八年に大阪府岳連は『大阪50山―大阪五十之嶺峰―』という本を自分たちの手で本にして会員会友に配られた。岳連のルームへも出入りをさせてもらっているうちに皆さんと親しくなり、この本は一般の人にも売れると思い、市販用に少し手直ししてもらって、もう一度出版させていただくよう交渉してみた。そして出来上がったのが『大阪50山』(二〇〇二)である。以前の本の体裁はB5判並製ケース入り一五〇頁だったが、これでは書店の書棚だと、いちばん上の棚に置かれてしまう。しかも本の束《つか》が薄くて見えにくい。それで四六判上製二七七頁に作り替えた。そして市販用に内容も一部分改訂してもらった。内容は大阪らしく日本で一番低い番外の山・標高四・五米の天保

山から最高峰・金剛山の一一二五米まで、大阪の山五十山＋番外二山の紹介とそしてそれに著名な峠、沢、岩を追加してもらって大阪の山の全貌を紹介する本にした。この本では、元大丸百貨店山岳部で当時府岳連理事長をしておられた藤木健策氏に大変お世話になった。

同じくＪＡＣ関西支部所属で奈良県斑鳩《いかるが》町在住の森沢義信氏にはすばらしい本を作ってもらった。『大峰奥駈《おくがけ》道七十五靡《なびき》』（二〇〇六）がそれである。吉野から熊野まで、大峰山脈を縦走する究極の修験道・大峰奥駈道の全貌を著した書である。奥駈道は近年まで二十九靡の前鬼以南が荒れてしまっていたのだが、新宮山彦グループの人達の献身的な努力で整備、維持されて、現在では全コース通行可能となった。山伏＝修験者はこの山道を七泊八日で、主に吉野から熊野の逆峰のコースで奥駈を行っている。もちろん一般登山者にとっても一度は行ってみたいコースだから、今後、登山計画を立てる時にこの本を使う方が多くなると思っている。ちなみに「靡《なびき》」とは諸説あるが霊地と解釈するのが妥当である。

大阪と和歌山を分ける葛城山脈にも古代から続く修験の道がある。修験道を創った役行者が峰入りした、葛城二十八品《ほん》の峰と経塚がそれである。ちなみに「品《ほん》」とは法華経二十八品を埋蔵した経塚のこと。京都の聖護院や醍醐寺の山伏は、大峰と同様に此処でも修行をおこなっている。『葛城の峰と修験の道』（二〇〇二）は大峰奥駈の本に先立って、人文地理学者の中野榮治先生（一九二五

〜二〇一〇）に書いてもらった。先生とは旧知だったが、先生が山がお好きだとは原稿を見せていただくまで知らなかった。（先生の専門は人文地理学で藤岡謙二郎先生の門下、後に近畿大学教授になられた。）

淡路島の東にある友ケ島の序品《じょほん》窟から、和歌山と大阪を分ける葛城山脈を延々と西から東へ、そして大和川の亀の瀬まで、二十八品の行所を、先生は自分で何度も、時には行者と共に歩かれた。そしてその修験の道と行場を写真と地図を交えて克明に紹介されている。修験者とはちがい登山者にとっては、大峰奥駈道はハードな登山のコースだが、葛城修験の道は歴史ハイキングのコースといえるだろう。

奥駆道の本を書いてもらった森沢さんには最近になってもう一つ大作を作ってもらった。それは『西国三十三所道中案内地図』上、下巻と『西国三十三所道中の今と昔』上、下巻の二点四冊である。特に案内地図上巻の熊野街道（伊勢神宮〜那智山）が克明にトレースされているのが特徴的である。後者の「今と昔」では、多数の江戸時代の道中日記と対比して述べてあり、古絵図と現在の写真の対比が添えられていて見ても楽しい本になっている。

最近になって私の出版する山の本が少し抹香くさくなって、垂直思考から水平思考になってきたのは歳のせいかもしれない。

他にも日本山岳会関西支部の方々にはいろいろご厄介になっている。支部長

の重廣恒夫さんには、他の人が書かれた本のまえがきや推薦文をお願いしに、勤めておられる神戸のアシックス本社へ二度、三度とお邪魔をさせてもらった。また重廣さんが現在進めておられる、「日本全国４０００山踏破」には小社の『新日本山岳誌』の山々をベースにしてもらっている。

ちょうどその頃、神戸にはもう一つ用件があった。それは関西学院大学ワンダーフォーゲル部の五〇年史を作らせてもらっていたからだ。本の制作の依頼を受ける一年前の二月に白山の西、福井、石川県境の大長山（一六七一米）で十四名が雪洞に数日間閉じ込められるという大遭難事件があった。幸い遭難者にしっかりした知識があったので全員救出されたが、その時は新聞やテレビでは連日大きく報道されて大変な騒ぎであった。それが関西学院大学のワンダーフォーゲル部の学生たちであった。この事件とこの本で大学は山岳部だけではなく、ワンダーフォーゲル部の活躍もあることを教わった。出来上がった部史には立派な山行がたくさん掲載されていた。

その本の編集者の慶山充夫さんが神戸新聞の論説委員だったので、神戸新聞社のある神戸ハーバーランドに校正を持って頻繁に通った。それまで京都に住みながら神戸へはあまり行く機会がなかったので、これは神戸散策のチャンスとばかりに、日頃あまり一緒に歩くことの少ない私たち老夫婦は、ついでに三宮、元町、南京街など神戸の町を楽しませてもらった思い出がある。

府岳連所属の大阪低山跋渉会の慶佐次盛一会長との付き合いもかなりの年数

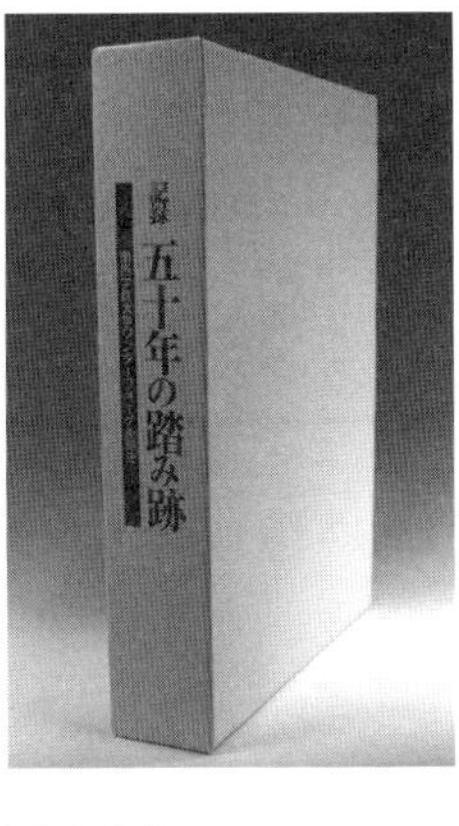

になる。慶佐次さんは若いころは一流商社に勤めておられたが、私が知り合ったころは、もう会社を辞めて大阪の京橋の近くで蕎麦屋をやっておられた。お邪魔をすると奥さんがお茶がわりに蕎麦をだしてくださるので、その美味しい蕎麦を楽しみに校正を持ってよく伺ったものだ。

『兵庫丹波の山』上(一九九二)、下(一九九三)の企画を頂戴したときは、ちょうど澤潔先生の『京都北山を歩く』全三巻の刊行を終えたときだった。慶佐次さんは澤先生と同じように地名語源や山村民俗に深い造詣をお持ちだったので、そのような山のとらえ方の本が、京都から兵庫へと広がる嬉しさを感じたことだった。兵庫丹波の山々のアプローチでは、黄色く実ってお辞儀をしている稲の畦に曼珠沙華が赤く咲いている(実際には畦には丹波黒豆が多いのだが)ような、日本の里の原風景が今でも随所に見られる。多紀アルプス以外は地味でほとんど知られていない山域を丁寧に歩かれて本にされた。出版記念会は「デカンショ節」の本場である丹波篠山の料理屋さんで本場の牡丹鍋をつつきながらの楽しい宴であった。

つづいて、丹波の南の『北摂の山』上巻(二〇〇一)、下巻(二〇〇二)を書いていただいた。阪神間の人達が子どものときから遠足に出かける、手軽に楽しめる摂津の山々を、慶佐次さん流に深く書いてもらった。この本も好評だった。

拡がる山と人の輪　―関西を越えた山の本つくり―

「福井の増永さん」

平成に年号が変わる頃（一九八九）になると、ついに出版する山の本が近畿地方を越えはじめた。私としてはつねづね、近畿地方に近い若狭の山から出したいと思っていた。若狭の山なら京都北山や湖西、湖北の山と表裏の世界だし、京阪神から行く人も多いからである。しかし、若狭の山は一九八二年に『若狭の山・谷・峠』として地元の小浜山の会が自前で出してしまった。ちなみにこの小冊子は好評で、二〇〇一年には改訂増補され『若狭の山々』と名前を変えて再版されている。私としては、若狭が駄目なら、じゃあ奥美濃の山の福井県側で白山へと続く山々をぜひ本にしてみたいと思った。

そして出来上がった本が、増永迪夫著『福井の山150』（一九八九）である。この本は福井県全域から150山を選んで、写真と紀行文でまとめたものである。一等三角点のある荒島岳からはじまり越前、若狭の山々をぐるっとまわり白山で終わっている。白山は今の行政区割りでは福井県ではなく、石川県と岐阜県の県境稜線上だが、藩政時代は加賀と越前の境であったから、福井の人は今でも思い入れが強いのだろう。ついでに言えば、現在の福井県で一番高い山は白山から南へ続く稜線上にある二の峰（一九六二米）であり、最高点はその少

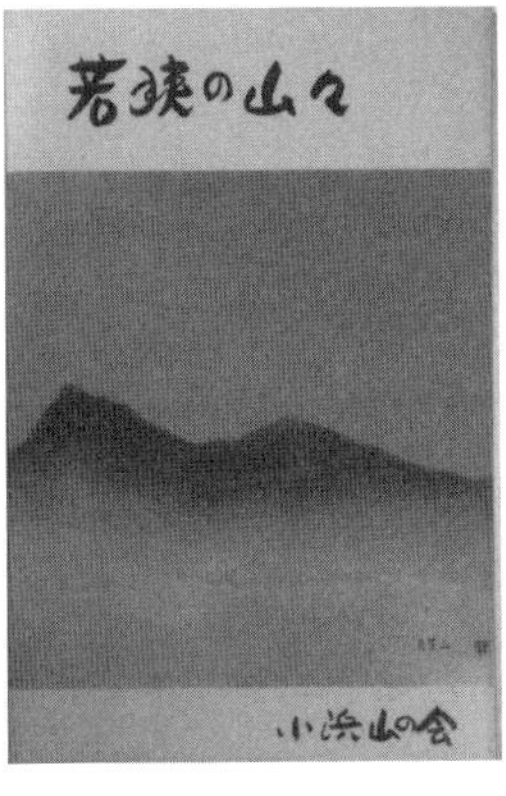

し北、三の峰の肩にあたる打波谷の頭（二〇九五米）である。

今となっては誰の紹介で増永さんと初めてお目にかかったかは定かではないが、そのころの増永さんは毎年自分の会社の酒蔵で新酒ができると、それをタンク車で京都の伏見へ運んでおられた。だから、多分、その帰りにでもわが社へ立ち寄られたのではなかろうか。

増永さんは福井市内で醸造業をしておられ、立派なお宅である。一度だけ母屋の二階の書斎にも入れていただいたが、壁面にはぎっしりと山の本が並んでいた。大学は、実家の仕事の関係で醸造工学科のある広島大学を出られている。そして在学中は同大学の山岳部で活躍、一九六七年には広島大学ヒンズークシュ遠征隊としてヤジュン峰（六〇二四米）の初登頂に成功しておられる。その時のことは『ヤジュン峰登頂』（一九六九　自費出版）に書かれている。

増永さんは文才をお持ちの方で、福井ではエッセイストとして名の通った存在である。二〇〇〇年には福井県文化賞を受賞されている。若い頃から串田孫一主宰の「アルプ」にもよく寄稿しておられた。そして小説や紀行文を地元の出版社で単行本にして多数発表しておられた。福井の山はくまなく歩かれているから、地元新聞の山のコラムもよく執筆されていた。この『福井の山150』も産経新聞の地方欄に連載されたコラムがベースになっている。文章はもちろんのことカバーのカラー写真をはじめ、口絵、文中と写真も全部自分のものでまとめられた。

増永さんのこの本で私が苦心したのは写真のレイアウトである。150山の綺麗な山の写真は全部、横長だから、普通の縦長版型の本にすると、ページの上半分に掲載することになって、写真が小さくなってしまう。それで本の縦横を変えて横長の版面にして、全頁で写真を入れ、用紙の一辺の短いほうで綴じて製本しようと考えた。左ページにはA5判全頁の断ち切りの写真を入れ、右頁にその山の紹介の紀行文を入れ、見開き二頁で一つの山をまとめるようにした。しかしそれには問題がひとつある。本の一辺の短い方で製本するわけだから、本の背固め出来る部分が普通の本の約三分の二になってしまう。すると普通の本のようにがっちりと本の背が固まらなくなる。それで製本所と相談して、研究、工夫して天地左右にできるだけずれないようにしてもらった。一方今度は、本屋さんまで本が行った時の問題だが、横長のままでは場所をとりすぎるのでそのまま並べてくれない。それで本は美装ケースに入れて、本の出し入れは天(上)部にし、箱の装丁は普通のA5判の本と同じように縦長にした。竹内君のデザインと相まってなかなか普通の山の本とはちがって工夫の効いた洒落た装丁の本が出来たと自画自賛している。

増永さんが福井の山々で撮られた樹々の写真が綺麗なものだから、その後に福井の山をエッセイと写真でまとめた本を続けて二冊出した。以前に増永さんは北陸通信社から『霧の谷』というタイトルの本をⅠ(一九七五)、Ⅱ(一九七六)と二冊出しておられたので、小社の本のタイトルは『霧の森』(一九九三)、『霧

の山』(一九九五)とした。しかし結果として樹林中心の山の本は、玄人好みの渋い本だったのか、もう一つ売れなかった。私としては紀行文もさることながら、広葉樹の森や巨樹の素晴らしい写真が満載されていただけに残念だった。

ところで、福井の山の本のタイトルに「霧」が似合うのにはわけがある。これには私も実体験がある。以前に師匠の芝村さんと二人で岩魚を釣りに日野川の源流に入ったときのことだ。岩魚釣りに夢中になっていると、谷の下流から急に雲のように霧が上がってきて、あっという間に渓谷が白一色の世界に変わってしまった。あの豪気な芝村さんが「中西君、帰ろう」と叫んだ。私も夜叉ケ池の龍が帰ってきたかのように思えて、身がぶるぶると震えた。我々はほうほうの体で車の置いてある林道の終点まで戻った。それは晩秋の出来事だった。

「美濃の高木泰夫さん」

このように近畿を飛び出した北陸地方の最初の本は『福井の山150』となったが、中部地方は『秘境奥美濃の山旅』(一九七二)が最初である。しかしこの本は以前にも紹介した通り、自分が著者の一人でもあるので別もの。純粋に出版社として奥美濃の本を出したのは高木泰夫著『奥美濃—ヤブ山登山のすすめ』(一九八七)である。

高木泰夫先生のお宅は、天下分け目の関ケ原の東に隣接する養老の滝で有名な養老町にある。養老山地の東ののどかな田園地帯で、立派な武家門をくぐる

と広い芝生の庭があり、飛び石伝いに玄関に立つと、いつも奥様が迎えてくださる。気骨ある古武士風の先生といい、控えめで丁重な美しい奥方といい、場所柄一時代前に戻ったような感じがするのは私だけではないだろう。通していただいた書斎には、当然のことながら山関係の書物が壁面いっぱいの書棚にぎっしりと詰まっている。

先生と初めてお会いしたのは、県下の高校で生物学の先生をしておられた頃のこと。木曽三川の合流点が近い長良川か揖斐川かは忘れたが、大きな橋を渡ってすぐの所にある高校だった。多分、奥美濃の本を書いていただこうと名古屋からの出張の帰りに車で立ち寄ったのだろう。生物の教室で先生とお話をしたが、何を喋ったかは覚えていない。ただ、良い返事が貰えなかったのだけは覚えている。その後『奥美濃―ヤブ山登山のすすめ』のお話をいただいたときは、本が完成したときの記念に志野の茶碗を頂戴したから、東濃地方の高校の校長をしておられた時だった。またその後に『美濃の山』三部作の執筆、編集をしていただいたのだが、その時にはもう教職の現場を終えられて、たしか大垣市の教育委員会におられたように思う。

教職のかたわらというか、かたわらの教職というか(失礼)、一九六八年には大垣山岳協会でヒンズークシュに遠征されている。その時の本は『シャー・イ・アンジュマン登頂』(大垣市ヒマラヤ委員会編、一九六九)として出版されている。ヒンズークシュの山については多数の文献を持っておられて当然のことな

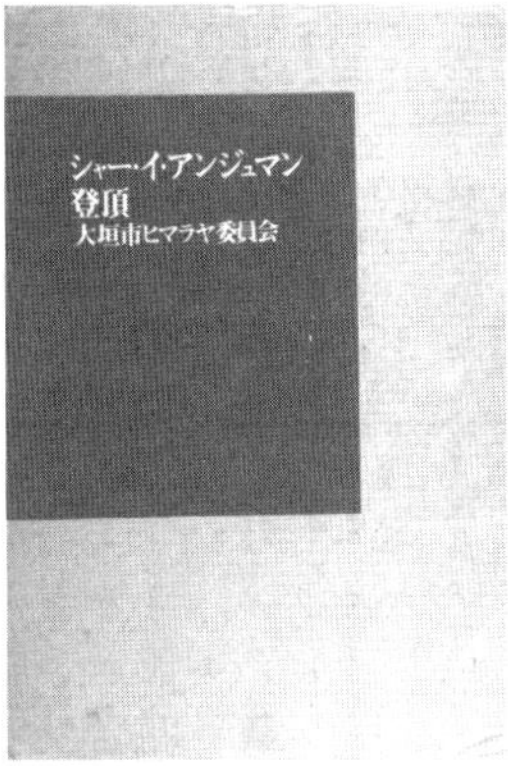

がらたいへんお詳しい。その他、台湾友好登山も長い間つづけておられた。もちろん、奥美濃の山には毎年入山回数ベストテンに入るほど登っておられた。大垣山岳協会の年報「岳友」や月報の「わっぱ」には初号から関わっておられ、その巻頭にはいつも漢籍家らしい一文を掲載しておられる。

　先生は一九七五年に『奥美濃』という本を共同執筆で自費出版しておられる。その本は大垣山岳協会の人達が中心の山葵《わさび》会という会名で出版されていて、内容は案内書というよりもっと中身の濃いものである。巻頭には本の出る少し前まで岐阜大学の学長だった今西錦司先生の読み応えのある序文がついている。地元の人で書かれた奥美濃の単行本としては、雑誌スタイルで出た大垣山岳協会の会報「岳友」十四号〈奥美濃の山々の特集号〉（一九六六）を除くと、これが最初の本になるだろう。

　奥美濃好きの岳人は、中部、近畿地方にたくさんいるのに、まだ類書が少ない時代だったので、高木先生の『奥美濃—ヤブ山登山のすすめ』はよく売れた。増刷もしたし、一九九三年には改訂版も出した。現在、改訂版からまた十五年ほど過ぎて、その後徳山ダムが出来たりして山の事情も変わっているので、三訂版を出していただいた。

　続いて先生には大垣山岳協会編『美濃の山』全三巻を作ってもらった。（第一巻）揖斐川水系の山（一九九六）は、鈴鹿山系の三国山から奥美濃の能郷白山の手前まで、（第二巻）揖斐川水系の山Ⅱ、長良川水系の山（一九九七）は、能郷

白山から白山の南の石徹白まで、（第三巻）木曽川水系の山（一九九八）は恵那山、裏木曽、御岳、乗鞍まで、と三部作の立派な本が出来上がった。私の勘では、三巻目で取り上げた山々は類書が少ないのでいちばんよく売れるのではないかと思っていたが、蓋を開けてみると逆だった。やはり大垣に近い山々を扱った第一巻が一番売れた。先生は編集段階で三巻目の山域は地元から遠いので出すことに少し逡巡しておられたが、一方で読者の方にもそんなテリトリー意識があったのだろうか。そんなことではなく、単純に三巻目だから売れる数が少なかっただけだろう。それが出版の常識だから。

それ以後の高木泰夫先生との関わりは、『新日本山岳誌』のことを書いた次の節にゆずることにしよう。

「岐阜の酒井さん」

岐阜山岳会は現在ではあまり活躍を聞かないが、私の若いころには数々の業績をあげていて、よく名前の轟いたクラブだった。『飛騨の山山』〈ヤブ山編〉（一九九〇）、〈国境編〉（一九九二）全二冊を執筆された酒井昭市先生は若い頃はここを活躍の場としておられたようである。私が知り合った時はもう五十代の後半で、昔に一度お目にかかったときとは別人のように、大変痩せておられた。本を作っている途中で、先生から消化器複合疾患の大手術の後と聞いていてびっくりした。それでもセスナ機を使って写真を撮影したり、登り残した山に執

念の登山をされたり、先生には命の使い方を教わった。
すでに学校の荒廃がはじまっていたのか、先生は、ある時から中学の教師に見切りをつけて、飛騨の高山にひとり居を移された。来る日も来る日も飛騨の山山と対面しておられたのだろう。北アルプスだけではなく白山山系の山々や誰ひとりとして登らないような飛騨高地のヤブ山までを、先生がライフワークとしておられた山村の研究ともども、山行きを重ねられたのにちがいない。やがてオーバーペースと一人住まいによる偏食などが重なったのだろうか倒れられる。やむを得ず先生は奥様のおられる岐阜市長良川沿いの自宅に帰られる。それから先生は、フィールドワークをデスクワークに切り換えて、飛騨での研究の成果を執筆された。それの一部が小社で出させてもらった『飛騨の山山』〈ヤブ山編〉、〈国境編〉である。

二冊目に出した〈国境編〉の奥付は平成四年三月二十八日となっているが、この日付けは先生の亡くなられた日である。先生は本文の校正も終えて、あとがきを書いておられるときに亡くなられた。だから完成した本、全二冊が揃ったところはご覧になっていない。でももう最後の校正も終わって、装丁も見ておられたので、出来上がった本のイメージは頭のなかに描いておられたと思う。書きかけのあとがきの原稿用紙には、その欄外に「山のよさ」「郷土の山河への限りない愛着」「よき岳友」と書かれていたそうである。それは最後に追加される予定の文言だったのだろう。

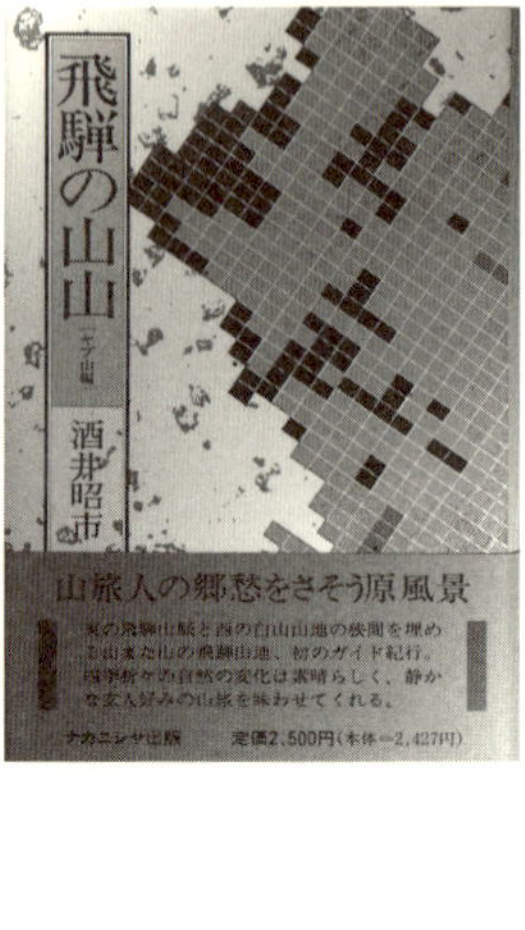

一般的に飛山濃水といって飛騨は山国となっているが、この本が出るまで飛騨の山と言えば、北アの飛騨側と白山の東面ぐらいしか知られていなかった。それがこの本で全貌が判るようになった。まさに人の気配の少ない百を越える山々が世に出た感があった。私の知り合いが地元の高山市に住んでいるが、その彼さえ「こんなに山があったの」とびっくりしていた。そして私も、噂には聞いていたヤブ山志願の山屋の最終目的地、憧憬の「笈《おいずる》ケ岳」のこともこの本で初めて詳しく知った。

先生は岐阜、私は京都と地理的に離れていて、しかもご病気なので、本の制作中もあまりお会いできなかったが、それでも本を作る過程で、先生の書斎へは数回お邪魔をさせてもらった。本を書く人はどなたもそうだが、先生の蔵書も素晴らしいものだった。特に先生の書棚には地誌類がよく揃っていて感心した。先生の病気がだいぶ進行した頃、「中西さんにはいろいろお世話になったから、書棚の本を何か貰ってください。」と言われた。遠慮をして、他の話をしていたら、「これを貰ってください。」と言って、戦前の雑誌である「関西山小屋」全巻を指された。先生の書斎へ最初にお邪魔をしたときに私が垂涎の眼差しで見ていたのを覚えておられたのだ。やがて亡くなられて、奥様から同じように、思い出の品として何か貰ってください、と言われたので、遠慮もせずに、経緯を申し上げて「関西山小屋」の創刊号から終刊号の七二号までを形見としていただいた。これは現在でも我が書斎の宝物になっている。

(一九三六〜一九四二朋文堂)

「飛驒山岳会の人たち」

二〇〇九年秋に大垣山岳協会創立五十周年の記念会が催された。その記念会のおりに何か喋ってほしいと高木先生から依頼を受け、厚かましくもたくさんの会員の前で講演のようなことをすることになった。結果は惨憺たるもので、これを機会にもう聴衆の前で喋るのをやめようと決心した。というのは、いつもならすらすらと出てくる言葉が出てこない。そのとき齢七十三歳、どうも老化の影響がでてきたようだった。

式典が終わりパーティーとなり、その会場で高木先生からお祝いに来られていた飛驒山岳会の人たちを紹介された。懇談していると、飛驒山岳会は昨年(二〇〇八)に百周年を迎えられたという。日本山岳会の百周年が二〇〇五年だからこれは早い。多分地域山岳会では日本一古い設立のはずである。

そして飛驒山岳会では百周年を記念して平成二十年(二〇〇九)に私家版として『ふるさとの山　飛驒百山』という本を作られたそうだ。それをナカニシヤさん一度見てください、よければ、その本を土台にして全国に飛驒の山を紹介するような本が作れないだろうかとのお話がでた。これは私にとっては猫にマタタビのような話で、最近の情報の入った新しい飛驒の山の本はぜひ出版したかったので乗り気になって話をお聞きした。

数日後に会で作られた本が送られてきた。なかなか良くできた本で、これを飛驒地方の人に配られただけではもったいない、これは飛驒地方以外に市販し

ても売れると思った。それで小社が引き受けて、少し内容に手を加え、全国の岳人向けにして出したいと、作る事に前向きの返事をした。そして熱気が冷めないうちにと早速に飛騨高山へと馳せ参じた。

　数年ぶりに降りた飛騨の高山は少し観光地化したというか外国の人が増えたという印象があったが、昔の面影とそんなに変わりはなかった。高山との付き合いは古い。小社が書店を中心に商いをしていた三、四十年前ごろから、勤労学生を多くこの地（主に飛騨高校など）から採用していた関係もあって、高山へはよく来ていた。もちろんアルプス登山の行き返りや団体旅行などでもよく通っていたし、それにまた私の小学校時の友が、高山一の料亭「洲さき」に入り婿として来ていて、賄いを取り仕切っていたので、高山へ行くたびに彼と親交を温めるのを楽しみにしていた。

　さて本の構成だが、考えた末に一冊の本の中身を案内編と研究編に分けることにした。案内編は飛騨の山全体の紹介部分とし、前述の『ふるさとの山　飛騨百山』を他地域の人にも解かりやすく改定増補してもらうことにした（例えば、各山の地図をもよりの国道から解かるようにする。など）。そして研究編を付け加えた。飛騨山岳会は飛騨山脈（高山ではアルプスとは呼ばない）の西側、特に笠ヶ岳、錫杖岳そして穂高の滝谷などでクライミングでの初登攀の業績をたくさん残しているので、その研究の代表的なものを、会誌「山刀《さんとう》」から抽出してもらった。また次に関西から見るとスキーツアーに適した羨望のコースが

乗鞍岳や白山にたくさんあるので、スキー登山の記録を入れてもらった。それにもうひとつ、これは私の主観が強いのかもしれないが、御岳の西面にあまり知られていない興味ある沢登りコースか多々あるのでこれもお願いした。それらを一つに研究編としてまとめてもらった。

本の編集には以前の本を編集された方たちに数名集まってもらった。編集長にはヒマラヤなど海外登山でもよく活躍されている前会長の木下喜代治さんがあたられた。内容はすでに書かれたものの改訂増補だったので、本の制作はスムーズに運んで、一年ほどで完成した。内容も装丁もたいへん出来栄えのよい本が完成したと思っている。

校正段階で原稿を読ませてもらっていると登ってみたい山があちこちにあった。もう年齢的に無理かもしれないが、関西の藪ヤの最終目的地である笈ヶ岳。ここならまだ行けるだろう泉鏡花の『高野聖』に出てくる天生《あもう》峠から湿原を通って登る籾糠《もみぬか》山、前から気になっている位《くらい》山山系の秀峰・川上《かおれ》岳、むかし岳友によく聞かされた万波高原と白木峰・・・などなど、挙げればきりがない。

ここで閑話を一つ。昭和三十年代(1960年ごろ)御岳に登ったとき、開田高原で1泊。次の日は関谷《せきや》峠、日和田高原、長嶺峠を歩いて越えて飛騨へ向かった。そして上《かみ》ケ《が》洞《ぼら》から乗鞍岳の子《ね》の原へと山旅をする予定で例によって単独で歩いていた。その頃の参謀本部の地図には木曽街道から子の原への上り口を少し登った所に名もなく「♨」だけが付いている所があった。ちょうど昼ごろ

にはそこを通るので二日目の楽しみのひとつにしていた。ところが近づいても それらしきものは見当たらない。少しして伐採の人らしき男性に会ったので聞いてみると、戦前はあったが戦後は温泉が埋まったままなのだそうだ。それでがっかりした思い出がある。

今度の本を作っていて、編集者の一人である飛騨唐辛子の保谷七味商店当主の保谷昇さんが書かれたコラム「飛騨の本物の温泉を楽しむ」を見ていると、思い出の温泉が塩沢元湯温泉として載っているではないか。これは是非とも長年の念願を晴らさなければならんと狙いをつけて11年の夏に決行した。

保谷さんの書かれているのを読むと、今も温泉はあるが営業はしていない、飛騨随一の秘湯であろう、とのことである。最近の事だからネットで検索してみると、秘湯マニアがぽつぽつ行ってはいるようである。お湯はぬるい目のため、あまり寒くなってからでは駄目ですよとか、独りで行って熊に遇っても知りませんよとか書かれている。ただ昔とちがって子の原高原への道は舗装されているようで近くまで車で行けそうだった。

盆過ぎにそれ行けとばっかりに息子に車を運転させて、今回は高山から開田高原に抜ける木曽街道(国道三六一号)をひとっ走りする。高根第一ダムを過ぎたところで北から流入する塩蔵川に沿って上流へ車で五分程、そして板に墨書きの矢印に従って川原に下りて行く。やがて対岸に朽ちかけた宿とその下の川原に露天風呂がわずかに湯気をあげている。ちょうど右岸に車数台が置けるス

飛騨の秘湯、塩沢元湯(二〇一一)

ペースがあるのでそこで駐車した。
脱衣所などないので、車でパンツひとつになり、細々とした橋を渡って朽ち果てた家屋の前で裸になり、自然石の階段をおりて憧憬の温泉へ。ぬるめ好きの小生には最高の湯加減。ドンブリと飛び込んだ。人生最高の瞬間だった。

「富山の佐伯さん」

富山の佐伯邦夫さんにも『富山湾岸からの北アルプス』(二〇〇六)というタイトルの本を書いてもらった。JAC富山支部で尽力されたお兄さんの佐伯郁夫さんには『新日本山岳誌』の編集会議の折に何回か東京でお目にかかってはいたが、名著『会心の山』(中央公論社、一九八二)を書かれた邦夫さんにはこの本の話があるまで、お会いしたことはなかった。「富山の佐伯さん」というだけで何か剱や立山が浮かんでくる。魚津で育ち地元の高校の教師をずっとしておられた佐伯一族の一人によって書かれた剱岳とその北方の山の本というだけで、山の本好きの人にとっては魅力満点である。私も富山の佐伯さんと親しくなれたことだけで幸せだった。

最初に原稿を拝見した時には、なかなか一編ずつをつなぐ共通点が見当たらず、どう編集したものかと迷った。しかし考えているうちに、小社が関西に在ること、関西の岳人やスキーヤーは入山するのに結構富山経由で入るのに、関東の人には遠くて入りにくいこと、そのせいか比較的本も少ないこと、などを

キーにしてみた。そして富山から入山する北アルプス、ということでまとめてみると、なかなかチャーミングな構成が見えてきて、原稿をそのような観点から編集し直してもらった。

剱、立山、黒部、毛勝三山など北ア北面を書いた本がないわけではない。冠松次郎の『黒部谿谷』（アルス、一九二八）はともかくとして、一九九二年に出版された志水哲也氏の『大いなる山　大いなる谷』（白山書房、一九九二）はなかなかの出来栄えの本だし、そのあと二〇〇三年に佐伯さん自身が出された『渾身の山―我が剱岳北方稜線』（白山書房）もすごい。脇道にそれるが、この佐伯さんの「渾身の山」の本を初めて手に取ったときに、本文はさておき、文中のモノクロ写真の鮮明さや遡行地図の美しさに、本作りをしているものとして驚いたのが思い出される。編集した白山書房の簑浦さんに一度聞いてみようと思って、まだ果たしていない。

佐伯さんから聞いた話を一つだけ書いておこう。それは以前から私が疑問に思っていたことである。「明治の後期、近代登山として始めて剱岳に登られた頃、道案内人が芦峅《あしくら》の佐伯一族ではなく対岸の大山村の宇治長次郎などが中心だったのはなぜですか。佐伯邦夫さんは佐伯一族の本家、魚津の人だが、ご存じですか。」と尋ねてみた。即座に「佐伯一族は立山信仰が盛んになると剱に登ることは禁じられていたから断ったのである。測量の柴崎芳太郎や冠松次郎などのご一行はそれで止むを得ず宇治長次郎に頼んだのだ。」とおっしゃった。こ

れは何かの本には書いてあるのかもしれないが、私は知らなかったことだった。

私事ながら、小生の妻は富山市内の出身である。知り合ったのは七月の白馬岳の上だった。大雪渓から登り、頂上の小屋で泊まり、二日目は北へ、雪倉、朝日とお花畑のつづく山道で写真をとりながら歩いているときに、前に行ったり、後ろになったりしているうちに親しくなった。朝日小屋で泊まった次の日は小川温泉元湯を目指してイブリ山から白樺坂をドンドン下りして、北又谷に出た。今はダムがあったり、吊り橋があったりするが、その時は丁度橋が流されていてヤエンがあるだけだった。ヤエンに乗ってワイヤーを引っ張って流れの真ん中まで来ると、谷の大きさと水量の豊富なのに驚いた。そして、意外となだらかなこの川の水上には何があるのだろうと思った。沢登りに適した北アルプス屈指の谷が数多くあるとはそのころは全然知らなかった。富山の二人連れの女性とは小川温泉元湯で別れたのだが、不思議なめぐりあわせで、その後も偶然に二、三回出会うことになり、現在は私の横にいます。

北山 桟敷ヶ岳頂上にて

たどりついた頂上　―『新日本山岳誌』をつくる―

「高頭式編纂『日本山嶽志』について」

「『日本山嶽志』の新編みたいなものをつくったらどうやね」と今西錦司先生が高木泰夫先生に言われたのは、今西先生が岐阜大学の学長をしておられた頃であるから、今から三十年以上も前のことである。四国の山へ一緒に行かれるフェリーの中と聞いている。それより以前にも、松方三郎氏が「『日本山嶽志』が出てから六十余年になるというのに、その後今日まで、これほど網羅的で丹念な書物が出ていない」と。また深田久弥氏は「これだけ登山が盛んになったのだから、もう新版が出てもよさそうなものだが、出ない。要するに、高頭さんほどの根気と暇と財産を兼ね備えた者がないということだろう」とおっしゃっている。

高頭式《たかとうしょく》が『日本山嶽志』を上梓したのは、奥付によると明治三九年(一九〇六)二月四日である。もともと高頭家は新潟県有数の大地主で、文政年間(一八一八～三〇)には藩内随一の上納米を誇っていたという。座右の統計書を調べてみると、明治二十年でも新潟は、兵庫や愛知を抜いて、日本で一番人口が多い県になっている(因みに東京は四位、大阪は六位)。それは、食糧(米)の生産が多かった、つまり食べられたからで、現在の県勢とは格段の差があったようであ

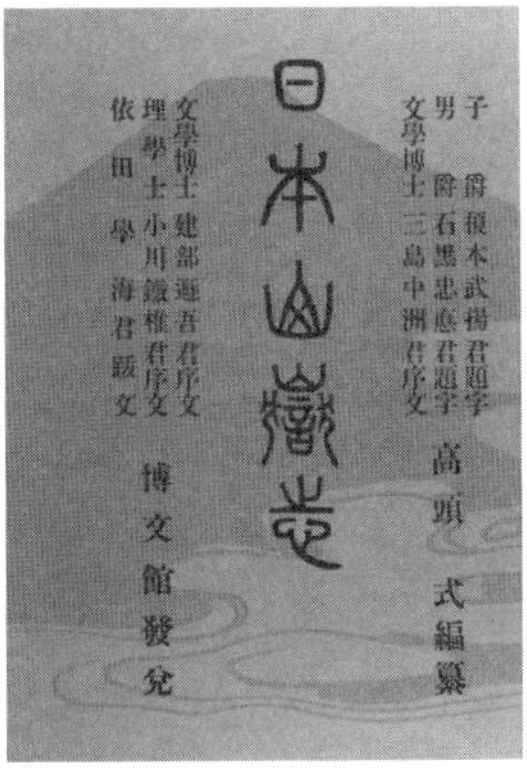

る。
その高頭家の御曹司が、父を亡くしたにもかかわらず、危険な山登りに現を抜かしていたのでは、これはお家の大問題。やがて高頭家の支配人やら分家から母への注進が入り、登山禁止の命がくだる。それではと式はその鬱憤を山岳関係の研究に振り向ける。フィールドワークからデスクワークへである。その研究は熱心なもので、史料はすぐに三万冊もたまって蔵がほぼ満杯になったという。深田氏の言うように、まさに、根気と暇と金の産物として、この近代登山史上での画期的な書物は出来上がっているのである。

山岳会（のちに日本山岳会と改名）の創立は本の出来る前年の明治三八年（一九〇五）十月十四日、飯田橋の料亭・富士見楼に高頭ら七名が集まった時とされている。ちなみに高頭式は日本山岳会の二代目の会長である。最初は会員が集まるかどうか、不安一杯のスタートだったようで、できあがった『日本山嶽志』の本の中に山岳会への入会申込書が添付してある。四月からは山岳会趣意書、規則書の小冊子も挿入した。このように、日本山岳会と『日本山嶽志』の間には時期を同じくした深い関係があったのである。

「日本山岳会創立百周年記念出版」

二〇〇五年にむかえる日本山岳会の創立百周年記念事業の一つとして、高木泰夫先生が「百年後の日本山嶽志」を作ることを提案されたときに、日本山岳

高頭 式（一八七七～一九五八）

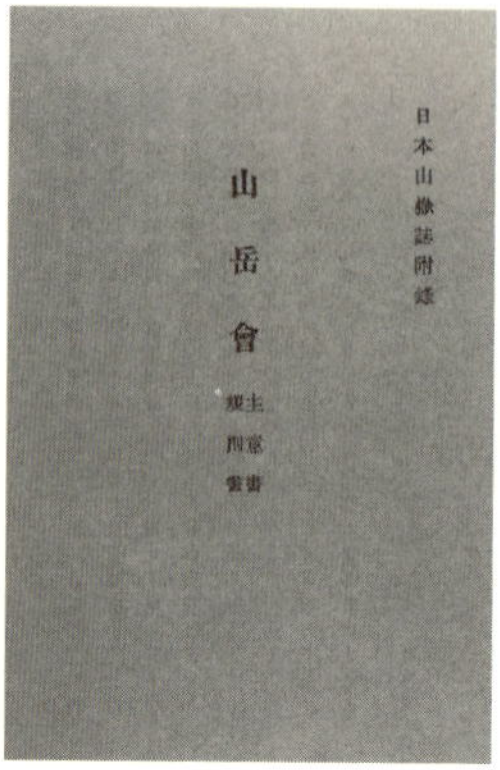

会の理事の賛同を得やすい土壌はこのように歴史的に存在していたのである。小社としては高木先生とは昵懇《じっこん》の間柄であったし、ちょうどその時の日本山岳会会長が京都大学出身の齋藤惇生先生であったこともあり、情報が早く入って有利にスタートがきれた。

何をするにも根回しが必要である。日本山岳会の本部へは、岐阜支部長の高木碕男さんと高木泰夫先生が、この本をつくることの意義を熱心に説明し説得にあたられた。そして準備会が開催できるまでにされた。

小生はというと、東京には山の本を扱う版元がたくさんあるので、業界の方から小社のようなちっぽけな出版社が作ることに異論のでないように版元まわりをした。日本山岳会の七五周年記念のときに、立派な山岳名著の復刻を出しておられる大修館書店には是非とも了解をとっておく必要があると思っていた。大修館の当時の社長も副社長も旧知の間柄ではあったが、七五周年のときに本の制作に当たられていて、第一回の準備会にも出ていただいた日本山岳会所属の小川益男さんが重役をしておられるので、訪問して、わが社で出してもよいものだろうか、と聞いてみた。小川さんがおっしゃるには、最近は山の本の企画が出てもわが社では通らない、中西さんそんなことを気にすることはないですよ、とのこと。逆にがんばりなさいと励ましていただいた。他社の人達にも何人かそれとなく聞いてはみたが、この企画はリスクが大きいのでどこも消極的な反応だった。なかには、このごろは県別とか山系別とかで、日本の山はくまなく紹介されているのに、いまさらそんな本を出す必要があるのですか、と言う出版人もいた。

　一九九八年七月二三日に第一回の準備会が日本山岳会本部で催された。小社が引き受けさせてもらえるかどうかの大事な会合であるにもかかわらず、私は数日前からの腰痛で立つことができず、会合は第二編集部の津久井編集長に代行してもらった。この会は本部からは、小倉茂暉副会長をはじめ飯田進、岩瀬晧祐、大森久雄、小川益男、平井吉夫の各理事が出席され、岐阜からは高木碕男支部長と高木泰夫先生、そしてナカニシヤの津久井君の計八名で行われた。小川さんは前述の通り、当時大修館の製作部長、大森さんは朋文堂をはじめあちこちで山の本の編集や執筆をされている人、岩瀬さんは有名な山書古書店の主人、飯田さんは日本山岳会の図書委員長、平井さんは山岳会図書室を管理しておられる人と、山の本に詳しい人がずらりと勢ぞろいだ。

　想像だが、まず豪傑の高木碕男さんの「わしとこの泰さんが大きなことをやるというとるので協力してやってくれんかのう」ではじまり、高木泰夫先生が意義とか趣旨を説明されたのだと思われる。後日、高木泰夫先生から準備会の結果を知らせていただいたが、それによると、高頭式の本の復刊をするのだと思っていた人があり、そうではないと説明したこと。高頭式の編集姿勢は尊重するが、作りたい本はこれからの百年間読み続けられる新しい本であること。岐阜支部が作るのではなく、日本山岳会の百周年記念事業としてもらうこと。

大垣の豪傑・高木碕男さん(左)。大垣山岳協会五十周年の会にて

日本山岳会で編集委員会を設けて編集するが各支部から委員を出してもらって、各支部参加のプロジェクトにすること。百周年の記念事業として、各支部が全部参加するイベントとしてこそ意義があること。などが提案された。会議は好意的な感触で進行し、正式には九月の理事会で協議、決定することになった、とのことだった。

そして九月の全国から集まった理事による理事会でもこの企画は賛同を得た。出版社もナカニシヤ出版に正式に決まった。続いて第二回準備会が十月八日に行われた。今回からは腰痛が癒えた私も参加することができた。本部からは小川氏を除く第一回の参加者の他に絹川祥夫氏、南川金一氏の両理事が参加された。小川氏が欠席されたのは出版社としての気配りであると思う。高木先生から詳細な編集の基本方針が提出され、それに対して多岐にわたる意見も出た末に、今後のおよその進行予定が了承された。

その後も、秋から冬にかけて高木先生が本部へ何度もでかけて、支部長会議や事務局担当者会議などの席で協力を依頼され、各支部にこの本の編集委員会を作ってもらうことなどを要請された。そしてようやく第一回の全体の編集委員会を開けるところまできたのは、その次の年の春であった。

「『新日本山岳誌』を作る」

一九九九年四月十五日に第一回編集委員会が開催された。全国二六支部のうち二三支部の方々が全国からかけつけてくださった。大塚博美日本山岳会会長の挨拶に続き、高木泰夫発起人の経過報告、概要説明があり、続いて編集委員長および副編集委員長の選出となり、委員長は高木泰夫先生、副委員長には大森久雄氏（首都圏）、柏木宏信二氏（関西）が選出された。大森さんには事前に承諾を得てはいたが、首都圏と関東地方にはもともと支部がないので、本部で関東全域をまとめてもらうという大仕事をお頼みした。また関西支部は京都、滋賀を除く近畿地方と四国全域、岡山まで入る大きな支部なので、ここも大変なのである。そのあたりを全国から来た編集委員の方々に理解していただいて異論もなく承認された。事実、この二支部に動いてもらわないと本はできない。それにまだこの時点では当然のことながら本を作ることに対する温度差が支部によってかなりあった。欠席の支部も含めて、参加意欲の少ない支部には、これからこちらが説得をしていかなければならないと思った。

本の内容についての討議は、高木先生から前もってたくさんの資料を用意してもらったので、それにしたがって比較的順調に進行した。会議の終わりに高木先生から「中西さん何か他にありますか」と言われたので、「皆さん、この本ができましたら、日本山岳会の作った本ですから、読者はもちろんのこと、新聞社などの山の紹介記事でも、今後はこの本の記述がベースになりますから、その点をご高配いただいて、ご執筆をお願いいたします。」と念を入れるようなことを言った。

社内での編集者会議。前列左二人目から　高木氏、大森氏、柏木氏

私は通常、学術書の本の制作を仕事としているが、共同執筆で一つの本を作ると、全体の文体や原稿量などで統一やバランスをとるのがなかなか難しいことをよく経験していた。また、必ずといっていいほど原稿執筆の遅滞する人が出てきて、予定通りになかなか仕上がらない。そのような苦汁を編者の先生ともども何回も嘗めてきた。それで高木先生にもその経験をお伝えした。社内の編集者にもその点を特に留意するように念を押した。

その後、二〇〇二年までに全体編集会議は四回催された。また正副編集委員長会議も京都や高木泰夫先生のお宅で数回行なった。

さて、本の書名は『新日本山岳誌』と決定した。目次案もできた。本は大きく分けると、日本の山地の特徴と由来を、地形、地質、気候、生物、人とのかかわりなどから概説した総論部分と、各論に相当する「山地・山脈別山座解説」からなる。

各論の山々（最終的には、見出しで約三千山弱、文中もいれると約四千山）の執筆は、各支部の選ばれた方々によって進行していった。いちばん大変なのは高木泰夫先生である。二六支部から提出された、二千ページ分にもなる大量の原稿を、全体を統一するために、読んでは返す、読んでは返すのキャッチボールを繰り返しやっておられた。本文の活字の大きさが十二級（八・五ポイント）で一ページの字数が七百五十字の二段組で千五百字、×二千だから三百万字になる。（この間に病気をされたのは本の編集のご労苦だったと申し訳なく思っ

『新日本山岳誌』を説明する。

ていました。）副委員長のお二人にも何度も通読していただき適宜ご意見を頂戴した。お二人には編集の仕事の他に前述のような大きな仕事を抱えていただいていた。大森氏には、まとまったことをあまりしたことのない関東地方のとりまとめに心血を注いでいただいた。とにかく山は県境に多数あるので、どちらの支部で取り上げるか、ということから始めなくてはならないので大変だ。また柏木氏も同じことで、近畿地方以外の四国や岡山への気配りが大変だったと思う。

総論部分でアクシデントがおこった。執筆者の五百澤《いおざわ》智也先生が二〇〇二年二月にご自宅に近い千葉県市原市の大福山山頂近くで、登山中に心筋梗塞で倒れられて入院されたのである。ご病気の回復程度が測り知れず、少し時間を置いていると、五百澤先生からお手紙をいただいた。そして自分は残念ながらすぐには書けそうにもない、それで自分の後輩の先生である小疇《こあぜ》尚先生を紹介する、という手紙であった。私は期限のあることで、承諾してもらえるかどうかが心配だったから、すぐに神田にある明治大学の小疇先生の研究室に伺った。小疇先生は、五百澤さんのたっての願いならことわれないと引き受けてくださった。ただし明治大学山岳部は今年、八千メートル峰全山踏破の最後の山であるアンナプルナ遠征が迫っている。それが終われば執りかかります、とのお返事だった。

結果、総論部分は小疇先生の他に、小泉武栄先生（東京学芸大学）、岩田修二

今西錦司先生と五百澤智也先生
山形・葉山林道にて（一九八〇）

先生（首都大学東京）、清水長正先生（駒沢大学）と日本地理学会を代表する先生方に執筆していただくことに決まった。これでようやく全体が動きだす。私はひと安心、ほっとした。

原稿が集まりだすと、編集を手伝ってくれている林達三君が忙殺される番になった。林君とは小学校、中学校と同期の幼友達だ。彼は京都にある中央図書出版、同朋舎出版と出版一筋に人生を送ってきた人で、還暦を過ぎてからはわが社で編集を手伝ってもらっていた。山の方はずぶの素人だが、本作りはベテランなので、全部任せていた。校正段階でのエピソードは山ほどあると思うが、これは林君がまた何かの機会に書くかもしれない。結果、二千ページの大きな本を大過なく作り上げたのは彼の大変な功績である。

なにぶん北は択捉《ウトロフ》・国後《クナシリ》から南は西表《イリオモテ》・石垣までの山々なので、執筆者も四七〇名にのぼっている。各支部でまかされたエリアの山の原稿を支部で一度編集、統一して送られてくるとはいうものの、支部ごとの山を山系別に再編集したり、記述を統一したり、途中で平成の市町村地名大変更にぶちあたったりと、進行中にはいろいろあった。しかし、執筆期限を皆さんが守ってくださったのが何よりだった。おかげで、本の見本の百冊程度は無事二〇〇五年の九月下旬に完成した。そして十月十五日の百周年記念式典には充分間に合って、会員の方々に披露することができた。

本は九月ごろから予約募集をはじめ、正式発売の十一月一日には予約だけで

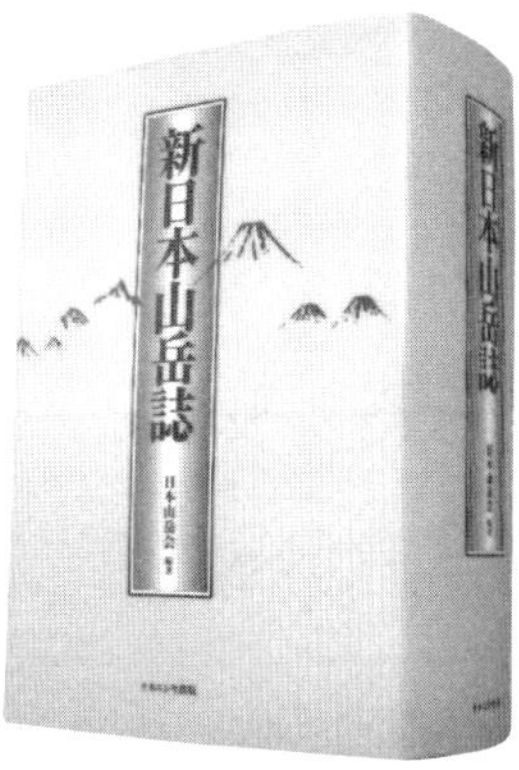

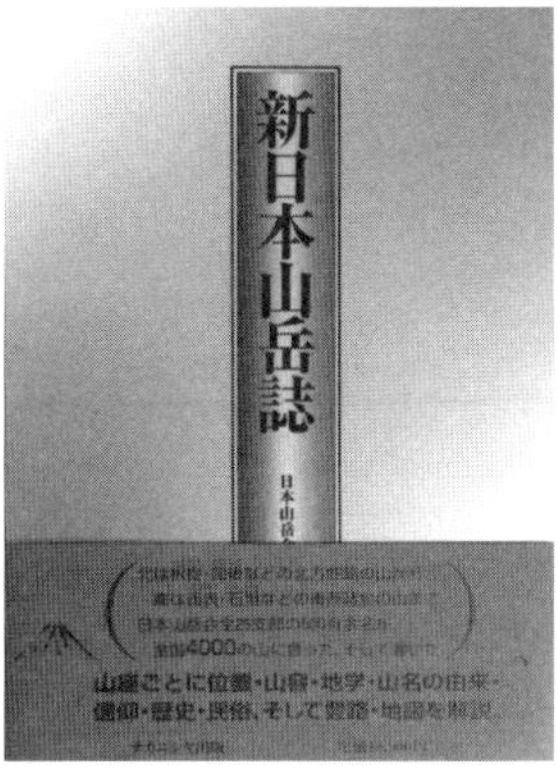

二千冊を超えた。売上冊数は二〇〇八年現在で三千九百冊に達している。万々歳である。

本が出ると、読者からいろいろな問い合わせがあり、小社では返答しきれないものも多々出てくる。その時は高木先生にお返事をお願いしているが、出版人の俗諺に「辞書をつくるとその辞書と一生付き合わねばならない」というのがあるが、先生はそれを実感しておられることと推察している。

この本は、我が山書づくり人生のひとつの大きなピークとなった。

「五百澤先生のこと」

二〇〇六年春になって、総論執筆者の清水長正先生から変わった出版企画の依頼が舞い込んできた。それは、山の地形図の第一人者である五百澤智也先生が、今までに描かれた山岳鳥瞰図と地形図、山のスケッチなどを集めて、二〇〇七年春に千葉県立中央博物館で展覧会をされるので、その図録＝本を作成してほしいとの依頼であった。

わが社は同じ七年四月から京都大学総合博物館で催される『地図出版の四百年―京都・日本・世界』の展覧会図録も製作することになっていた。期せずして、あまり経験のない二つの展覧会図録を作ることになった。

五百澤先生には本来なら『新日本山岳誌』の総論部分を執筆していただく予定であった。しかしその仕事は二〇〇二年に心臓を悪くされたために、先生の

後輩の人達にバトンタッチされていた。でもその後、病気は一過性のものだったらしくお元気になさっているとのことだった。

先生は、三〇年ほどまえの一九七六年に、『ヒマラヤ・トレッキング』（山と溪谷社、一九七六）という本を上梓されている。その本を始めて見たときの衝撃は今もあざやかである。それは旧来の本の制約を打ち破り、まさしく新しい本の道を拓いたものだった。外国の本も含めて、それまでに出版されたヒマラヤ紀行はたくさんあるが、それらとは一線を画していた。今では当たり前になっているが、写真、地図を豊富に入れて、一ページごとにレイアウトされた、まさしく目で見る本であった。それは現在のグラフィックなガイド本の先駆けでもあった。随所に配置された先生が描かれたオリジナルのスケッチや地図や写真は素晴らしいものだった。鳥瞰図として描かれた山岳地図はもちろんのこと、ネパールの町や村のバザールの地図も楽しかった。まさしくそれはその後の私の本づくりに与えたインパクトのなかでも十指に入るほど強烈なものだった。以来、私はいつか先生の本を出版したいと夢に見ていた。それがようやく実ることになったのである。

『山と氷河の図譜―五百澤智也山岳図集―』は半世紀以上にわたって先生が描かれた山岳鳥瞰図、山岳地図、山のスケッチなどの中から一二九点を精選して、原色刷りでまとめた図集である。それらは千葉県立中央博物館をはじめ、それに続く先生の故郷・山形や富山など各地の展覧会の会場で図録として販売

されるものだった。圧倒的なヒマラヤ全体の鳥瞰図、飛行機で近接したような迫力あるエヴェレストやK2そして槍や穂高のスケッチ、スイスの地形図と遜色のないヒマルチュリの地形図などなど、日本の第一人者として相応しい、見るものを感嘆させるものばかりが並んでいる。

ヨーロッパアルプスではレストランのランチョン・マットとしてよく見られる、H・C・ベランの描く鳥瞰図が有名だが、彼は画家である。五百澤先生の画かれる図譜はそれよりも科学的なものとして世界に誇れるものである。立派な本を出させていただいて出版社冥利につきる。

展覧会は、千葉の展覧会が終わった後も先生の故郷である山形市の文翔館や筑波大学、富山県の立山ケーブル下にある立山カルデラ砂防博物館、国土地理院など各地で催された。また東京新宿のジュンク堂池袋店や大阪梅田のブックファースト梅田店などでも一部を展示した。

先生のお蔭で出版社としては少し毛色の変わった経験をさせていただいた。

「日本地貌図」入り特装版(一五〇部限定)

Ⅳ

ヒマラヤへの夢を本に

登山家の夢に自分をのせて

――山書の翻訳出版を手がける――

「エヴェレストより高い山」

私の幼少年時代は第二次世界大戦のすぐ後、昭和二十年代の何も物のないころだった。しかし、わが家は本屋だったから本だけはたくさんあった。店の棚から岩波文庫を持ってきては読んでいた。なかでも冒険小説が大好きで、スチーブンスの「宝島」をはじめ「ロビンソンクルーソー漂流記」「ビーグル号航海記」「失われた世界」「八十日間世界一周」などを繰り返し読んで胸をときめかせていた。その影響か、大きくなっても、西域シルクロードやヒマラヤの探検記が大好きで、ヘディンの「さまよえる湖」をはじめ、ハントの「エヴェレスト登頂」、ヘルマン・ブールの「八千メートルの上と下」、ベイリーの「ヒマラヤの謎の河」、シプトンの「地図の空白部」などを店番をしながら読んだ。そして自分でも行きたいなぁ、と夢を膨らます多感な青年時代であった。

当時、黄河の源流に誰も近づいたことのないアムネマチンという高い山があった。第二次世界大戦の最中、アメリカの飛行機がインドから中国へ向かう途中、その高い山に遭遇し、そのとき飛行機の高度計を見たら九三〇〇米あったという。そして眼前にはまだ雪の壁が現れ、機はようやくそれをかわして難をのがれたと報告がなされた。世間は大騒ぎになった。

やがて戦争が終わった一九四九年にアメリカは探検隊をだす。そして山麓に達し、測量の結果九〇四一米と発表する。世界はこのアムネマチンこそエヴェレストにかわる世界の最高峰ではないかと胸をときめかせた。日本にも遅ればせながらこの情報が報道されて、私も胸をわくわくさせたものだ。

その後も長い間その標高は謎のままだった。一九六〇年になってようやく中国隊がアムネマチンに登頂（ただし第二峰）して、同時に標高を七一六〇米と発表した。そして正確な標高である六二八二米がわかるのは、それから二十年後の、上越山岳協会が初登頂した一九八一年の一年前であった。世界一高い山がエヴェレストからアムネマチンに交代するという夢ははかなくも霧散したが、このようなロマンのある話が大好きだった。私はこの話で約三十年間楽しませてもらった。

（一九八二 ベースボールマガジン社）

『雲表を求めて戦う男たち』

またあるとき、アムネマチンとは違う別の標高一万米に近い山の登頂記が山の雑誌に紹介されたことがあった。当時その本が読みたくて探したのだが、結局日本語訳は見つからなかった。以来その本のことがいつも頭の隅っこに引っ掛かっていたのだが、晩年になってその本の翻訳を自分で出版できることになろうとは奇遇以外の何ものでもない。それがこれから紹介しようとしている、『MEN AGAINST THE CLOUDS』 by Richard Burdsall,Arthur Emmons,Terris Moore and Theodore Young.

という本である。オリジナルのタイトルではどんな本なのかわかりにくいので、日本語版のメインタイトルはもっと具体的に変えて『ミニヤコンカ初登頂』とした。そして「ヒマラヤの東・横断山脈の最高峰」というサブタイトルを肩につけて、初めての人でも山の位置がわかるようにした。

場所は中国の四川省、山の名前はミニヤ・コンカ。第二次世界大戦前の一九三二年に四人のアメリカ青年が、当時の地図にクーンカ山、標高三万フィート(約九千米、エヴェレストより高い!)と書かれた山に苦難の末に登頂した話だ。しかし、実際に彼らが登って測量してみると、高さは七五五六米だったのだが、それでも当時登られた山としては、世界で二番目に高い山だった。ちなみに当時の一番は一九三一年、イギリスのF.S.スマイス隊が初登頂したガルワール・ヒマラヤのカメット峰(七七五六米)であった。

このミニヤ・コンカ峰は、揚子江の上流の成都から割合に近く、ヒマラヤ山脈の東の端を区切るように聳えている山だ。写真で見てもその山容は威風堂々、周囲の山を席巻して千五百米ほど天空へ抜きん出ている。チベット人から山々の王と呼ばれるに相応しく、世界で一番高く見えても不思議はないほどのすばらしい山である。

第二次世界大戦まえの一九三二年という早い時代に初登頂されたからといって、この山はそんなに易しい山ではない。急峻な上にモンスーンの雲の通り道

にもなっていて気候の変化も激しく、たいへん難しい山である。日本の登山隊にとっては受難の山となっていて、ここ二十年ほどの間に十名以上の犠牲者を出していた。そしてようやく一九九七年に札幌山岳会隊が執念で登頂したという曰く付きの山でもある。

そんな山が今から約八十年も前になぜ登頂できたのか。それについて考えてみると、多分こういうことだと思う。それは探検と登山の差といえばよいのか、バードソル達は一九三〇年に揚子江を遡りはじめ、三二年の登頂である。動植物の調査をしながら山に近づき、三年がかりでようやく頂上まで達しているのである。日数を気にせず、長い間ベースキャンプにいれば、いくら晴天の少ない山といえども、そのうちに晴天の続く日に出くわすだろう。運良くそういう時に彼らは初登頂を果たしたのだ。

しかし現代の登山はそうはいかない。この七十~八十年前と比べると装備も情報の入手方法も雲泥の差でよくなったのだが、こんなに時間をかける余裕がない。登山の日程に制限があるので最後にはある程度無理をしてアタックすることになる。それが遭難に結びついているのだと思う。一回の登山にかける日数の差には勝てない面があるということではないだろうか。

「山書の翻訳出版を手掛ける」

この本の日本語版を出版したいとわが社に持ち込まれたのは一橋大学山岳部

ＯＢの山本健一郎氏である。訳者の山本さんは同じ一橋大学山岳部のＯＢで著名な先輩の望月達夫さんと同じ三井信託銀行に勤めておられた方で、日本山岳会の理事もされていた。自身若いときにヒンズークシュのサラグラール南峰（七三五〇米）などへ登頂された時の紀行を『ロシュ・ゴル氷河の山旅』（あかね書房、一九六九）という題名の本にして出しておられた。

翻訳はもうできていてその日本語の原稿を見せていただいた。たいへん読みやすい訳文で面白く読ませてもらった。しかし原書の中には揚子江を遡る過程での植物採集の記録が長いので、それはミニアコンカ登頂と直接的には関係がないので相談の結果省いてもらうことにした。そして早速日本語の翻訳権を取得するために、エージェントに依頼して原書の出版社に問い合わせてもらうと、原書の出版社は今では存在せず、そのかわりに新しくシアトルに在る出版社が版権を持っていた。契約はスムーズに進み、本文の一部割愛もＯＫだった。

ついでに著者たちのための誰かひとりに邦訳のための序文をお願いしてみようかと訳者の山本健一郎氏と相談してみたのだが、よく考えると著者の四人の人達、R．バードソル、A．エモンズ、T．ムーア、T．ヤングは一九〇〇年前後の生まれと推察されるので、もう全員亡くなっていることだろうと思ってやめた。それで、近年その辺りの山域に世界で最も頻繁に入山している中村保氏にお願いすることになった。中村氏は山本氏と一橋大学山岳会の同級生でもあるので簡単に承知していただけた。

ところが本が出来て半年程して、アメリカ陸軍退役軍人の宿舎に住んでいるヤングさんから「日本語の翻訳書が出たという事を聞いたが五冊送ってほしい」と手紙が届いたのである。まだご存命の人がおられたのには驚いた。あとがきによると、ヤングさんは、揚子江奥地探検の後、中国の蒋介石軍の少将にまでなり、そして続いて米軍の準将にもなった人である。私はその時にはじめて、ヤングさん＝楊さんなのだと気づいた。早速、手紙とともに本を送った。（この間の詳細は山本氏が日本山岳会の月報「山」で詳しく紹介されている。）

出来あがった本は、原書が面白いところにもってきて、山本さんの翻訳がお上手なので読みやすく、好評だった。なお山本氏は平成十九年に亡くなられたのは残念なことである。

「中村保さんのこと」

山本氏が訳されたミニヤコンカの本のことだが、原書が古いものだから本文中には不鮮明なモノクロ写真しか掲載されていない。それで読者の理解を助けるために最近に撮影されたミニヤコンカの山姿のカラー写真がほしいと思った。訳者の山本氏も同じことを思っておられて、友人の中村保氏に借りましょうとおっしゃった。そしてカバーには四五度はあるだろう登頂ルートである北西稜の迫力満点の写真を使わせてもらった。また口絵のカラー頁にも中村さんが最近に行かれた時の写真をたくさん使わせてもらった。

中村さんはこの本の出る少し前に、山と溪谷社から『ヒマラヤの東―雲南・四川、東南チベット、ミャンマー北部の山と谷』（一九九六）という本を上梓されていた。この本はイラワジ川、サルウィン川、メコン川、揚子江など大河の源流が、大陸移動によるインド大陸とユーラシア大陸の衝突の影響で、褶曲した谷をつくるヒマラヤ山脈の東の別名横断山脈といわれる地帯を詳しく紹介した世界でも最初の本ではないだろうか。それは地図を見るだけでもわくわくするような高い山と深い渓谷の連続する場所だ。ミニヤコンカはこの山脈の東端に屹立する七千米峰である。

石川島播磨工業（ＩＨＩ）を定年退職された還暦以後、毎年二、三回、この地域の探査に入られて、七十歳を越えてもまだそれを続けておられる。東チベットからこの横断山脈にかけての山岳地帯には多分、世界でいちばんよく入山しておられるし、最も詳しい人だろう。

また、中村さんは英語が流暢なので、日本山岳会（ＪＡＣ）の英文ジャーナル編集長をして、「Japanese Alpine News」を毎年定期的に発行して、世界へ日本の海外登山情報を発信されている。今まで、外国ではほんのひと摘みの人にしか知られていなかった日本人の海外登山の情報を、これが出るようになって、はじめて多くの外国の登山家が知るようになった。この業績は大きいと思う。

最近は魅力的な未踏峰の宝庫である東チベットのこれらの山々の紹介を、イギリスのアルパインクラブ（ＡＣ）を始めヨーロッパ各地、それにアメリカンア

ルパインクラブ（AAC）などからも招待を受け、世界的に講演をして廻っておられる。そして、この東チベット未登域踏査のパイオニアワークが評価されてヒマラヤンクラブ、AAC、日本山岳会、AC、ポーランド山岳会、ニュージーランド山岳会の名誉会員にもなられた。最近はドイツで自著も出版された。そして二〇〇八年には英国の伝統ある王立地理学協会から名誉ある賞を受賞された。

わが社の出版物に『カラコルム・ヒンズークシュ登山地図』という、会津の宮森常雄さんが描かれた。その地域で世界で一番詳しく、正確な登山地図があるが（後述）、この地図を、中村さんは機会あるごとに世界中で宣伝してくださった。おかげで各国から注文がきた。

このような世界的な探検家と知り合いになれ、いろいろな機会におもしろいお話を聞かせてもらって出版社冥利につきる。そしていずれはわが社からも本を作っていただこうとお願いをしているが、まだ書斎に落ちつかれるにはもう少し時間が要るようだ。

私が言うのもおこがましいことだとは思うが、近頃の若者達に一言いいたい。これだけの横断山脈の情報が日本で提供されていて、これだけたくさんの六千米峰の未踏峰があるのに日本の若者達は何故動かないのか。北京大学の学生が一人っ子ばかりになって、親が危険な山登りをさせなくなったのと同じ現象が日本でもおこっているのなら、親に責任があるのだが、そればかりではないよ

中村さんのドイツ語版の本。インスブルックの書店に置いてあった。

うに思う。私の毎年のヨーロッパアルプス旅行でも、山を一人で歩いているのはほとんど韓国の若者で日本の若者は皆無に近い。山に目を向けさす方法に妙案はないのだろうか。「山の日」を創設したり、富士山を世界遺産にしたりして、底辺を拡げていくしか方法はないのだろうか。

一橋大学山岳部OB会「針葉樹会」の人々

山本さんや中村さんとお会いしていろいろ話をしているうちに、一橋大学(旧東京商科大学)山岳部OBには、吉澤一郎氏、望月達夫氏の他にも著名な登山家がたくさんおられるのを知った。その中からエピソードをひとつ。

それは、小谷部全助氏のことだ。私の山を通じての知り合いの中に、『新日本山岳誌』の副編集長をしていただいた人で山書のコレクターとしても有名な柏木宏信氏という奈良在住の方がおられる。たまに良い企画をお持ちの著者との橋渡しをしてもらうことがあるのだが、ある時、小谷部氏の甥にあたる人と一緒に来社された。

その方のおっしゃるには、自分も山好きで、東北大学時代から山岳部に入っていたので、小谷部叔父が亡くなったあと、山について書かれたものや写真は長い間手元で保管してきた。しかし、自分も老いてきたので何とか本にならないものか、ということだった。小谷部氏については、私自身としては、戦前に北岳バットレスや鹿島槍で日本の登山史上画期的な業績を上げた人であるぐらいのことしか知らなかった。少し調べてみると、卒業後、住友鉱業に入社、しかし昭和二十年に結核のために三一歳の若さで亡くなっておられた。

持参されたものを見せてもらうと、書かれたものは雑誌や部報などに一度発表されたものがほとんどで、あまり目新しいものはなかったが、写真はほとんどが未発表のものだった。若い頃の吉沢一郎氏の山での姿などがあった。触手は動くのだが、今となってはよほどの関係者でないかぎり小谷部氏を知る人もなく、とうてい採算のとれる話ではないので、申し訳なかったが小社での出版はおことわりした。

そしてそれから一年も経つか経たないくらいのころ、柏木さんから、来社された甥の方が亡くなられたとお聞きしてびっくりした。原稿類はその方の奥さんが、何処かしかるべきところで保管できないものかと言っておられるとのことだった。私は一橋大学山岳部の部報かそれに類するものに掲載してもらうのがよいだろうと思った。それで、中村保氏に詳細を申し上げたところ、快諾していただいた。そんなわけで小谷部氏の遺された原稿や写真類は針葉樹会（一橋大学山岳部ＯＢ会）の手にわたった。いずれ公刊され、人々の目に触れることだろう。（その後会報に一部が公開された。）

行年	日本語版	訳者	発行年	発行所
53	エヴェレスト登頂	田辺主計他	1954	朝日新聞社
54	K2 登頂	近藤　等	1956	朋文堂
56	カンチェンジュンガ －その成功の記録－	島田　巽	1957	朝日新聞社
56	雲表に聳ゆる峯々	横川文雄	1958	朋文堂
56	マカルー －全員登頂－	近藤　等	1956	白水社
55	チョー・オユー登頂	横川文雄	1957	朋文堂
60	ダウラギリ登頂	横川文雄	1963	ベースボールマガジン社
56			1956	毎日新聞社
53	ナンガ・パルバット	横川文雄	1954	朋文堂
52	處女峰アンナプルナ	近藤　等	1953	白水社
82	ヒドン・ピーク初登頂	薬師義美他	1998	ナカニシヤ出版
58	ブロード・ピーク《8047 メートル》	横川文雄	1964	朋文堂

山書出版者のひとつの夢
—山書にこだわりを持つ人たち—

「八千米峰の初登頂記」

あるとき閑に飽かして以前から気になっていたことを表にしてみた。

上の表は世界最高峰のエヴェレスト（チョモランマ）を筆頭に全部で十四座ある八千米峰とその初登頂記の一覧表である。私の知りたかったのは各山についての初登頂記の有無である。それぞれの山についてそれを調べてみた。どうも全部は出ていないようである。まず調べている時点で、日本語で出版されている初登頂記は何冊あるかを数えてみた。そうすると全部で十一冊だった。初登頂記のないのは、ガッシャーブルムⅠ峰、同Ⅱ峰、シシャパンマの三山だ。ではこの三山の初登頂記の原著は存在するのだろうか、と今度はそれが気になりだした。それで、ヒマラヤのこ

8000メートル峰初登記一覧

山名	標高	登頂年	初登頂記（原書）	編集者
エヴェレスト	8848m	1953	THE ASCENT OF EVEREST	J.Hunt
K2	8611m	1954	LA CONQUISTA DEL K2	J.Desio
カンチェンジュンガ	8586m	1955	KANGCHENJUNGA THE UNTRODDEN PEAK	C.Evans
ローツェ	8516m	1956	GIPFEL ÜBER DEN WOLKEN LHOTSE UND EVEREST	A.Eggler
マカルー	8485m	1955	MAKARU	J.Franco
チョー・オユー	8188m	1954	CHO OYU － GNADE DEL GÖTTER －	H.Tichy
ダウラギリⅠ	8167m	1960	ERFOLG AM DHAULAGILI	M.Eiselin
マナスル	8163m	1956	マナスル登頂記	槇　有恒
ナンガ・パルバット	8126m	1953	NANGA PARBAT 1953	K.Herrlichk
アンナプルナⅠ	8091m	1950	ANNAPURNA, PREMIER 8,000	M.herzog
ヒドン・ピーク	8080m	1958	A WALK IN THE SKY	N.Clinch
ブロード・ピーク	8051m	1957	BROAD PEAK 8047m	M.Schmu
ガッシャーブルムⅡ	8034m	1956	（自分の登山史の本の一章にあり）	F.Moravec
シシャ・パンマ	8027m	1964	（公式報告書はあり）	

となら何でもお詳しい、『ヒマラヤ文献目録』（1994、白水社）で第一回秩父宮記念山岳賞を受賞されている京都在住の薬師義美先生におたずねしてみた。

先生曰く、ガッシャーブルムⅠ峰（別称、ヒドンピーク、カラコルム大測量の際の番号はK5）の初登頂記はアメリカで一九八〇年代に発行されているが、翻訳書は未刊とのこと。ここでついでに、ガッシャーブルムⅠ峰をなぜヒドンピークというのかについて書いておくと、一九世紀末、イギリスのコンウェイ卿によって初めてこの辺りが探検されたとき、バルトロ氷河からは介在された山々の陰になり見えないだろうとして「隠された峰」と名付けられたのが始まりだそうだ。

続いてガッシャブルムⅡ峰（K4、因みにK3はガッシャーブルムⅣ峰、K1はマッシャーブルム）だが、名のとおりⅠ峰の隣にある。写真で見れば、鋭角な二等辺三角形の平

面を空に向けて見せる鋭い稜線が魅力の立派な山だ。私はこの山の山姿が好きだ。Ｉ峰とは尾根続きとはいいながら大きなコルであるガッシャーブルムサドルで隔てられ少し離れている。しかしその名といい標高といい、どうしてもⅡ峰の方が地味に感じられるのは可哀相だが仕方がない。この山の初登頂記は、一九五六年に初登頂したオーストリア隊の隊長Ｆ・マーヴェックという人が書いている。しかし、その本は自分の登ったアフリカや南米の山など他地域の山とともに書かれているので、独立した八千メートル峰の初登頂記とはいえないと薬師先生はおっしゃる。

そして最後の一山、シシャ・パンマ。この山はどこの国の岳人も登りたかっただろうが、頂上が中国領内にあって許可がおりないので、手が出なかった山である。そんな山だから当然の結果として中国人が一九六四年に初登頂した。この山についての報告書は出されているが、初登頂記は出ていない。別名をゴザインタンというが、これはサンスクリット語で「聖者の住まう所」の意で、インド側の呼び名である。

さてそうすると、純然たる形で翻訳されずに残っている初登頂記はガッシャブルムＩ峰のみということになる。私は触手が動いた。薬師先生に打診すると翻訳してもよいとのこと。早速に翻訳権が取得できるかどうかをエージェントを通じてアメリカの出版社と交渉してもらった。

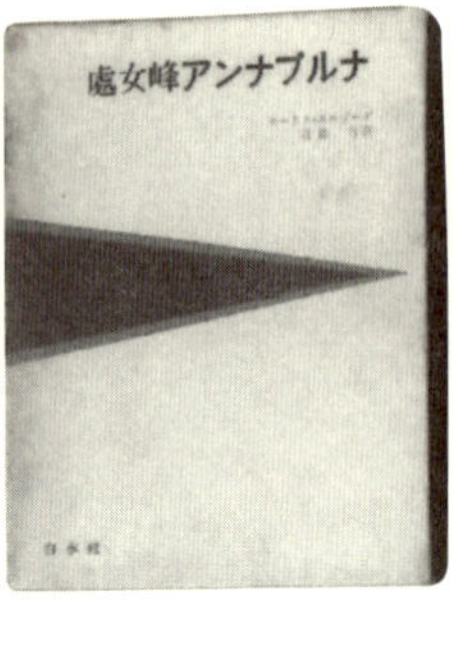

「『天空の散歩道』」

一ヵ月ほどして、原書と契約書が到着した。その本のタイトルは、『A WALK IN THE SKY』by Nicholas Clinch. 1982. といった。それはまぎれもなく一九五八年に初登頂された世界第十一位の山・ヒドンピーク（八〇六八米）の初登頂記だった。発行所はアメリカの東岸シアトルにある"The Mountaineers"という出版社だった。同じ頃に小社が出版した『ミニヤコンカ初登頂』の原本と同じ出版社だったのにはびっくりした。すぐに契約は成立し、早速に大阪の吉永定雄さんと薬師先生のお二人で翻訳にかかってもらった。吉永さんの本職は貿易関係の運送業であるが、仕事のかたわら、何回もヒマラヤに行かれている登山家である。白水社からスネルグローヴの『ヒマラヤ巡礼』（一九八一）の翻訳を出されている。また自身行かれたムスタン・ヒマールの探査行を外国向けに英文で発表もされている。

やがて約一年半が経過して翻訳は完成した。原書のタイトルでは少し恰好がよすぎて、内容が伝わらないので、日本語版のタイトルは『カラコルムの秘峰八〇六八メートル』というのをサブタイトルとして肩に付けて、『ヒドンピーク初登頂』とした。シアトルにある原書の出版社からは、本の中のカラーとモノクロのフィルムを全部送ってきてくれた。おかげで、印刷された本から複写するのではなく、ピントの合った綺麗な写真を日本語版にも掲載することができた。

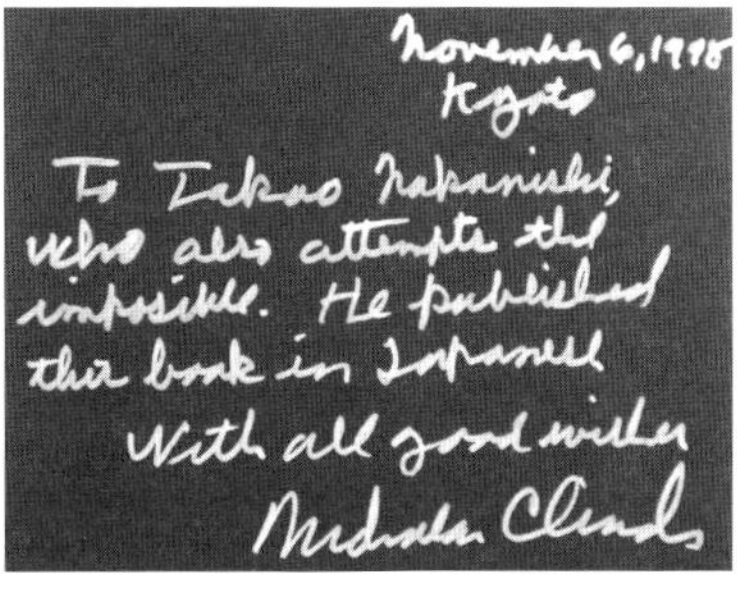

原書の見返しに著者にサインをもらった

「クリンチさんに会う」

さて、著者のニコラス・クリンチという人であるが、スタンフォード大学出身で、本職はカリフォルニア在住の弁護士。アメリカンアルパインクラブ（AAC）の会長や自然保護で有名なシエラ・クラブ財団の理事長を歴任した人だ。初登頂した山はヒドンピークだけではない。何といってもその二年後の一九六〇年に初登頂されたマッシャーブルム（K1、7821米）が光っている。クリンチ氏の山歴をたどると南極の山まであって、地球上あちこちとどまるところがない。落ちついて本を書いている暇などない人である。

またクリンチ氏は山の本の収集家としてもその名を世界に知られた人である。そして親日家でもあり日本の多くの岳人と親交を持っておられる。特に京都大学の学士山岳会の人たちとは親交が厚いようだ。桑原武夫著『チョゴリザ初登頂』にも書いてあるが、自身のヒドンピークの初登頂は京大のチョゴリザ初登頂と同年であり、ベースキャンプも近かったのでバルトロ氷河上で交歓をされたこともあって、それ以来の親密なおつきあいのようだ。京大の梅里雪山遭難の時には、彼自身も四回、入山している山域でもあったので、京大で催された追悼慰霊祭にわざわざアメリカから来ておられたぐらいだ。

さて本のことだが、一九五八年に登頂されたのに発行年は一九八二年である。なぜ出版が四半世紀も遅れたのだろうか。その疑問を推察してみると、ひとつは先にも書いたように、彼自身が探検、登攀に忙しく、書斎で登頂記を書く気

ニコラス・クリンチ夫妻。間は中村保氏夫人（二〇〇七 ツェルマットにて）

持ちにならなかったからであろう。そしてもうひとつは、山の本が売れる時代がアメリカではもう終わっていたということも大きな原因だと思う。執筆を急がす出版社がないので、原稿は最後の仕上げの段階で長い間著者の手元で眠ってしまっていたのだと推測する。

日本語版完成後、著者のクリンチさんにその辺りのことを聞いてみた。クリンチさんがおっしゃるには、アメリカでは山の本が競って出版された時期は八千米峰が全部登りつくされた頃、すなわち一九六〇年頃がピークで、それ以後は急激に萎えていった、とのことだった。それは日本でも同じことで、山の本を扱う京都の古書店、大観堂の吉村さんやキクオ書店の前田さんに聞いても、山の本がよく売れたのはやはり六〇年代後半までだったと言っておられる。それまで山の本の出版に熱心であった出版社もそのころから徐々に後退していった。朋文堂はもう少し前だったが、八〇年代に入ると、大修館、あかね書房、白水社、創文社、茗渓堂・・・なども山の本はあまり出版しなくなった。その現象を私に言わせると、それまでが売れすぎていたので、いわば、それまでがバブルだったので、縮小した時にそれに対応できる出版社が少なかったのが理由だと思うのだが、それは出版業界内部のことなのでここでは書くまい。

先年クリンチさんが京都へ来られたときに翻訳者の薬師義美氏、吉永定雄氏を交えて日本語版のお祝いの会をやった。アメリカ人は学者がそうであるように、クリンチさんも他国語に翻訳された事を我々が思う以上に名誉に思ってお

薬師義美著『遙かなるヒマラヤ』一九六九　あかね書房

スネルグローブ著　吉永定雄訳『ヒマラヤ巡礼』一九六一　白水社

られるご様子で、こちらも嬉しかった。この本がご縁で今でも毎年クリスマスカードが来るが、ここ数年は大書を執筆中とのことだ(二〇〇七年に完成)。

二〇〇七年にマッターホルンの麓のツェルマットで、英国アルパインクラブ(AC)創設一五〇周年記念の会があった。わたしも毎年のアルプス行と日程を合わせて行ってみた。久しぶりに現地で、中村保さんご夫妻もまじえてクリンチさんご夫妻と会食した。お元気ではあったが、めっきりお年をめされたご様子だった。なお、その時にお聞きしたら、マッシャーブルムの初登頂記は書いていないとおっしゃっていた。

かくして私は長い間、山の本の出版をやってきたご褒美として、有名出版社にまじって、名誉ある八千米峰初登頂記の出版社に仲間入りをさせてもらった。初めの表を見ていただくとわかるが、こんな大出版社に混じることは、私にとっては、これは夢のようなことであり、たいへん名誉なことだと思っている。しかし、肝心の本の売れ行きだが、ここまでの話の中でも一度も触れなかったとおり、あまりよくなかった。名も実も両方ともとることは大変難しいことだ。こんなことばかりやっていると出版社はあぶない。自戒の要ありだ。

「深田門下の人たち」

薬師先生にはもうひとつ編集をしていただいた本がある。それは諏訪多栄蔵著『ヒマラヤ山河誌』という本だ。諏訪多さんは東京生まれだがほとんど生涯

を大阪で過ごした人である。好日山荘の西岡一雄さんと親しく、その縁で加納一郎氏の紹介で住友電気工業の前身の住友電線に入社されたと聞く。戦前に大活躍したあの有名な住友山岳会の一員だ。平成四年に奥さんの実家に近い川崎で亡くなられている。享年八十一歳だった。

諏訪多さんの内外の文献によるヒマラヤ研究は山を知る人の間では有名で、その道の第一人者であった深田久弥氏にもいつも資料を提供しておられた。今回の本は、生前公けにされた三百篇にものぼる評論や論文の中からヒマラヤに関する研究を抽出、精選して出版されたものである。編集には薬師先生のほかに、故人や深田さんと親交の厚かった東京の雁部貞夫さんがあたられた。それにもう一人やはり諏訪多さんと同じ大阪在住で故人と深い親交のあった吉永定雄さんも協力しておられる。

内外の文献を駆使して書かれたヒマラヤの山と人の研究の数々は、興味を持つ読者には大満足をしていただける内容になっていた。この本は八百冊作ったが、著者が設立から関わりのある日本ヒンズークシュ・カラコルム研究会のメンバーや日本山岳会の中のヒマラヤに興味のある方々で早々に売り切れてしまった。

この本のもう一人の編者である雁部貞夫さんとのお付き合いはこの時からはじまった。雁部さんは自身ヒンズークシュ、ヒンズーラジに多くの足跡を残されている登山家だ。それに深田久弥氏とは生前に親交のあった関係で、シルク

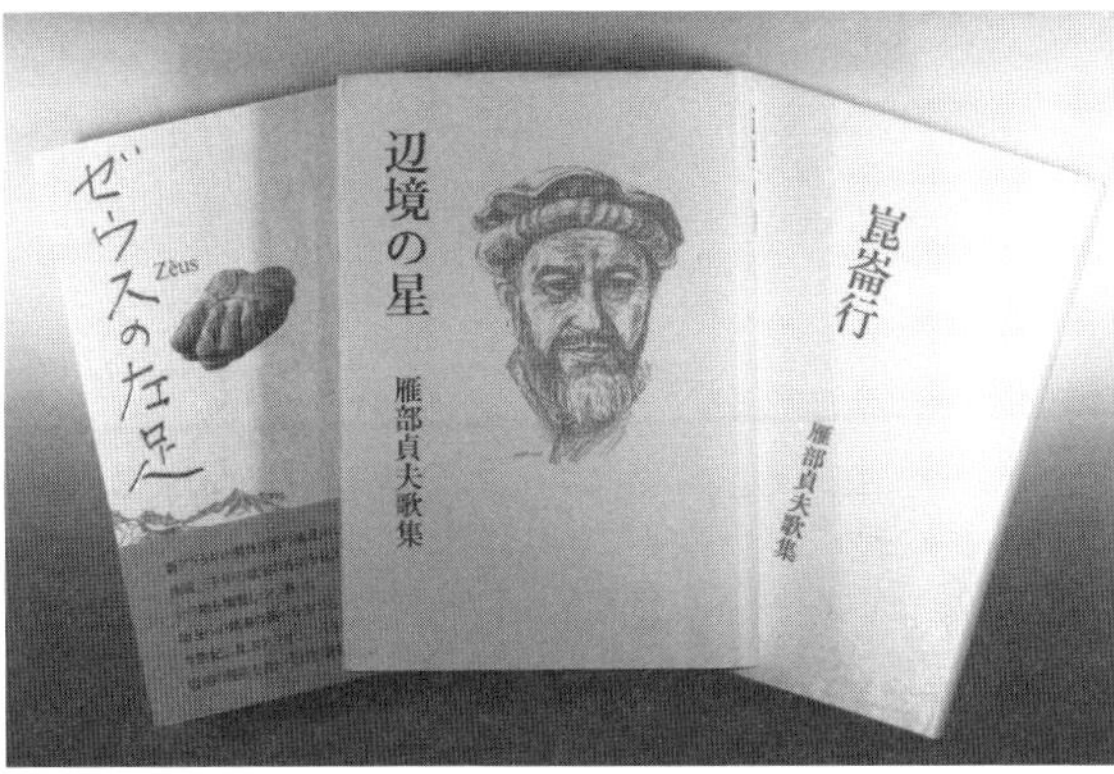

ロード関係の翻訳も何冊か出されている。またアララギ派の歌人でもあり、『崑崙行』『辺境の星』『琅玕《ろうかん》』（いずれも短歌出版社）『ゼウスの左足』（角川書店）などという立派な歌集を上梓しておられる。二〇一一年には島木赤彦賞を受賞されている。アララギ派の選者である関係上、各地の歌会に出席されるので、よく京都にも立ち寄られた。その折りにいろいろ本の企画をもらった。『ヒマラヤ山河誌』に続いて、次節で紹介する宮森さんとの共著『カラコルム・ヒンズークシュ登山地図』も雁部さんからの企画だった。先生には古き良き時代の文人の面影が感じられ、いつも大学の先生ばかりと付き合っている私には新鮮だった。

そして、二〇〇五年に『岳書縦走』を出版させてもらった。この本は、かつて十一年の長きにわたって「岳人」の書評欄を担当されていたときの山書の論評約百三十篇をひとつにまとめて編集しなおした本だ。山岳名著のオンパレードで、山書好きの人には堪えられない書物となっている。この本は日本山書の会の方々が好きそうな本だったので、趣味としている人のために特装本も百冊ほど作ったが、本の出る前に予約でいっぱいになってしまった。それは歌人としての雁部ファンの人たちの分をプラスするのを忘れていたからである。装丁は普及版ともども、小泉弘氏にお願いをした。つづいてもう一冊『秘境ヒンドゥー・クシュの山と人』（二〇〇九）も作っていただいた。この本は半世紀近くのヒンドゥー・クシュ通いの成果を古稀記念に集大成された本である。両方と

も私にはたいへん興味のある内容で、楽しんで読ませてもらった。

大阪の吉永定雄さんとも前述の翻訳の本以来親しくなった。最近では、好日山荘の大賀壽二氏の原稿を紹介してもらった。大阪の山とスキー用具専門店「好日山荘」は近年店を閉じたが、その好日山荘の歴史、特に登山用具の歴史は日本の登山史と深く関係するもので、記録して残しておく必要のあるものだと強く感じて、採算を二の次にして引き受けた。著者の大賀さんは、戦前の名著『泉を聴く』（朋文堂、一九三四）で有名な西岡一雄氏の後を受けて近年まで好日山荘を経営されていた人だ。この本は西岡さんが昭和三三年（一九五八）に発表された『登山の小史と用具の変遷』（朋文堂）の後をうけて書かれた用具変遷史であるが、実際の原稿を見てみると、その内容は用具の変遷史もさることながら、それよりも、藤木九三、水野祥太郎、諏訪多栄蔵など関西の著名な岳人との交流のエピソードの方が興味深かった。『好日山荘往来』という書名がそれをものがたっている。関西登山史の外史のような趣があって、読みものとしてはこちらの方がおもしろい。

序文はこの頃いろいろお世話になることの多い日本山岳会関西支部長の重廣恒夫氏にお願いした。本は上巻が二〇〇七年春に完成。つづいて下巻も二〇〇八年に完成した。出版記念会は大丸山岳会ＯＢの藤木健策さんに大変お世話になって盛会だった。

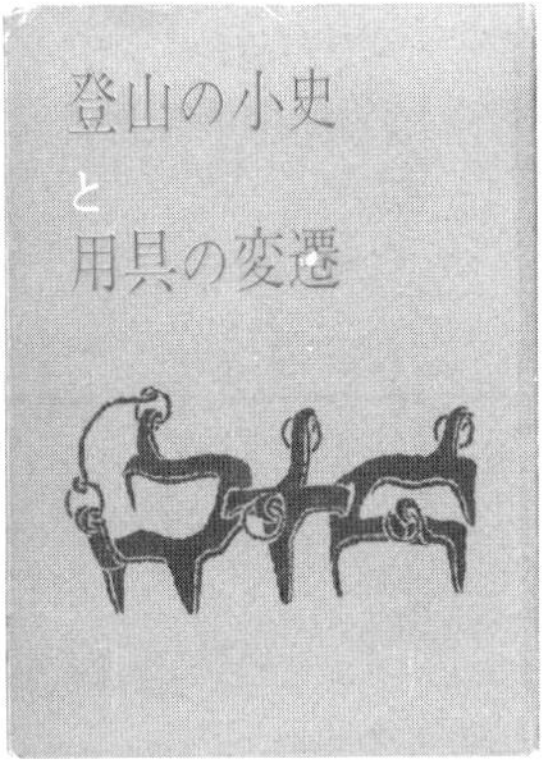

「蔵書の行く末」

山書収集家の人たちは皆さん自分の集めた本の行く末について気にしておられることと思う。もし息子や近親や親友の中に同じ趣味の人がいれば何も問題はないが、そのような例は少ない。かといって古書店に売るとなると、この頃では古書の値段も下がっているし、わずかなお金にしか換わらない。それでは何処かへ寄贈でもしようかと思っても、よほどのコレクションでないと受け付けてもくれない。たとえば日本山岳会に寄贈したとしても、その本が今、山岳会に収蔵されている本よりも美本でないかぎり、重複する本は愛好者に転売されてしまうから、たぶん一《パーセント》も日本山岳会には残らないだろう。一《パーセント》しか残らないのは図書館へ寄贈した場合も同じことである。さてそれではどうしょう。

話は少しそれるが、蔵書にまつわる話を少ししてみよう。江戸時代末期の名古屋に日本一大きな貸本屋「大惣」があった。明治に入りグーテンベルグの印刷機で大量に本が作られるようになると、反動として大惣のような貸本屋は衰退していく。やがて明治の三十年ごろには店を閉じる事になり、膨大な蔵書は売りに出される。この「大惣本」は量といい質といいたいへん貴重な資料なのでそれを政府が買い上げることとなる。そして東大、京大、帝国（国会）図書館、高等師範（現筑波大学）の各図書館に分配される。演劇関係の書物は早稲田大学にも入ったと聞いている。ちなみにそれを仲立ちするのが古書店だったころの吉川弘文館であった。

わが山書棚

ところが半世紀も経たないうちに関東大震災である。そして第二次世界大戦の空襲である。東京にあった大惣本は壊滅的な被害を受けてそのほとんどが消滅する。唯一京都大学に分配された一万四千冊だけが、爆撃をうけなかったのでそのまま現在も残っている、という話がある。

薬師先生は富山県の立山山麓の芦峅《あしくら》にある立山博物館に寄贈することを勧めておられる。すでに吉澤一郎文庫、諏訪多栄蔵文庫、加茂整文庫などが保管されている。先程の大惣本の件と対比すると、確かに都会の大災害からはのがれることができるし、立山博物館は保管するのにふさわしい場所といえるかもしれないが、私はやはり図書は閲覧にも便利なところに置くべきだと思う。なかなか立山までは足が運べない。

そうすると、やはり二一世紀はインターネットでということになるのだろうか。例えば一橋大学の「針葉樹会」の人たちの蔵書はネットで調べると所在は一目瞭然。しかしその後が続かない。吉澤一郎氏の蔵書は前述の立山博物館にあると書いてあるが、博物館の方が当方のメールに詳しくは反応してくれない。早く本の中身が電子化されてプリントアウトして出てくるようになってほしいものだが、いつのことなのか、いまだ整理もできていないと聞いている。

こんどは理想的な経過をたどった山書群の話をしよう。

丸善の洋書部におられた小林義正さん（一九〇六―七五）が蒐集された日本一ともいえる山の書物群「高嶺文庫」（約三千冊）が、同じく丸善ＯＢの「比良の

わが山書棚

父」角倉太郎氏の仲立ちで、蒐集家の後輩ともいえる京都のイセト紙工の社長・小谷隆一さん（一九二四—二〇〇六）に移ったのは、山書好きの人の間では有名な話だ。

小谷さんが京都市の商工会議所副会頭や公安委員長を兼任しておられた頃にその書庫を見学させてもらったことがある。洋書、和本も多数あり、新たに加わった高嶺文庫も含めて「小谷コレクション」は七千冊にもなるという膨大なものだった。そしてあの有名なシュラーギントワイト兄弟の世界一大きい？ともいわれるヒマラヤの探検記を書庫の中にある耐火庫から出して見せてもらった。「中西君、僕は車庫の上に書庫を造ったのと違うよ。書庫の下をたまたま車庫にしただけだよ。」と笑っておられた。

しばらくの間というか、三十年ほど楽しまれた小谷さんがやがて今度は小林さんの立場になられる。そして「小谷コレクション」七千冊は熟考の末に信州大学に二〇〇二年に設立された山岳科学研究所に寄贈される。信州大学はこの「小谷コレクション」はまとめて保管するということだ。

小谷さんは京都二商在学中に森本次男先生の薫陶を受けて山が好きになられ、アルプスに近い旧制松本高校（現信州大学）に入られた。そして山岳部で活躍された。そのことが寄贈先として信州大学を選ばれた第一の理由だろうが、研究所設立に関わった梅棹忠夫氏（民族学博物館名誉館長）の口利きもあったということだ。

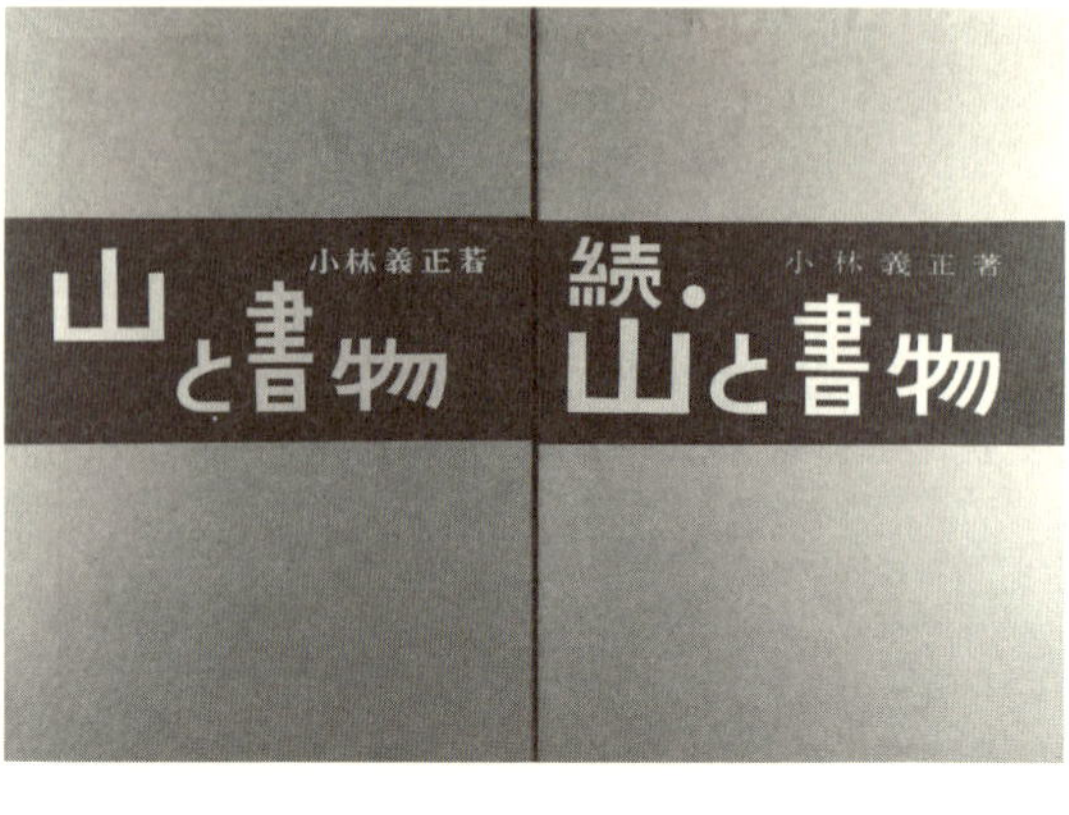

戦後すぐ復員され復学された小谷さんは、一年後輩で後に作家になるドクトルマンボウ・北杜夫氏と同寮ですごされたと聞いている。後年、小谷さんが隊長としてカラコルムのディラン峰(七二七三米)に遠征されたとき、ドクターとして北杜夫氏が同行され、それが『白きたおやかな峰』という小説になった。同じく作家の辻邦生氏とも同級で同寮だったそうだ。小谷さんはその後東大に進まれたのだが、書物群は東大のような大きなところに寄贈されるよりも新設の山岳研究所に寄贈されたのは正解だと思う。めでたしめでたしである。

蛇足。しかし私のような一般人からみれば、山書の収拾も骨董の収拾も所詮は大人のお遊び。世の中には一年にゴルフや飲み代やギャンブルに百万円以上使う人はざらにあるだろう。それと同じである。このコレクションで三十年も楽しまれれば元は取れたと言えるのかも知れない。とはいうものの、信州大学から感謝状を一枚貰われたときの小谷さんの心境を思うとき、冷たい風が体の中を通り過ぎてゆくように思うのは、私のごとき下衆の勘繰りというものか。小谷さんも「あの本だけは手元に残しておきたかった」と何回も思われたことだろう。人ごとながら、森本次男さん関係の貴重な本や資料は信州大学へ行っても猫に小判のような気もしないでもない。

私は齢七十五歳を超えた今でも、まだ本を集めている。さて先行き手持ちの山書はどうしようか。幸い会社に保管できる場所があるので、死んでも十年ぐらいは飾っておいて貰おう。そのくらいがささやかな希望である。

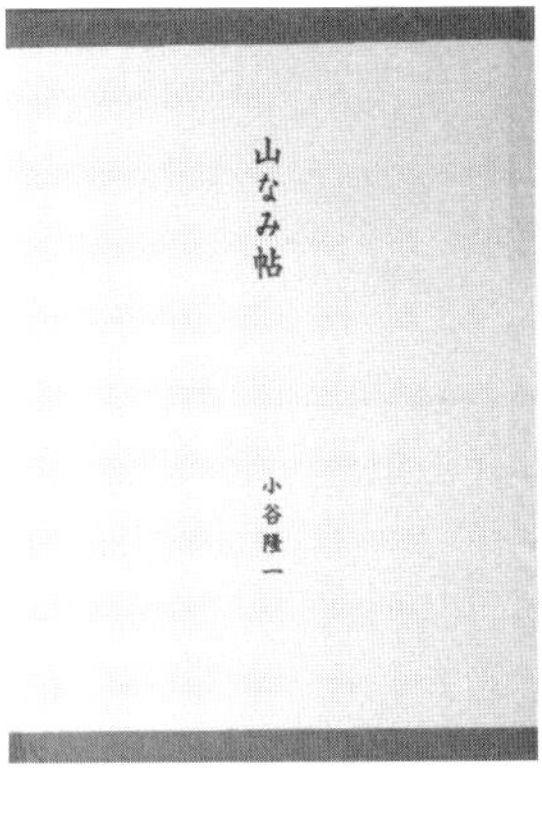

最後に蔵書の行く末のエピソードを一つ。

古書店から十年程前に買った本に下段のような蔵書印が押してあった。本はパウル・バウアー著、伊藤愿《げん》訳『ヒマラヤに挑戦して』（黒百合社　一九三一）というものである。この本をなぜ買ったかというと、前述の京大学士山岳会の歴史を綴った『ヒマラヤへの道』の最後に出てくる「本会会員の著作のうち関連が深いもの」の一冊に挙げられていたからである。本の副題として「一九二九年、カンチェンジュンガを目指したミュンヘン・アカデミーの登山報告書」とある。

この本が戦前の京大のカンチェンジュンガやK２登頂計画の源のようだ。今西さんに言わすと、「バウアーの「これ〱」という本が出たので伊藤愿に訳させたら非常におもしろくて、二万円（当時）でヒマラヤへ行けるということがわかった。これが京都大学（学士）山岳会の創設をめざすきっかけになっている。」という由緒ある本である。

そして第二次世界大戦を越して一九七三年の西堀栄三郎隊による京大念願の八〇〇〇米峰・ヤルンカン（八五〇五米）初登頂につながっていくのである。初登頂の詳細は『ヤルン・カン』（一九七五　朝日新聞社）にゆずるとして、初登頂の際、西堀隊長から託された伊藤愿のセルロイドケースに入った遺影を故松田隆雄隊員が頂上に埋めたことを同行の上《あげ》田豊隊員が『残照のヤルンカン』（一九七九　中公新書）に書いている。

さて私の手に入れた本は古くなっているがあまり読まれていない（汚れていない）美本である。前頁図のような「三高山岳部印」という朱印が押してある。そして翻訳の本には後半「日誌」の部分に原本からの脱落箇所があるので、その部分の翻訳が頁下に丁寧なペン字で書き加えてある。この字が伊藤氏の字なら、と思い、娘さんの書かれた『妻におくった九十九枚の絵葉書―伊藤愿の滞欧日録―』（二〇〇八　清水弘文堂書房）の中のハガキの文字と比べてみたが、はっきりとはしなかった。このペン字は誰だろう？　斎藤清明さんに鑑定してもらいたいと思っている。因みに伊藤さんは甲南高校（旧制）出身で今西先生より六歳下である。

この本は東京の古書店から買った。多分、旧制第三高等学校が閉校の時に三高山岳部から持ち帰り、やがてその方も亡くなり遺族の人が売りに出したということだろう。それが廻りまわって三高の本を扱っていた本屋の小僧の所へ戻ってきたというロマンのある話である。三高山岳部の蔵書がどこかにまとまって在るのなら返却してもよいが、なければ私が所有していても悪くはないと思っている。

こんな話の一つや二つは蔵書家なら誰にでもある話かもしれないが、一寸書いておきたかった。

世界で一番くわしい山の本

―秩父宮記念山岳賞受賞の本―

「わが社で一番大きな本をつくる」

日本山岳会に「秩父宮記念山岳賞」という名誉ある賞が創設されたのは一九九八年のことである。その賞は「山」に関連する顕著な業績に対して与えられる。(イ)優れた登山活動。(ロ)「山」に関する人文・社会・自然諸科学の研究成果。(ハ)「山」を対象とした芸術作品。が表彰の対象分野となっている。その記念すべき第一回は前章に登場していただいた薬師義美先生が労大作『ヒマラヤ文献目録』(白水社)で受賞されている。

宮森常雄さんが『カラコルム・ヒンズークシュ登山地図』で受賞されたのは二〇〇二年、第五回のことである。とはいっても本はあくまでも成果物であって、宮森さんの長年に亘る研究とその成果に対しての受賞である。

その年晩秋に催された日本山岳会の晩餐会には、受賞作である横に継ぎたすと左右四米にもなる、長大なカラコルムからヒンズークシュまでの地図を会場の一角のパネルに貼りつけた。それを見た会員の人達は、地図の大きさとその地図の細密な記述に感嘆の声をあげておられた。受賞記念講演で宮森さんがこの地域の山名の同定に関する話をなさったが、これはこの地図の作成過程でもあり大変興味あるお話であった。

『カラコルム・ヒンズークシュ登山地図』は小社の出版物の中で一番大きな本である。ケースの大きさは縦三八センチ、横二三センチ、束（厚さ）八・五センチもある。そしてその中には「カラコルム・ヒンズークシュ登山地図」と「カラコルム・ヒンズークシュ山岳研究」のほぼ同束の二つの箱入りの本が入っている。前者の方には、つなぐと幅四米超になる十五万分の一の五色刷りの地図一二枚（ほとんどがA全版）とバルトロ氷河のコンター入り七万五千分の一の美麗な地図が一枚入っている。全図の方はカムカルテ（Kamm-karte＝等高線ではなく、尾根を太線でたどり描く地図）だが、それでもこの地域の世界で一番詳しい山岳地図である。この地図が出版されると日本以外の国からも注文が来ることが予想されたので、外国の人達にも読めるように、地図上には一切日本語を使用せず、英語表記で統一した。

　地図の範囲であるが、ヒンズークシュ山脈のアフガニスターン側すなわち中部と西部は編集段階で省いた。残念なことだが、出版した当時はアフガン戦争の最も激しい時だったからだ。この一帯は戦場と化し、とうてい登山ができるような状況ではなかった（現在もそれは続いている）。この中西部の地域には、コー・イ・バンダカー（六八四三米）ほか何座かの六千米峰がある。またバーミアンの南西のコー・イ・ババ山群にも五千米クラスの峰々がある。しかし概してチトラールの北に座するティリッチ・ミール（七七〇六米）より西、すなわちアフガニスターン側に入ると山々は全体的に高度を落としていき、それに従

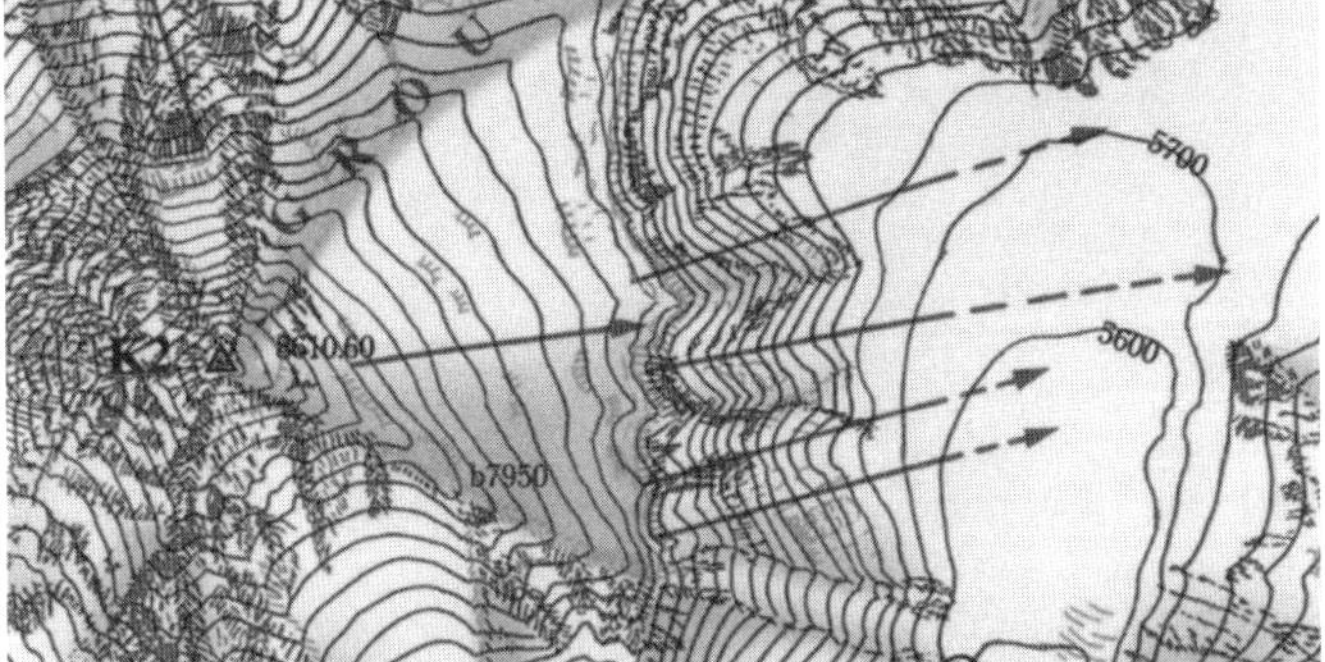

『カラコルム・ヒンズークシュ登山地図』より「K2東面」の部分。矢印は雪崩の方向を示す。

って魅力も少なくなっていく。このアフガニスターン中西部の山岳地図も出来上がっていたのだが、著者と相談の結果、割愛することとなった。

またカラコルム山群の東南のカラコルム峠付近の中国インド国境紛争の地域やインドとパキスタンの間で領有権をめぐって長い間にわたって紛争が続いているカシミールに近い地域は、近年は登山許可がほとんどおりていない。それでこの地域の情報が少し古くなっているのは仕方のないことだった。

本が出版された次の年、二〇〇二年に、現在インドで発行されている「ヒマラヤン・ジャーナル」の編集者であるH・カパディア氏の尽力で、日印合同東カラコルム踏査・パドマナブ登山隊が、特別にその地域に入山できた。そして日本人が約一世紀ぶりにカラコルム峠に立った。そのあと隊はセントラル・リモ氷河から氷河上の最高点イタリアン・コルを通ってパドマナブ(七〇三〇米)に初登頂。そしてテラム・シェール氷河の秘境・アイスキャップにも初めて足を伸ばすという大成果を挙げた。地図でいうと、カラコルムの南端に近い、サセールカンリ(七六七二米)、マモストンカンリ(七五一六米)、リモ(七三五八米)の東側面をシャヨック川に沿って北上し、そして西へ転じて西側面のシヤチェン氷河からヌブラ川を巡るという、すばらしいコースをこの探検隊は歩いたのだ。帰国後にその山行のVTR『東カラコルムの未踏峰へ』が発売されたので、早速に買って見せてもらったが、なんとうらやましいかぎりであった。

登山隊のコースが発表になったとき、宮森さんの地図を見て、パドマナブを

探したがなかった。その地域には六九九〇米峰は書いてあったが七〇三〇米のパドマナブは記載されていなかった。このように、まだまだ地図には未完成の部分もあるが、それでもそれらは全体からみると泡沫的なことで、この地図の評価を落とすものではない。

一九六〇年代、ネパールのヒマラヤ登山が禁止になった時代に、その反動としてヒンズークシュやヒンズーラジにたくさんの登山隊が世界中から入った。なかでも日本の登山隊が世界で最も多く、約二百隊は入山したという。だからこの地域の山の情報は日本にいちばん多く集まったし、地図が作りやすい環境にあったともいえるのである。宮森さんは自分で歩かれた地域にプラスして、数々の日本の登山隊が写した写真と地図を集めて基礎を作られ、それに、世界中の登山隊の書いた報告書や地図もオーバーラップして全域の地図を作られた。前述のようにカムカルテではあるが、それでも膨大な仕事で至難の労作である。それを長い年月をかけて改訂増補を繰り返して完成された宮森さんにはただただ敬服するばかりである。

もう一方の本、「カラコルム・ヒンズークシュ登山研究」は、A4版横開き三七一頁で、地図と対応して山の戸籍が綴られている。その二五五頁までは地図と同様、この地域にある六〇〇〇米以上の全ての山が山域ごとに分類して記載されている。そして細かい山域グループごとにその地域の登山史と共に、各山ごとに正確な位置、標高、初登頂の隊と国名などが記されている。それにも

宮森氏(中央)と雁部氏(右)。会津 宮森酒造にて

うひとつすごいのは、この山域によほどの関心のある人以外には初お目見えの俯瞰写真が山、山系ごとに豊富に付いていることである。今後この地域の山に登ろうとする人にとって、これ以上の資料はない。それに、これは我田引水かもしれないが、地図および本に出てくる山名の索引が正確に付いているので、全ての山について速やかに地図上でも位置などが検索できるのはありがたい。私も本の完成後によく利用させてもらっている。

そして、最後の約一〇〇頁には雁部貞夫氏のこの地域に関する論文である地名考や言語研究が参考資料として付されている。地図はもちろんのこと、この本だけを取り上げても今までに類を見ない内容のすばらしいものだと自負している。

地図の用紙には王子製紙の合成紙のユポを使用した。昭文社の登山地図などで使用している、雨のときは合羽にもなるという、水の染みこまない紙である。印刷は、地図のほとんどが全判か半裁で大きいので、それがこなせる大きい会社がよいと思い大手の凸版印刷に依頼した。（この印刷のことについては余談があるので、後でもう一度書こう。）

「ドイツ人・ハイシェルさんのこと」

地図の完成間際のことだが東京の雁部さんから、日本滞在中のドイツ人が地図をぜひ見せてほしいと言っている、との連絡があった。旧東ドイツ、ドレス

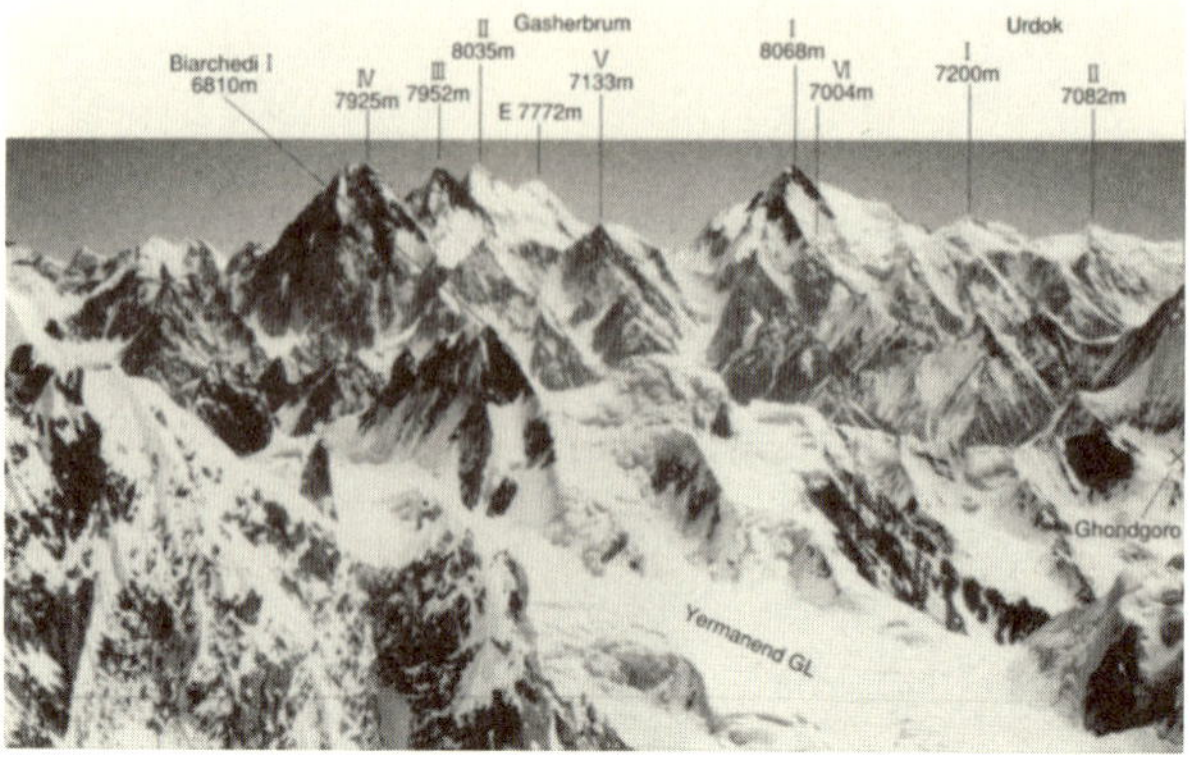

『カラコルム・ヒンズークシュ登山研究』より
ガッシャーブルム山群、マッシャーブルムから
（須藤建志氏撮影）

デンの郊外の町に住んでいるウォルフガング・ハイシェルという人で、カラコルム、ヒンズークシュの情報を精力的に集めている人らしいのだ。本の完成前に見せるのもおかしな話だが、先方の日本滞在期間との関係もあり、それに別に悪用されることもなかろうから、宮森さんの許可をもらって、ハイシェルさんに京都へ来てもらった。

その当時のナカニシヤ出版は手狭で、社内には四米もの地図を広げる場所がなかった。それで友人であるお寺の住職に本堂を借りて地図を広げた。ハイシエルさんはお見かけしたところ四、五十代、がっちりした体躯で登山家らしい精悍なところは見られるが、おとなしそうな人だった。京都に入られる前日にハイシェルさんを雁部夫妻と一緒に、泊まりがけで琵琶湖西岸の朽木村へ猪を食べに招待した。そうしたら地元の朽木山行会のご老体連が、猪ではなく、その日獲りたての鹿肉で歓待してくれた。飲んだり、歌ったりの大宴会になった。ハイシェルさんは日本の田舎を満喫され満足そうだった。そんなことで、次の日に地図を見る時には忌憚なく何でも話せる仲になっていた。しかしハイシェルさんは旧東ドイツの人、ロシア語は堪能でも英語は私と同じくらいのレベルなので、難しいことはお互いに意思が通じなかったのは残念だった。

地図を見たハイシェルさんは一ヶ所に集中して、ここは尾根が間違っている、とか言いだした。それはハイシェルさんが自分で行ったことのあるバツーラ山群のあたりだった。私はこんな調子で全体を見れば他の地域からも間違いが出

ハイシェルさんを囲んで宴会。朽木村にて。右からハイシェルさん、雁部貞夫氏、私、中野朽木山行会会長、中村さん（二〇〇一）

てくるのかと心配になった。すると横にいた雁部さんが、ハイシェルさんの日本語がわからないのを幸いに、彼はあの地域だけが詳しいんだ、と呟いておられ、ひと安心した。その部分はまだ訂正がきいたので、校正段階で雁部さんから宮森さんに話してもらい訂正した。

ついでにハイシェルさんのその後のことを書くと、その折りの旅行では、帰る前に雁部さんの案内で、神田の古本屋でたくさん山の本を買って帰国されたということだった。そしてその帰国後のことだが、私の所だけではなく、雁部さんやヒマラヤ協会の山森欣一さん、そしてJACの松田雄一さんなどに、これこれの本を探してほしい、というファックスがたびたび入りだした。私も始めは丁寧に応対していたのだが、かなり執拗で、最後は、またか、となり、ずいぶん苦労させられた。近年、中村保さんがハイシェルさんのお宅へ行かれ、滞在記を何かに書かれていたが、相変わらずヒマラヤのクロニクル作りに熱中されているそうだ。どうも熱中度では世界で一、二を争う御仁のようだ。

「世界へ向けて本を売り出す」

このように、外国の人も含めて、カラコルムやヒンズークシュの山に登ろうという人にとっては必携の地図と本が出来上がったのである。インドで発行している「ヒマラヤン・ジャーナル」に広告を掲載すると、イギリス、フランス、スペイン、アメリカなどから注文がきた。ドイツは薬師先生お知り合いの山書コレクターの方から纏めて三十冊ほど注文がきたし、先程のハイシェルさんからも二〇冊送れ、と言ってきた。イギリスのアルパインクラブからは素晴らしい本が出たらしいが、どのような内容か、と問い合わせが来た。それで、一冊献本をして、内容に不満がなければ会報に紹介文を書いてほしい、と言ったら、早速、会報にニュースとして掲載してくれた。名誉なことである。結局一〇〇冊ほどが外国で売れただろうか。

一方日本でも一冊三万三千円もする高い本なのに、大勢の方に買ってもらった。ガッシャーブルムⅡ峰ほか多数のヒマラヤの山に登っておられるクライマーの寺沢玲子さんが、何かのときに「千円のTシャツを買うのはすごい度胸がいるけど、あの三万円は私には三万円どころじゃない価値がある。」と書いておられるのを読んで大変うれしかった。作った自分もときどき取り出しては夢の時間を過ごさせてもらっている。

しかし残念なことに肝心の図書館が買ってくれなかった。理由は、この本は本とはいうもののケースの中にバラバラになる地図が入っているので管理が出来ないというのだ。そういえば学研の『世界山岳地図集成』は地図をもっと切り刻んで、B４判の地図帳一冊に製本してある。しかし今度の本は作る最初の段階で、あの学研の本のように一つひとつの地図の範囲を小さく狭くしてしまうと系統的に見にくいので地図を大きくしよう、というところから始まっているので、どうしようもないことだった。とはいえ最低五〇〇冊程は図書館の購

「ヒマラヤンジャーナル」に広告を載せる

入を見込んでいただけに、こんな重要なことに後で気がつくとは、プロのやることではなかった。何か方法があったはずである。この点は大失敗だった。

先程、後述するといった印刷のことでの余談だが、それは次のようなことである。大判の印刷物に対応するには大きな印刷所がよい、ということで大手の凸版印刷を指名したのだが、校正が進むうちに、担当の人が多忙で、大阪から出てこられないときには、下請けの人を直接よこすようになった。もちろん凸版印刷が下請けを使うということはよくあることだろう。しかし、自分で持ってこずに直接下請けに持って来させるとは無責任きわまりない。その下請けのF・Wという版下屋さんは、小社から比較的近い京都市内の下鴨にあることがわかった。

校正の往復を繰り返す中に、その版下屋の主人の橋本さんとはだんだん親しくなって、仕事以外の話もするようになった。聞いていると、彼も山が好きな人だとわかった。ある時、「僕の登った山が地図にも、本にも載っています。」と喜んでいるので、「どの山ですか?」と尋ねると、彼はラカポシの南でギルギットからも比較的近いビルチャール・ドバニ(六一三四米)を指した。確かに初登頂は登攀倶楽部京都隊、池内功、橋本優と書いてある。「すごい事をやっている人だなぁ」と思わず顔を見直した。

それ以来、橋本さんとは大変親しくなって、今では小社の印刷物をたくさん取り扱ってもらっている。これも山好きの縁というものだ。

ビルチャール・ドバニ頂上の橋本さん。後背はラカポシ。

「秘境ワハーン回廊の探検本」

広島大学医学部山岳会所属で産婦人科医の平位剛先生が『禁断のアフガーニスターン・パミール紀行―ワハーン回廊の山・湖・人―』をわが社から上梓されたのは二〇〇三年一二月のことだった。宮森さんと同じで、この本でというわけではないが、平位先生の長年に亘るワハーン探検の業績に対して、次の年に第七回秩父宮記念山岳賞を受賞された。

　ワハーンとは、世界地図を見てもらうとわかるのだが、アフガーニスターン（平位先生の書き方）の北東部に盲腸のようにつきでた部分である。そこがワハーンとかワハーン回廊と呼ばれるところである。現代になって世界で秘境と名の付く所はほとんど無くなったが、ワハーン回廊は残された秘境といっても過言ではない。もともとはシルクロードが通っていて、三蔵法師も通ったし、唐の高仙芝の遠征軍、マルコポーロも通っている。しかし十九世紀後半になるとこのインド西北部の一帯ではイギリスの北進とロシアの南進のいわゆる〝グレートゲーム〟の衝突がはじまった。その結果としてワハーンがその緩衝地帯となって残ったのである。爾来、二十世紀に入ってから現在までも長い間外国人の入国禁止が続いてきたので、きわめてわずかの探検家達の記録しかない地域なのである。

　このワハーンについては、一九世紀の中頃にイギリスの探検家ジョン・ウッ

ドが、ワハーン回廊の奥のヴィクトリア湖を再発見したときの記録があるが、平位先生の本はそれと比肩する一六〇年ぶりの記録・紀行である。

　ではなぜ平位先生だけがそのワハーン回廊に入ることができたのか。それを一言で言うと先生が医者だったからであろう。当時、アフガーニスターンの中央部はターレバーンが支配していたが、ワハーン回廊はターレバーンに反抗する北部同盟のマスード将軍の傘下にあった。先生は二〇回以上もアフガーンに行かれているうちに、医師としてもマスード将軍と親しく付き合うようになり、将軍の身内の病気を治したりされたことから、丁重な扱いを受けられるようになったのである。マスード将軍はアフガーン戦争の最初の頃にターレバーン側に暗殺されるのだが、ワハーンはその後も北部同盟の支配下にあったので、先生だけが一九九九年から二〇〇一年まで、北部同盟の庇護のもと特別に三回もワハーンへ潜入することができたのである。いわばこの本はワハーンの独占レポートともいえる。そのようなわけで、シルクロードの歴史に関心のある人にとっては、また南パミールの山の現状を知りたい人にとっては、内容は新鮮で、かけがえのない本なのである。

　ところがである。まだこの本が原稿段階のときに予期せぬ出来事が起こった。二〇〇一年に中国側から許可もなしに、鶴田真由という女優を連れた日本のテレビクルーがワハーンに入ったのである。帰国後、それが日本で特番としてテレビで放映された。後で平位先生にお聞きした話だが、この人たちは直ぐにワ

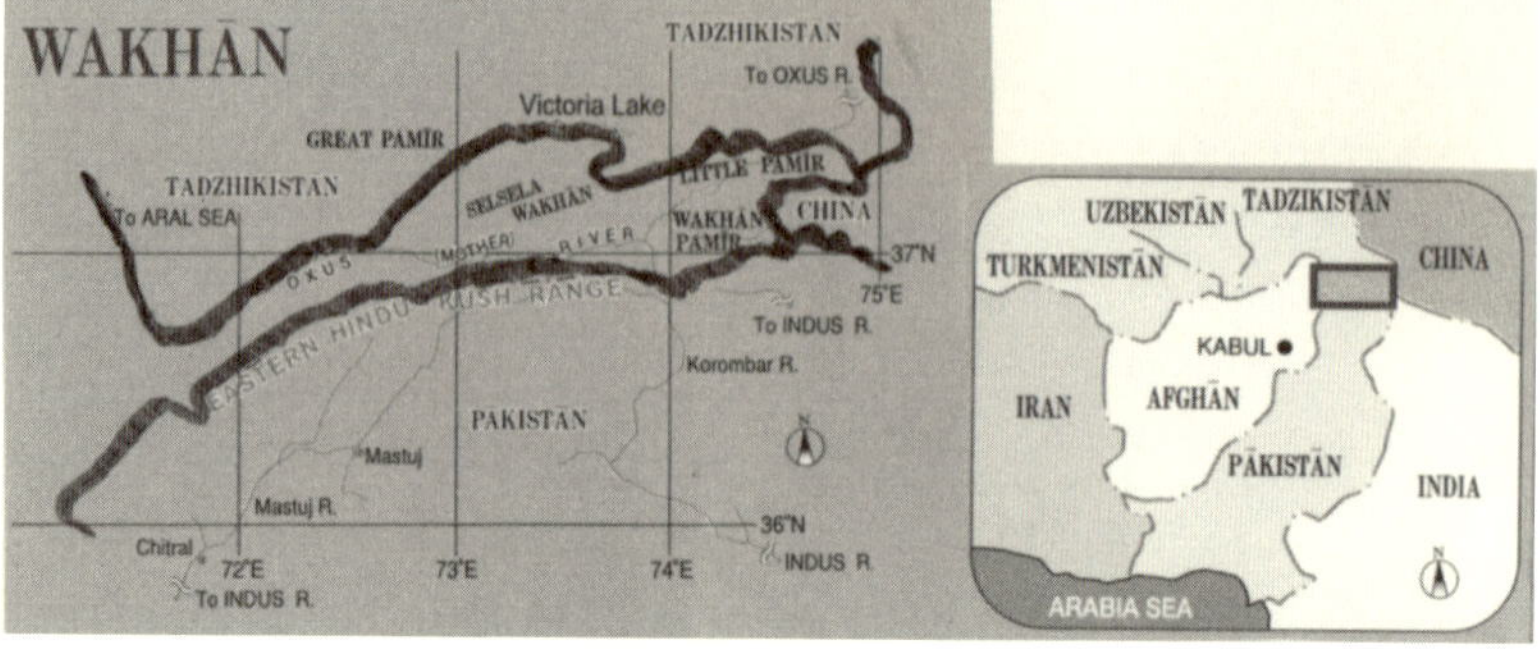

ワハーンの概略図

ハーンから追い出されたそうだ。実際、映像も中国側ばかりの描写で、ワハーン側の映像は峠付近だけで、ほとんど画像がなかった。小社はその番組に宮森さんの地図を提供したこともあって、制作協力者としてテロップで社名が流れた。平位先生ももちろんそのテレビをご覧になっていたので、早速、次の日に電話がかかってきた。この事件をはずみとして先生は本作りを急がなければならないと思われたのは確かだ。私は前もって岐阜の高木泰夫先生からあらかたのお話は聞いていたので、すぐに平位先生とお会いすることになった。

そして京都駅前のホテルで平位先生に初めてお目にかかった。それは先生がちょうど日本山岳会広島支部長を辞められた頃だったと思う。先生は一九三一年のお生まれ、広島大学医学部の出身で専門は産婦人科。大学病院の他、各地の院長を歴任されている。広島大学医学部山岳部ОＢで、若いときからパミールやパキスターン側のヒンズークシュ、ヒンズーラジに何回も入山されている。そのころのワハーンの山にも登頂記録が残っている。お会いしたときに、先生は少し肥満気味だったが、ワハーンへ行くと粗食になるから糖尿は直るんだ、と豪快に笑っておられた。

原稿はそれからすぐに到着した。原稿量から積算すると、Ａ５判で写真や地図も含めると五〇〇頁は確実に越えそうだった。今の時期、山の本はそんなにたくさん部数が売れるとも思えないので、小社で製作しますと千部では六千円以上の定価になりそうです、そうすると値段が高いので千部売るのが難しくなる、と申しあげた。それで少しは安くなる方法として、小社が製作費だけをいただき、先生の自費出版にされるよう提案した。自費出版だと少し定価を安くつけることができるので、と言うと、先生も値段の六千円は高い、下げたいと思っておられたのですぐに了解された。自費出版に決まると先生は即、三千八百円の値段にするとおっしゃった。それは全部売れても先生は赤字、という定価設定だ。さすがにお医者さんは太っ腹だ。

本の内容はもちろん、本のボリュームの割りに値段が安いこともあって買いやすかったのか、直ぐに売り切れた。あと五百冊は売れたと思う。でも再版をすればするほど先生の赤字が増えるわけだからそれは出来ない。それで初版だけで絶版になった。この本は多分将来、古本市場で高くなると思う。でも小社が全面的に引き受けて六千円の値段をつければ、はたして千部は売れたかというと、それは疑問である。このあたりが出版の難しいところである。

編集者の楽しみのひとつに、著者の原稿を読者より早く読むことができるという役得がある。この本も誰よりも早くたいへん楽しく読ませてもらった。写真も初めて見るものばかりで新鮮だった。その中に先生の若いころに行かれたバーミアンの石仏の写真があったが、本作りの最中に爆破されてしまったのは、ショッキングなニュースだった。

「はじめて限定豪華本をつくる」

私はこの本で初めての試みをやらせてもらった。それは限定豪華本を作るということだ。JR御茶ノ水駅前の山の本専門店・茗渓堂の坂本矩祥さんのようなことを昔から一度はやってみたかった。

先生がアフガーンから持ち帰られた布地を使いそれを表紙にした。これが目玉である。その生地が四種類あったので、四種類の表紙の異なる本ができあがった。しかし製本の途中で、そのなかの一種類に糊をつけると縮む生地が出てきたので百冊の予定が、結果七八冊分しかとれなかった。特装本は一般に市販する本とはできるだけ差別化する必要があるので、本文はそのままだが、変更出来るところはできるだけ豪華に変えた。ケースはボールの弁当箱スタイルの物に表紙張り、その中の化粧ケースは硬いボールの張り箱にして、背タイトルは打ち抜きに墨色、著者名は白色、発行所は空打ちにした。上製本の表紙は先ほど言ったようにアフガーンの布地を貼り、本の上部は天金にした。その他背タイトルはクリーム紙に金文字、それに奉書紙巻き。見返しは市販本と色を変え、扉もまったく新しいデザインにした。そして本文の前には著者の一筆用に遊び紙を入れ、後ろには著者のサインと通し番号の入った頁を追加して貼り込んだ。

こんなことは利益の出る仕事ではないが、本作りの道楽としては結構おもしろい。くせになりそうだ。豪華本は一万三千円と高くなったが、市販本に続い

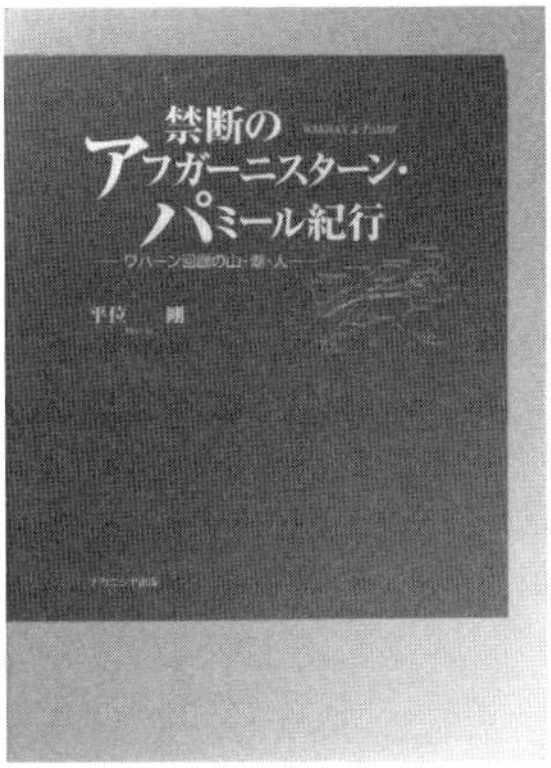

て豪華本もすぐに売り切れてしまった。

私はこの本の出来上がりで一つだけ悔いていることがある。それは本の最初にあるカラー口絵のパノラマ写真のことである。上、中、下三段の真ん中の「サユトックから東方を望む」の写真である。写真のちょうど真ん中に魅力的な六三五八米峰があるのだが、その山が本のノドの部分にあたって見えないのである。このパノラマ写真の目玉の山が見えなくては意味がない、という失敗をやってしまった。写真の左右をどちらかにずらせば済むことだったので未だに悔やんでいる。ただ一七六頁にその山のモノクロ写真があるのが救いではあるのだが。それを見られた方はこの未踏峰に魅せられることは間違いないと思うので残念である。

山の書物には、日本山書の会が在るくらい昔からマニアの人がたくさんおられる。しかしこの世界も登山界同様に老齢化し、今は人数も少なくなっているらしい。でも特装本を作ってみて百冊くらいなら買ってもらえるということがわかった。中には、私はこのナンバーで集めている、と本の番号を指定してくる人もおられた。

二〇〇五年初夏、小樽で日本山書の会の総会があった。その時に何か話をしてほしい、と山書の会の会員でいつも親しくしてもらっている名古屋の安藤忠夫さんや奈良の柏木宏信さんから頼まれた。死ぬまでに一度は見てみたいと思っていたレブンアツモリソウの開花の季節でもあったので、家内と一緒に北海

レブンアツモリソウの鉢植え。礼文島にて

道旅行も兼ねてでかけた。小樽の魚の旨い番屋のような民宿で五〇人ほどの会員の方とお会いすることができた。話を伺っていると、この方たちの趣味は山の本の蒐集だけではないことが初めてわかった。小部数を自分達だけで好きなように作って、同好の士にお互いに配付しあって楽しんでいる人がたくさんおられた。他にも豆本作りが趣味の人など、概して蒐集よりも本作りの方に興味をお持ちの人が多い世界であった。この会はもちろん会報も発行されているし、そこには私より数段詳しく、マニアックでこだわりの論文が並んでいる。私も仕事をやめたらぜひ一緒に遊ばせてほしいと思っている。

なお、第二章三節で書いたとおり二〇〇六年の第九回秩父宮記念山岳賞は山本紀夫先生が受賞された。その時に小社から『雲の上で暮らす―アンデス・ヒマラヤ高地民族の世界―』を出版させてもらっている。そして二〇〇八年には、斎藤惇生先生編集の『北アルプス大日岳の事故と事件』も賞の候補になった。

「僕の理想像のような人・南里先生」

もう一冊、これは賞とは関係はないのだが、私は賞に値すると思っているので、この章に書き加えておきたい本がある。甲南大学山岳部ＯＢの南里章二先生著の『全世界紀行―民族と歴史、そして冒険』（二〇〇三）である。先生は三十年かけて全世界独立国一九二ヶ国を全部歩かれた。その冒険、探検、登山、旅行、調査記である。A5版四六〇頁の大部な本で、汗と泥とほこりで書かれた労作である。

この本ができるそもそものきっかけは、神戸大学を定年になり甲南大学へ移られた平井一正先生が、甲南大学山岳部の部長になられたことから始まっている。山岳部OBの中に、本を作りたいと思って出版社を探しておられるとの事を先生が聞かれて、ナカニシヤから自費出版でいいから出してもらえないか、と依頼があったのがはじまりである。

南里先生は甲南大学出身で、甲南高校の社会科の先生をなさっている。住まいも芦屋で、純粋の甲南（芦屋）っ子である。お会いすると、大柄で髭をたくわえたダンディな先生だった。いろいろお聞きしているとジャズも演奏されるとか、益々、恰好のいい先生だ。しかし、原稿の内容はそんな先生とは似合わない、汗と泥とほこりの結晶のようなものである。なにしろ世界の独立国一九二ヶ国をすべて旅されたという内容である。旧制高校時代から伝統のある甲南大学山岳部の出身だから、若い頃のヒマラヤやシルクロードの登山、探検からはじまっている。そして特に私が新鮮に感じたのは、誰も行かないようなアフリカ西海岸の国々の紀行やサハラ砂漠の横断の記録である。その他にもアマゾンの川下りなどの冒険や調査など、とりあえず何処を取り上げても凄い紀行集である。一方、文明先進国のヨーロッパなどは懐かしの欧州映画のシーンと対照して書いておられるところがこれまたお洒落で憎い。とりあえず本文四五〇頁、

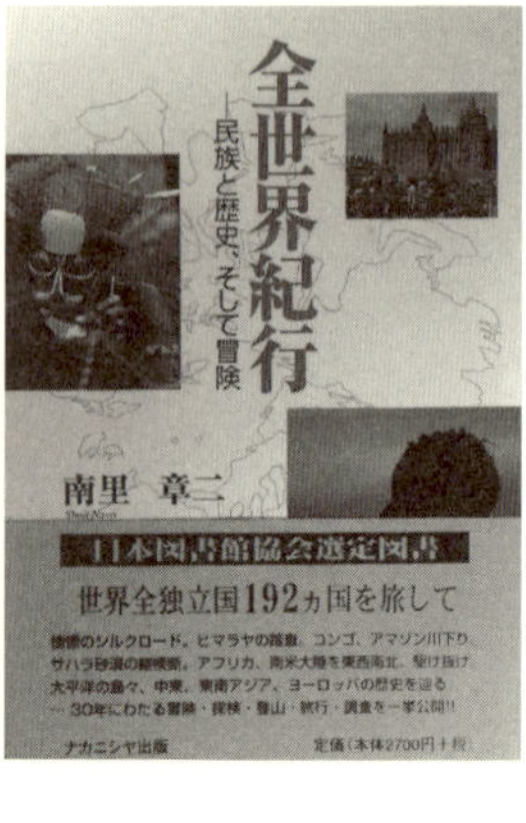

どこをとっても興味深々の本だ。本は自費出版で、もう売り切れているが、ぜひ図書館などで一度ご覧になってみてください。

「自費出版のことなど」

自費出版の話がたびたび出るので、出版事情を少しまとめて書いておこう。

自費出版の本を頂戴することがよくある。パソコンで打ってホッチキスで留めた簡単なものから、書店に並べても遜色のない出来栄えの本まで千差万別である。本来、内容（本文）が大切なのだからどのような型でもよいのだが、側《がわ》の部分に作った人の本に対する思い入れが籠っていておもしろい。

逆に小社へ自費出版の相談に来られる方もよくある。まず最初にお聞きすることは、本を作ったら知人等に配られるだけかどうかということである。配られる（献本される）だけなら出版社で作るより印刷所で作られた方が安価で出来上がるのでそちらをお勧めする。ただしその代わり、校正、図版や写真のレイアウト、装幀などは自分でしなくてはならない。日本山書の会の人達はこの工程を楽しんで自分で本を作っておられる。

では出版社へ依頼すると何のメリットがあるかというと、専門家の助言が得られて本らしい本が出来上がる。出版社のネームヴァリューで書店でも販売してもらえる。辺りへの期待だろうか。依頼者はあまり意識しておられないが、本に万国共通のバーコードが付く。国立国会図書館の蔵書として納品してもら

ナカニシヤ出版自費出版本から

える、などもある。売る方はやはり自分で頑張らないと売れないと思っておかれた方がよい。よく自費出版専門の業者が「書店にて展示販売をします」と謳っているが、それは書店に「並べる」だけで「売れます」ではない。

山の本に限定していうと、まずお話をお聞きして目次を見て、内容が読者に興味をもってもらえるかどうかの判断をする。そして他にも類書の有無、ガイド性、依頼者のネームヴァリューなども考慮に入れる。そして読ませてもらうのだが、そのまま本になる原稿は少ないのが現実である。それは出版させてもらう以上、たとえそれが自費出版といえどもその出版社の一冊になるからである。ここで原稿内容について詳しく両者で検討することになる。場合によっては原稿を追加してもらったり、削除してもらうときもある。そしてお互いの諒解が得られた場合は出版契約書をかわす。その時点で市販を含めた本の印刷部数や採算についても説明する。そしてようやく本作りが始まる。原稿内容にもよるが、それから出来上るまではまだ三ヶ月から半年の年月が必要である。

出版された本の内容が予想以上に読者の興味を引くと再版になる場合もあり、そうすると製作費が著者に戻ることもあるが、最近の出版事情から考えると可能性は少ない。ただ自費出版をされた方は、出版できたこと、本屋さんに並んだこと、新聞の書評などに載ったことなどで満足しておられるようだ。

V

ヨーロッパアルプスを愉しむ

娘と二人。エッギスホルンへのロープウエーにて

アルプスの人と自然

―わたしのアルプス印象記―

「還暦から始めたアルプス行」

私の夏のバカンスである「ヨーロッパアルプス行」は、春に到着するその年の「スイス公式時刻表」を読むことから始まる。夜、その時刻表の頁をめくりながら、その年のアルプスの山行計画を立てていると時間の経つのも忘れてしまう。以前に人文書院の先代の渡邉社長が、夜、ワイングラスを片手にピンセットを使ってダイモンジソウの交配をする楽しみについて書いておられたが、よく似た心境かも知れない。

私は還暦になった時、思う事あって「これからは毎年ヨーロッパアルプスの山へ行くぞ！」と心に決めた。本当は、ヒマラヤやカラコルムへ行きたかったのだが、残念ながら標高差千メートルのアップダウンを毎日くりかえすような山行はもう体力に合わない。ヨーロッパアルプスなら登山電車やロープウェイやリフトが完備していて、年齢相応にトレッキングができるという計算である。

そんなことで還暦(正確には還暦の一ヵ月前)以来、都合のつかなかった三年を除いて、毎年夏に二、三週間ほど、スイスを中心としたヨーロッパアルプスを単独で歩いている。スイスへ行くと私には山以外にもう一つの楽しみがある。それは私が大の鉄道ファンだからだ。スイスという国は知る人ぞ知る山岳鉄道、

スイス公式時刻表。①が列車ほか②③がバス

登山鉄道の宝庫である。九州ほどの広さの国内を、車社会にめげずに鉄道が堂々と大手を振って縦横無尽に走っている。そしてその鉄道が、隣国のイタリアなどと違って、日本と同じように時刻表どおりに正確に発着するところも、せっかちな私には合っていて気に入っている。

日本では見ることができない、マッターホルンやドロミテのような峨々たる岩峰あり、ゴルナーやアレッチのような壮大な氷河あり、「アルプスの少女ハイジ」に出てくるようなアルプの牧場あり、その中を走る鉄道模型のような登山鉄道ありで、スイスにいるだけで、私の日常のストレスは発散してしまうのである。

しかし、そのスイスもあちらこちらと十年以上にわたって歩いていると、良い意味でも悪い意味でもスイスの別の一面も見えてきた。今まであまり本には書かれていない、そのスイスで考えさせられたことを二つ三つ取り上げてみよう。

「自然を考える」

まず、絵葉書で見るあの綺麗な景色のことからはじめよう。バックにある岩峰や氷河は別にして、その手前に続くやわらかな草地のひろがる斜面に羊や牛が鈴を鳴らしながら草を食む風景、緑陰をつくるモミの木やベランダを花で飾った家々が点在する風景、このスイスらしいアルプの美しい景色は、岩山や氷

スイスで初めて乗った登山鉄道・ブリエンツロートホルン鉄道。この鉄道で嵌ってしまった。

河と同じように原風景のように見えるが、そうではないのである。あれは自然ではなく人工的なものなのだ。あのようなアルプの牧場は、もともとの原生林を伐採して作られたものだし、そしてそこに点在する素朴で美しい民家も、そしてその窓辺を飾るゼラニウムやサフィニアの美しい花々までもがスイスらしさを保つために厳しい条例で守られている風景なのである。散策しているとよく見かける美しい花壇にしてもベンチにしても同じことが言えよう。高山植物を摘んだり、ゴミを道端に捨てたりすれば罰金をとられるところが多々ある。そうした厳しい管理の元にあのスイスらしい風景が保たれているのである。いいかえれば観光客を喜ばせるために風景全体を徹底して管理していると言っても過言ではない。観光客はまさしくその中で機嫌よく遊ばせてもらっているのである。

スイスの南西部に一カ所だけ国立公園がある。あんなに自然度が高くみえる国だから、国立公園が何カ所もあるように思えるが、国立公園はエンガディンにあるその一カ所だけである。国立公園内には先程の風景とは違い森が広がっている。日本と比べると樹木も異なり、種類も少ないが、確かに森が残っている、いや、残しているといった方が正しいと思う。私の行くのが夏休みのせいか、子供達が先生に連れられてキャンプにきていて、リュックを背負って歩いている。国立公園の中は規制が厳しく、決められた道しか歩くことができない。そのように規制して懸命に保存をしているのだが、それでも向かいの山を見る

サフィニア中心の見事な寄せ植え
（スクオルタラスプにて）

アルムの牧場。全般的には薄茶色の牛のほうが多い。
（シャトーデーにて）

とあまり森が復元しているようには見えない。スイスに限らず一度伐採すると回復するのに大変な年月を必要とするのがよくわかる。

日本とスイスでは緯度も違うし湿度も違うが、こと樹林に関しては日本の方が確かに自然度が高いように思える。あるヨーロッパの学者が日本へ来て森がたくさん残っているのを見て、皮肉を込めて「これを保つためには外国から材木を輸入することです。」と言ったそうだ。近代文明が自然を無くし、今はその反省の時代に入っている。日本も厳しい規制をしないと同じ運命が待っている。

スイスの観光地をあちらこちら歩いていると、どうしても私の住んでいる観光都市・京都と比べてしまう。京都の場合は規制が緩すぎる。日本のふるさとといわれ、年間五千万人もの観光客を集めるのだから、もっと徹底して京都らしさを保つべきだと思う。そのためにはある程度住民が辛抱・努力をしなければならないのは当然のことである。どうも戦後の民主化以来、お上が少し弱腰になりすぎているのではないだろうか。

「自然と人のかかわり」

まずは、スイスの「自然」について少し私なりの感想を書いたが、今度は「人文」的な事を少し書かせてもらおう。

スイスがなぜ観光地なのかということから入ろう。それは十八世紀後半から

スイスの国立公園の樹林は針葉樹なので森が暗い。（ウンターエンガディンにて）

産業革命と覇権主義で世界の富を一手に集めた大英帝国のブルジョア達が、スイスを自分たちのプレイグラウンドにしたことにはじまっている。ご存じのとおりスイスはもともと農地も少ない山国である。登山鉄道で移動中に外の景色を見ると、こんな所にまでと思う、見上げるような山の斜面や崖の上に家がへばりついている。昔のスイスは日本で言えば木曽や飛騨や東北のように貧しい山国だったのだ。食うに困った人々は、日本の少し昔、出稼ぎに出たのと同じように、周辺のフランスやイタリアなどの国へ出稼ぎに出ていかざるをえなかった。そして各国の雇い兵となり、お互いに戦い合って死んだという。フランス革命の時もルイ十六世側の兵隊として八百人ものスイスの傭兵が勇敢に戦い玉砕している。古都ルツェルンには「死に瀕したライオン」と名付けられた異国で没した傭兵の記念碑があるが、その前では複雑な思いでスイスの人達が悲劇の歴史を振り返っているのを見ることができる。少し以前、テレビで新しいローマ法王の就任式の様子が放映されていた。その時にローマ法王に仕える衛兵は今でもスイスの傭兵だと言っていた。その歴史が現代も踏襲されているのである。

ある年、レマン湖畔の国鉄の小さな駅に、二十世紀初頭の観光旅行客の風俗写真が飾ってあった。湖の岸辺を英国人の家族が馬に大きな荷物を幾つも積んで旅行をしている写真である。その馬の一頭の背中にボートの様なものが積んであった。当然レマン湖に浮かべるボートかなと思って下の説明を読むと、そ

ライオン記念碑（ルツェルンにて）

れはバスタブだと書いてある。二十世紀初頭のスイスにはバスタブに浸かるような入浴の習慣は無かったようだ。だからジョン・ブル達はわざわざバスタブまで馬に積んで旅行をしていたのだ。習慣の違いもあるだろうが、その頃のイギリスとの貧富の差が感じられる話である。イギリス人にとってアルプスの景色と澄んだ空気は、石炭の煙で汚れたロンドンの空気から逃れるには絶好の場所だったようで、観光に転地療法にとよく利用されたのである。

このように近代でいちばん始めに裕福になったイギリス人によってスイスという国は彼らの遊び場(Playground)=観光地となったと言っても過言ではない。しかしスイスの国民は日本人と同じように勤勉だったから、現在では、観光、農業以外に金融国、先進工業国として、見事にイギリスと肩を並べている。

次に、東洋人と西洋人の「山」を見る目の違いに気づく。私はスイスの古都ルツェルンが気に入って、よく立ち寄ることにしている。湖畔の古都らしい町並みの彼方に綺麗な形をした岩山が見える。その山はピラトゥス山(二一三二米)と言って、さしずめ日本なら頂きの岩座(いわくら)には神が宿っているような素晴らしい形をした山である。この山へは世界で一番傾斜のきつい登山電車が通っているので誰でも登ることができる。四八〇パーミルは自力でよじ登る登山電車としては世界一の傾斜である。電車は満員の観光客を乗せて、ラックレール(ロッヒェル式といって日本でいうアプト式とは歯車の形が違う。)を軋ませて、頂上のすぐ近くまで登っていく。登山電車といい、景色といい、こ

ルツェルンの湖畔のカペル橋とピラトゥス山

れは私たち鉄道マニアにとってはこたえられない瞬間である。

ただ、ここで日本との違いとして言いたいことは、電車のことではない。この山が神の山ではなく、悪魔の山とされていたということである。キリストを処刑したピラトという提督の魂が各地をさまよった末にこの山の頂に落ちたというのである。ヨーロッパでは古代も中世も峨々たる山の頂上付近は悪魔の住処とされていた。キリスト教の影響で「山は大地の傷」とされ、悪魔や竜が住んでいると思われていた。そして雪崩や落石や洪水は悪魔のなせるわざだと考えられていた。ヨーロッパアルプスで一番高いあの有名なモン・ブラン(四八〇七米)でさえも十七世紀末まではモン・モディと呼ばれていたそうだ。「白い山」ではなく「呪われた山」という意味である。

私は、モン・ブランのフランス側の山麓にあるシャモニという町も好きでよく行く。十八世紀の終わりまで、居酒屋が一軒あるだけの山奥の村だったそうだが、今は大保養地になっている。何が凄いかといってシャモニは街の中央広場からはモン・ブランの頂上が望めるのである。首を上へ向けてウワッという感じで山を見る、あの圧倒的な感じは日本にはない。町の中心の広場には、初登頂を競ったソシュールとパカールとバルマの三人の銅像が同じようにモン・ブランの山頂を見つめて立っている。一七八六年と八七年に初めてモン・ブランに登った人達の銅像である。此処が近代登山の始まりの場所だと、誰かに説明したい。だけど私はいつも単独行。感無量の気持ちで長い間その前に佇んで、

◀初登頂した猟師ジャック・バルマと第二登の自然科学者ホラス・ベネディクト・ド・ソシュールの像

▼初登頂の医師ミッシェル・ガブリエル・パカールの像(シャモニにて)

銅像と一緒にモン・ブランの円い頂上を見上げている。十八世紀でも悪魔がいるという迷信はあっただろうに、それを振り切って登るのにはさぞかし勇気がいったことだろう。

先人が言っているが、山があって人がいても登山には結びつかないのである。山と人との間に文化がないと登山は成立しないのである。ヨーロッパでは十八世紀の終わりごろになって、ようやく登山というものが人々の関心の的になってくる。まだ列強の国々が大探検時代に続く植民地獲得競争に現をぬかしている頃だ。植民地獲得は利益を求めた国家事業であったが、初登頂争いはほとんど名誉だけのものである。それはスポーツという文化であった。

あの有名な言葉「自然に還れ」を遺したジャン・ジャック・ルソー（一七一二～七八）のように、山が美しいと賛美する人も出てきた。「山には何かしら魔術的な、超自然的なところがあって、精神と感覚を恍惚とさせるのです。人は一切を忘れ、自分自身を忘れ、自分がどこにいるのかもわからなくなるのです。」というような、巧みな言葉を駆使して人々を自然に引き込んだのである。そして何よりも自然を見る余裕のある人々が多数出現したということである。

イギリスにアルパインクラブができるのが一八五七年、日本は一九〇五年。ヨーロッパアルプスの山々は、モン・ブランの初登頂から一八七八年までの約百年間で、全て征服されてしまうのだ。そしてヨーロッパの岳人たちは二十世紀に入ると世界一高い山を求めてヒマラヤへやってくる。その世界一高い山も

サヴォアの思想家、ジャン・ジャック・ルソーの像（ジュネーブにて）

人の手に落ちた今、何を目標に山登りをすればよいのだろう。この答えは二十一世紀に入っても未だ見いだせていない。

「浮田先生のこと」

さて最後になったが、ここで浮田先生に書いてもらった『スイスの風景』（一九九九）と私のスイス行との関係を書いておこう。

浮田典良先生（一九二八～二〇〇五）。京都大学教養部人文地理学教室で藤岡謙二郎先生の下、助手、助教授、そして教授を歴任。その他に大阪府立大学、関西学院大学、神戸学院大学でも教鞭をとられた地理学の大御所的存在の先生である。京都大学の人文地理学のテキストはいつもナカニシヤで出版、販売をしていた関係もあり、長年に渡りお付き合いをさせていただいた先生である。京都大学を定年になられてからはよく奥様とヨーロッパ旅行をされていて、なかでもドイツ、オーストリア、スイスへはたびたび足を運んでおられた。そして自費出版で出されたお二人の還暦記念ヨーロッパ旅行記をもらったが、これが私の六十歳からのアルプス行の動機のひとつになったのは間違いない。

そんな浮田先生の影響で私は初めから、パッケージツアーでスイスには行かずに、自分でプランを立てて単独で行く旅行スタイルに徹した。とはいえ最初は自分で立てた計画が妥当かどうかは不安がいっぱいだから、プランができるとまずそのプランを持って先生の家へ行ってご指導を受けた。「バスと鉄道が

平行して走っていたら鉄道に乗りなさい。」「ランチは湖船上で優雅に食べなさい。」「なるべく都会を離れて泊まりなさい。」などご教示を賜った。

第三回くらいまでは先生のチェックを受けに行ったが、だんだん横着になってその後は、旅行後に誰も見てくれない旅行中の写真をアルバムに貼って、先生なら見ていただけるだろうと、それを持って「行ってきました。」とお伺いするようになった。とはいうものの、エンガディンではサンモリッツやポントレジーナではなく、いまだに先生に紹介してもらった昔の面影がのこるサメダンの宿が気に入って泊まっている。先生の指導のなかでも守れないものもあった。それは私の目的が山へ登ることだから、昼間は山中をさまよっているので、船上での優雅なランチは無理だということである。いままで湖上で食事をしたのは、ウイリアム・テル・エクスプレスという列車と汽船を組み合わせたパノラマルートで外輪蒸気船に乗った時くらいである。その代わり山中で、先生には教えてもらっていないものも覚えた。それは山小屋でお昼をするときに飲む「ラードラー」という究極の飲みもの。ビールをレモネードで割ったような軽い飲みものだが、山を歩いて汗をかいたあとのジョッキの一杯は応えられない美味しさで喉をとおる。まだ登山の途中の山小屋にいるから、ワインを飲んで酔っぱらってしまっては駄目なので、その程度がちょうどよい。あまり日本では知られていないが、私のお薦めの飲みものである。先生もお好きな登山電車はヨーロッパアルプスのものは全制覇を目指してがんばって、二〇〇八年には

ウィリアム・テル・エクスプレスはルツェルンから四森林湖を汽船で渡るところから始まる

スールレーユ峠からロゼック谷に下るとポントレジーナまでは心地よい馬車にゆられて下る

完乗した。しかし、その時はもう先生はおられなかった。今、お弟子さんたちで、遺された『オーストリアの風景』（仮題）の原稿がまとめられている。いずれは本になるだろう。

「アルプスの山の本」

スイスの辺境で元スイス大使の国松孝次さんご夫妻とお会いした事がある。宿に戻られる車中でスイスの本の話になった。国松さんは、犬養道子さんの『私のスイス』（一九八二 中央公論社）を大変褒めておられた。雪解け水のようにさわやかに自由奔放に語られるスイスの国の情景にエッセイストとしての力量が窺える本だ。それに国松さん自身がお書きになった『スイス探訪』を合わせて読めばスイスの国の概略はわかる。ただ両方とも雑誌連載を加筆訂正した単行本なので、知りたい部分が間に少し落ちこぼれているような気もする。犬養さんはこの本の中でアルプスのこともたくさん書いておられるが、アルプスになると『佐貫亦男のアルプ日記』（一九七三 山と溪谷社）の方が庶民的で好きだ。山旅人としてアルプス山麓を彷徨い歩いておられるところがよい。小野有五著『アルプス・花と氷河の散歩道』（一九九七 東京書籍）はその自然地理版であり、浮田典良著『スイスの風景』（一九九九 小社）は人文地理版である。

山岳作家の新田次郎さんが佐貫さんの案内で初めてスイスへ行って書かれた本が『アルプスの谷 アルプスの村』（一九六四 新潮社）である。アルプスを歩

く感動が筆から伝わってきて読者にインパクトを与える技はやはり文才であろう。私も一回だけ行った山でここまで書きたいと思ってしまう。古くは辻村伊助の『スウィス日記』(一九三〇 梓書房)が名著の誉れ高いが、鹿子木員信著『アルペン行』ともども現代人にはもう読みづらい。中里恒子著『忘我の記』(一九八七 文藝春秋)が辻村伊助を知るには恰好の書だ。アルプスの伝説を知るには藤木九三著『アルプス伝説集』(一九三二 黒百合社)があるが、今となってはこれも古く、宮下啓三著『スイス・アルプス風土記』がよい。

読んで自分も行きたいと思わす本は多数存在するが、私がいちばん追従した本は大森久雄著『本のある山旅』(一九六六 山と溪谷社)である。本の中にはヨーロッパアルプスの山はたった四篇しかないのだが、私は同じ所を数々訪れてしまった。プラナショーからボナヴォーをさがしたり、プレインモルトからヴィルトシュトルーベルを見たり、シユヴァレンバッハの小屋の暗闇に脅えたり、エタンソンの谷の近くで雨を恨んだりと大森さんの思い出を自分の思い出に重ねてしまっている。こういうヨーロッパアルプスまで人を惹きよせるような文章が書けたらすばらしいだろうと思う。詳しいだけの本ならたくさんあるが、私のほうがよく知っているぞと聞こえてくる本は嫌だ。そんな本は資料どりするだけで終ってしまう。

初めてスイスへ行こうと思ったなら、定番だがやはり『地球の歩き方 スイス』(最新版 ダイヤモンド社)を見るのがよい。細部に少し問題があるが、地名も

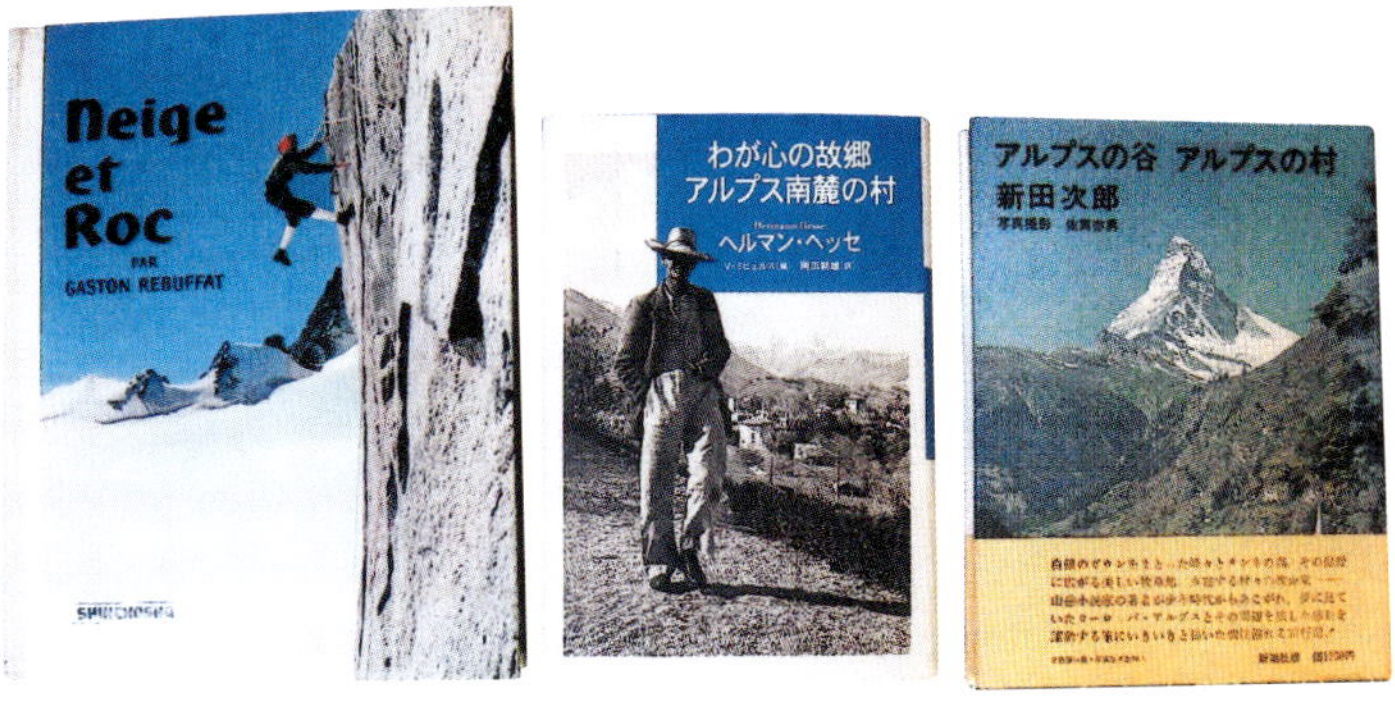

含めていちばんバランスよくスイスを捉えている。トレッキングでお勧めの本は市原芳夫著『スイスアルプス 山歩き・花紀行』がよい出来栄えだ。ご自身で撮られた写真が新鮮だ。さすが旅行業者の方だ。捉えかたが少し違う。スイスアルプスの山登りの案内は小川清美さんの一連のグラフィックガイドにお世話になった。岩登りについては若い頃から近藤等先生やガストン・レビュファの数々の豪華な写真集を見て育ってきたが、自分に体験がないからただ眺めて感動しているだけで終った。同じ事は文学作品についても言える。トーマス・マンの『魔の山』をはじめヘッセ、ゲーテ、モーパッサン、ヘミングウェイなど、それにウィンパーの『アルプス登攀記』を筆頭に岳人によって書かれた作品なども読んではいるが網羅はしていないので書けない。

　最後にアルプスの登山鉄道の本だが、やはり池田光雅氏の一連の本が書架の真ん中を占めるのだろう。しかしこの分野ではこの一作という本はまだない。その中でいちばんのお勧め本は長真弓さんの『ヨーロッパアルプス鉄道の旅』(一九九二 講談社)だ。私はこの本で一つ一つ鉄道を攻略していった。

　よいアルプス旅行をしようと思えば出来るだけ本やネットで調べて、前知識を持っておくことだ。現地に行っても気がつかずに素通りしてしまう所が少なくて済む。古都ルツェルンで石に刻まれたライオンの像を見ても、湖越しにはるかにピラトゥス山やリギ山を見ても、読んでいるといないでは印象が違う。

BERANN'S PANORAMAS
ベランのパノラマ
アルプスとヒマラヤの世界
EXTERIOR SERIES
アルプスの谷 壁絵街道
京都書院
LES HORIZONS GAGNÉS
Gaston Rebuffat
ロマンティック・レイルロード
スイス登山鉄道の旅
スイス山岳鉄道の旅
氷河急行の旅
ベスト・セレクション
EUROPEAN RAIL TIMETABLE
TIROL
地球の歩き方
フランス
スイス
イタリア
夢の山岳鉄道
宮脇俊三
スイス・アルプス旅の宿
池田光雅
スイス・アルプスひとり歩き術
スイス・アルプス鉄道の旅
スイス山岳列車の旅
チロルのアルム農業と山岳観光の共生
スイス日記
雪岩アルプス
アルプス日記
わが山々へ
ゲーテ全集
スイスの風景
アルプスの氷河を滑る
シャモニの休日
私のスイス
マッターホルン
ユングフラウ
ローヌ河

私の好きなピッツパリュ(3905m)。
ディアボレッツア展望台(2984m)にて

タリア側のチェルビニアからテスタ・
リージア(3480m)に登るとそこはマッ
ーホルン(4478m)の肩

アルプス鉄道ひとり旅

—目でみるヨーロッパアルプス—

俗に「人生山アリ谷アリ」というが、還暦を迎えた頃、ようやく平野に出たような心境だった。次は趣味的に深山幽谷に入ろうと思った。ヒマラヤをやるにはもう歳を取り過ぎているのでヨーロッパアルプスへと向かった。

毎年熱気球大会が催されるピカール博士ゆかりのスイス中部の保養地シャトー・デー

私がはじめてスイスで登った頂上・ブリエンツロートホルン(2298m)の三角点。

ル・ブロンネルでモンブランの反
側を見るとダン・デュ・ジェアン
13m)の岩峰が印象的

サン・ベルナルディーノ峠にて

白なシルバーホルン(3695m)を右
従えたユングフラウ(4158m)。ヴェ
ルンアルプより

ネズミ返しのついた昔に使われていた穀物倉(フィーシュにて)

モンテ・ビアンコ(モンブラン)の東面、イタリア側のクールマイユールより

アルプスの最高峰モンブラン(4807m)の北面。フランス側、シャモニのエギーユ・デュ・ミディより

ヴァノワーズアルプスにあるリズラン峠(2770m)。アルプスで車の通れる峠、標高No.1

ロータレ峠(2057m)から見た仏アルプスの名峰・ラ・メイジュ(3983m右)とピックガスパール(3809m中)

ドリュの岩峰(3754m) 遠方はモンブラン。グラン・モンテ展望(3275m)より

南チロルの最高峰オルトレス(3905m)。アルプスで車の通れる峠、No.2のステルヴィオ峠(2757m)より

ドロミテらしい岩塊の山、アヴェラ山2648m(左)。ファルツァレーゴ峠(2117m)より

グラン・パラディーソ(4061m) イタリア国内にある最高峰。コニュにて

ドロミテにあるクライマー憧憬の500mの垂直の壁、ドライチンネン(2999m)。ラヴァレード峠から

「私はいつも軽装で旅を楽しんだ」

単独行ではバゲージの移動にひと工夫が必要となる。まず日本出発前に「フライレールバゲージ」を利用して二、三日先の目的地の駅まで送っておく。バゲージは同じ飛行機に乗っているから必ず到着して待っている(これは帰りにも使える)。次のホテルで必要な中身を入れ換えて、二、三日先の目的地の駅まで今度は「ライゼゲペック」で送る。この繰り返しで旅を続けると背中のリュックサックだけで旅が続けられる。スイスからフランスのシャモニに行くときも、駅に送っておくとゆっくり軽装で歩ける。詳しくはガイドブックで。

ターホルンの肩、テスタグジア(3480m)は夏スキーのンデとして賑わう

イタリア側のチェルヴィニアからはマッターホルンの南面がすこし違う表情を見せる

スイス側のツェルマットから見たマッターホルン(4478m)のモルゲンロート。右側が北壁

なワイスホルン(4505m)はターホルンより美しいかも。トホルン展望台より

アルプスで三番目に高いドーム(4545m)の北面。ゴルナー氷河の奥、シュトックホルンより

クラインマッターホルンから右側の斜面を登るとブライトホルン(4165m)。ガイド料約四万円

ヌ氷河の末端。フルカ峠近くのレベデーレに昔の写真があり、ると温暖化による後退がわかる

サンモリッツからクール方面へ向かう昔の街道のユリヤ峠(2284m)に残る古代ローマ時代の石柱

エンガディンの山々の眺望台、ピッツ・ラカルブ(2959m)。現在、夏ケーブルは休止中

登山電車で行くロッシュ・ド・ネー頂上(2045m)の測量表示

ニーセン頂上(2362m)にある三角点は穴の中

アルプスの山と峠② スイスⅠ

「一度のぞいてみたかったアイガー北壁」

ユングフラウヨッホへ行く列車はいつも満員。クライネシャイデックを出ると氷河が迫るアイガーグレッチャーで停まる。そしてアイガーの岩壁をくり抜いたトンネルに入る。岩壁の途中にあるのがアイガーヴァント駅。この駅の窓の外は北壁だ。ゆっくり見ようとトイレに行って人が少なくなってから、窓にへばりついて北壁を見た。思ったより壁の下の方だった。次の列車が来るまでの三十分間ゆっくり見学しようとしていたら、後ろから大きな声。「お前何をしているのだ。早く乗れ」と列車に戻されてしまった。

アッペンツェルの褶曲岩峰、センティス(2502m)山頂付近の登山道。ロープウェイより

アニヴィエ谷の最奥ツィナールからソルヴォワに登ると奥にマッターホルンが角度を変えて見える。

左がベルニナアルプス唯一の4
峰、ピッツベルニナ(4049m)
はピッツロゼック(3937m)

オーストリアの最高峰グロスグロックナー(3797m)。山麓の保養地ハイリゲンブルートより

オーストリア、オーバーグルグル近くのホーエムートから見る小さくなったガイスベルグ氷河

アルブラ峠(2312m)。エンガ
ンへ抜ける鉄道が絶好のビュー
ントのため車道に人気は少ない

ウィーンにあと80キロ、東部アルプス最後の突起、シュネーベルク(2075m)はハイキングコース

インスブルックからケーブルとロープウェイで行くハーフェレカーシュピッツェ(2334m)

オーストリア西端近くのホッオ
ホ(2520m)へはヘミングウェイ
在した村シュルンスから

ピッツラット(2808m)の肩が、イタリア、スイス、オーストリア三国の国境

「男の隠れ家」

エンガディンのサメダンには、浮田先生に紹介されたクワドラッチャという常宿がある。そのホテルの近くから一日に一本だけ、コルバッチ展望台下のスルーレイまで行くバスがあるのを見つけておいたので、今日はゆっくり8時5分発に間に合うようにPTTバスの乗り場に行った。発車時間の直前にひとりの日本人がザックを持って現れた。話しかけると筑波大学の人で、氷河研究に毎年通っているとのこと。今日はコルバッチ下の氷河にある定点観測所にデータを取りに行くのだそうだ。話が合いバスの中で懇談。続きは今晩ホテルで食事をしながらということになった。ディナーの後には北大の人も加わる。今週末のエンガディーナマラソンに出場するという。遊びと研究が一緒になった、何とも楽しい人生を送っている人たちであった。

アルプスの氷河

メールドグラス氷河もモンブランから。左奥がグランドジョラス(モンタンヴェールより)

モンブラン(4807m)から流れ出る氷河。左がボゾン氷河、右にタコナ氷河(ブレヴァンより)

シュトックホルン(3532m)よりゴルナー氷河を見る。
氷河の周囲は4000m級の山々に取り囲まれている。

アルプスで最長のアレッチ氷河。
エッギスホルン(2927m)より

ペルス氷河と右端モルテラッチュ氷河、中央の山はベルニナアルプスの最高峰ピッツベルニナ、
右ピッツロゼック、左ピッツパリュ。(ディアヴォレッツァ展望台 2984m)より

ヴェッターホルン(3701m)を正面にトレッキング。グリンデルヴァルトの上、アルピグレンにて

お花畑でベンチに腰を下ろしてしばし休憩。ミューレンの上、アルメントフーベルにて

アルプスの王者シュタインボックはなかなかお目にかかれない。ザースフェーにて

くとキィキィと鳴く可愛い
モットは夏のアルムの思い
グロスグロックナーにて

オーバーグルグルからホーエムート(2653m)まで登ってくると羊と一緒に氷河見物ができる

エンガディンにある国立公園内の単調な針葉樹林帯を歩いているとこのような説明板がたくさんある

トバーナード犬の故郷、グ
・サン・ベルナール峠にあ
会のお助け小屋の仔犬たち

センティス山(2501m)山麓のトレッキング。山道が牧場の中を通過するので、柵の開閉が必要

アルプの山の教会。小さくまとまった絵のような保養地アローザにて

スキー場、夏は放牧地となる典型的なアルプの風景。本来は高木も存在したことだろう。
ンターエンガディンのモッタナルンスにて

エーデルワイス(ハヤチネウスユキソウが近い)、アローザにて

アルペンローゼ（ツツジの仲間)、ヴェンゲンアルプにて

ゲンチアナの一種(リンドウの仲
アルプジオップにて

グルントの登山道沿いに咲くトラノオの仲間の群落

シーニッゲプラッテ高山植物園に咲いていたトラノオの仲間

トロルブルーメのお花畑(キンポ
の仲間)、メンリッヒェンにて

ラヌンクス(キンポウゲの仲間)、ピッツネイルにて

百花繚乱、しばし休憩、アルメントフーベルにて

カンパニュラ(ホタルブクロの仲
の群落、フィルストにて

夏のアルプスを飾る花たち

「温泉はだんぜん日本の方が良い」

ロイカーバード、バードラガッツ、シュクオル、バートイシ
など山のついでに温泉を訪ねてみた。どこもお湯はぬるく、プールのようで私好みではなかった。

ピッツベルニナは目の前にある。ロゼックの谷上部のお花畑

ネルケン(タカネナデシコの仲間)、ミューレンにて

ハクサンイチゲの仲間、シーニッゲプラッテにて

遺産の教会があるミュスタイのホテル。ベゴニアの窓花とラフィッティの壁装飾は見事

18世紀から時間が止まったままのような石葺の屋根、石積みの壁の続くブレガリア谷のソーリオ

シャモニの街中の花壇。サントリーが開発したサフィニア(ペチュニア)が幅を利かしている

山がたくさん近くに見えるヴェ谷最奥の村、チナールに古い鼠がえし付きの穀物倉

住む人が年老いたせいか、手入れがままならぬ少しくたびれた庭と家。ハルシュタットにて

フォルダーライン川沿いのロマンシュ語の町イーランツの旧街道入口の小塔(門)と特色ある窓格子

スイスの発祥の地、アッペェルの町並み。伝統を守っの独特の装飾が美しい

エンガディン地方の伝統的な壁を削る装飾、スグラフィッティのこぎれいな民家、サメダンにて

どこで兌換しようか。花の綺麗なこの銀行にしよう。イタリアも近い湖畔の保養地、ルガノにて

民家と花壇

「偉そうなことを言わなくてよかった」

私はエンガディンのツェルネッツの駅から見えるピッツ・リナルド(3411m)という山が好きだ。列車を待ちながら、いつもゆっくりと眺めて楽しんでいる。「あの山に登られるのですか」と女性の声。「もう無理ですよ。登りたいけれど」と返す。「あなたも元気を出しなさいよ」とまた声がするので後ろを振り向くと、大学の先生かお医者さんのようなご主人だった。車中では同席させてもらい、宿泊先のサメダンまで小一時間懇談する。日本の出版界の話などで盛り上がる。ご夫妻はもう少し先のポントレジーナまでなので、お礼を言って別れた。帰国後しばらくすると『スイス探訪』という本が送られてきた。著者の経歴を見て、元スイス大使、元警察庁長官とありびっくり。あの国松孝次さんだったのだ。そういえば誰かに似ていたと思った。偉そうなことを言わなくてよかった。

こんなガルニ(民宿)に泊まりたい。お城のある美しい村、スクオルタラスプにて

モツァルトの生家。登山スタイルで歩くのがはずかしい音楽の町・ザルツブルグにて

トゥルンにあるアロイス・カリジェの生家。岩波版『カリジェの絵本』は今でも私の愛読書

ゲーテがイタリアへ行く時に泊またアンデルマットの宿屋。『イタア紀行』を思い浮かべる

アルプスの画家として知られる印象派のセガンティーニの墓。サンモリッツに近いマロヤにて

モーパッサンの短編小説に出てくる、ゲンミ峠越えの途中にあるシュヴァーレンバッハの山小屋

ジャン・ジャック・ルソーの銅生家はスーパーマーケットから館に変わっていた。ジュネーブ

インスブルックで№１の山の本と地図の専門店。中村保著『Die Alpen Tibets』も置いてあった

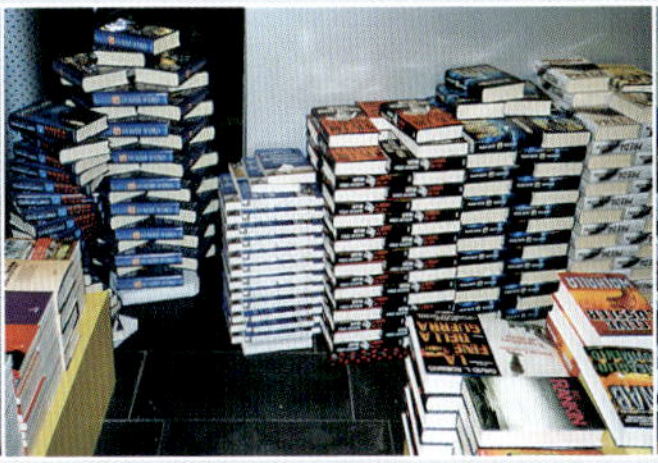

本屋さんの本の平積みの仕方がおもしろい。撮影したら怒られた。ファッションの町ミラノにて

二回目のスイス行でルツェルンいて、まず本屋さんに直行。スの５万図を大量に買った

本にこだわって

「世界遺産ザンクトガレン大修道院図書館」

都会のザンクトガレンに泊まったのは、次の日に行くセンティス山に近いからだった。少し時間があったので街の散策に出かけた。大聖堂（カテドラル）の二本の塔は修理中であった。内部を拝観して、すぐ横の修道院図書館に入った。ロココ様式のその建物の立派さには驚いてしまう。寄木細工の床、金メッキの柱、人物を描いた天井画、そして彫刻の入った書棚。そしてその中にびっしりと収蔵された本。ホールの展示を見ると、グーテンベルク以前のルネサンス期の印刷本であるインクナブラ。それに花文字で彩色された中世の写本。何よりも装幀が重厚な本ばかりだった。これは日本の同時代の糸かがり製本とちがって、西洋との製本技術の差を見せつけられた思いだった。

レマン湖畔トロシュナにある花の絶えないオードリー・ヘップバーンのお墓

It was fascination. I know……

すがチーズの国。食べぎに注意。クールにて

ジャムの種類も豊富。サメダンにて

これだとパンが清潔に切れる。クールにて

エンガディンの朝食のパン。サメダンにて

小屋のお昼にでるでっかネーデルズッペ。

お昼はこんな山上レストランがよい。モンタナからロープウェイで三千メートルのプラン・モルトへ登るとそこからはモンブランも見えている。

牧畜国のヨーグルトとハム。サメダンにて

つこ、チーズをからめリアッテッレで昼食

食堂に来るのが早すぎた？　まだ打ち合わせ中のウエイトレスたち。四つ☆のホテルだと料理もワインもサービスもよい。コーニュにて

ディナーはまずスープから。コーニュにて

ートのフルーツ。サンにて

子牛の肩肉のロースト。ヴェンゲンの山小屋にて

ヴィナーシュニッツェル。インスブルックにて

五種類が別調理の凝った前菜。コーニュにて

アルプスで食べる

「シャモニはモンブランのふるさとか」

雨にたたられてシャモニに三日間滞在した時、ふと気がついて、モンブランという日本人の大好きなケーキのふるさとは此処ではないかと街中のケーキ屋さんを探してみた。これが意外にも見つからないのである。次の年に再びシャモニを訪れた時に初めて「モンブラン」と名札の付いたケーキを発見した（写真）。しかしこれはメレンゲ風のお菓子で、日本のモンブランとは別ものだった。

そこでいろいろ調べてみると、元来、このサヴォワ地方は栗の産地なので、これを潰して単純なケーキを作っていたらしい。それをパリの「アンジェリナ」が改良して今のスタイルのケーキに仕上げたという。

私には仏語とは合わないが上の砂糖が雪（モン）、栗が山（ブラン）、下のスポンジ生地が（シャモニ）という日本風が合っている。ちなみにサヴォイア王国の旧都イタリアのトリノにはモンテ・ビアンコというケーキがあるそうだ。

昔は石炭を運んでいたミュール鉄道のハイライトの二重ループ橋。ブルトブルの近くにて

地中海近くのアルプス最南端を越える国鉄のテンダ(仏)・タンド(伊)線、レスカレヌにて

アルプス最南の私鉄、プロヴァン鉄道。セザンヌの描く風景と同しうな山や谷がつづく。ニースにて

これ以上登れないのかガタンと揺れたら山上の終点ニ・デーグルだった。トラムウェイ・モンブラン

イタリア側のクールマイユールからフランス側のシャモニへ、モンブラン横断空中散歩

グランドジョラスのイタリア側フェレの谷にSL型のバスが通っいる。ラヴァシェにて

日本ではもう走っていない板張りの車両のリットナー鉄道からはドロミテの岩峰が見える

イタリア側マクニャーガとモンテモロ峠を結ぶロープウェイでスイスのザース・フェーへ

日本人にはまだ秘境。ソンドリオら入るキエーザの高原、アルプリュへのロープウェイ

登山電車とケーブル① フランス・イタリア

傾斜が急でも可能なら登るという心意気の登山鉄道が私は大好きだ。足繁くアルプスへ通って全部乗った。

昼休みで人影もないイタリア国鉄終着駅キアヴェンナ、ここからバスでサンモリッツへ

イタリアのドモドッソラとスイスのロカルノを結ぶチェントヴァリ鉄道は叡山鉄道のよう

「バイリンガルどころか」

スイスの国鉄車輛には「SBB CFF FFS」と書いてある。スイスは多言語国なのでドイツ・フランス・イタリア語の併記だ。検札の車掌は「ダンケ・メルシー」と言う。グラウビュンデン州に入るとこれにもうひとつロマンシュ語が加わる。またその音調がいい。

登山電車とケーブル ②切符

Rêvez sauvage. Skiez...
VAL d'ANNIVIERS
ZIN OR ADU
13.00Frs.
1 A/R
Dim 25/07/99
SKIDATA
SKIFAHREN MIT STRUKTUR
P. MORTE
ALL/RET
GLACIER 3000
DIABLERETS - GSTAAD
MONTEE+DESCENTE
COL DU PILLON -
GLACIER 3000
ADU
SPORTREGION
Andermatt
GOTTHARD
Gurschenalp
Erwachsen
40-J.-Jubiläum
CHF 12.00
17.08.03
124104
BERGKASTELSEILBAHN
Sesselbahn
Alp Languard
Pontresina
Alp Languard
San Spiert
Erwachsene
Fr. 13.—
03794
Trains Touristiques
Emosson
Adulte
Châtelard
Château d'Eau
Pied du Barrage
Lac d'Emosson
CHF 38.—
Montée Descente
00465
Stans
Stanser-Horn
½ Preis
Fr 22.—
Gültig 1 Tag
09411
Spezialbillett
Gültig 1 Monat
Zermatt
Gornergrat
Fr 47.40
24237
Brienz-Rothorn-Bahn
Spezialbillett
Gültig 1 Monat
Brienz
Rothorn Kulm
Fr 50.—
00148
Anschluss-Spezialbillett
und Gruppen
Gornergrat
Stockhorn
17899
ALETSCH
Autoverlad Furka
LFE Flesch-Eggishorn AG
Fiesch
Eggishorn
RETOUR
14.09.03 FE SP
NIESENBAHN AG
Niesen Standseilbahn
CH-3711 Mülenen
www.niesen.ch
info@niesen.ch
NIESEN
Mülenen
<->
Niesen Kulm
Swiss Pass
SFR 30.00 inkl.7.50%MwSt
26.07.00
TITLIS
ROTAIR - The First Revolving Gondola
PILATUS
ALPNACHSTAD
PILATUS
FRAKMUNTEGG
KRIENSEREGG
KRIENS
EINFACH
CF
SP
Täglich
vom 21. Mai bis 20. Oktober 1996:
Nostalgische Dampf-Extrafahrten mit der
Lok 7 und Nostalgiewagen 2 (1871)
Einzige Zahnrad-Dampflokomotive der Welt
mit stehendem Kessel.
Jubiläums-Infotelefon 041-399 87 77
125 JAHRE
VITZNAU-RIGI 1871-1996
Europas Bergbahn-Attraktion
Arosa
AROSA BERGBAHNEN
EINZELBILLETT
LSB AROSA-WEISSHORN
AROSA
WEISSHORN
RETOUR
Zermatt-Bahn
Gornergrat-Monte Rosa-Bahnen
24.08.99
CHF 47.40
Zermatt -
Gornergrat
und zurück
THE BEST VIEW OF THE MATTERHORN
ROTHORN
ZERMATT
E-mail: rothorn@zermatt.ch
Internet: http://www.rothorn.com
SRR CHF 19.20
31.10.99 E 2
Sunnegga - Rothorn Retou

ッターホルンとともにあるゴ
ナーグラート鉄道。朝一番の
両は日本人でいっぱいだ

フルカ旧線は夏の間だけボラン
ティアによって運営されている。
ヴェトナムから買い戻したSL

古いスイスが味わえるセンティス山
麓ののどかな高原を走るアッペン
ツェラー鉄道

ZとFOが玩具みたいに並んで
る。ブリークの駅前ホテル「ヴィ
トリア」の窓から

セントバーナード犬ゆかりのグラ
ンサンベルナール峠へ行くマル
ティニ・オルシェール鉄道

スイス最南の登山鉄道であるモンテ
ゼネロッソ鉄道。天候にめぐまれず
これが三回目の挑戦だ

魚がいる？エモッソン湖
ム）へ行く830パーミ
のケーブルカー

高級リゾート・モンタ
ナへ行くスピード抜群の
ケーブルカー

町と湖の展望台チメッ
タまで行くケーブル
カー。ロカルノにて

チナールからソルボアへ登
るロープウェイ。マッター
ホルンの形がちがう

山電車とケーブル③ スイスI

山へ向かうのが登山電車。山脈を越えて彼方の町や村に向かうのが山岳鉄道と分けているが、実際にはその境界は詳らかではない。

ロロの近くにあるビオッタ・リットム・ケーブルカー。
878パーミルは世界一か。下りに前に乗るとすごい迫力

セガンティーニの山小屋も近いエン
ガディン東のムオッタス・ムラーユ
へ行くケーブルカー

私のいちばん好きなレーティッシュ鉄道ベルニナ線は世界遺産。オープンループで下ってゆく

スイスで最初に乗った箱庭のような風景の中を走る登山鉄道。ブリエンツ・ロートホルン鉄道

ランドワッサー橋を渡る氷河急
スイスの観光ポスターでおなじ
絶景ポイント

トンネルを抜けてローヌ谷の側面をブリークまで走るところは圧巻。レッチュベルク鉄道。

最初の歯車式登山列車は1873年製。湖畔のフィツナウからリギ・クルムまであえぎあえぎ登る

ヴェッターホルンをバックに緑
グリンデルワルトをつっ走るヴ
ゲルンアルプ鉄道はよく似合う

インターラーケン・オストからグリンデルワルトへ走るベルナーオーバーラント鉄道の旧車体

山頂にある1929年開園の高山植物園へは旧式の小型客車で登る。シーニッゲプラッテ鉄道

モントルーからルツェルンへの
ルデンパス・パノラミック車の
されたデザインの車両

登山電車とケーブル④ スイスII

元来、ロープウェイやリフトは冬、春のスキー用のもので、時刻表を予め見ておかないと、夏は動いていないも多いから注意が必要。

エンゲルベルクからスタンザーホルンへは旧式のケーブルカーで

三角錐の綺麗なニーセン山へはケーブルカーで登るとすぐ頂上

ヴェンゲンからメンリッヒェンへユングフラウを見ながら登る

エンゲルベルグとテリスを結ぶ回転ゴンドロープウェイ

ルプメスとインスブルックを
ぐ、のどかな田園を走るシュ
バイタール鉄道

ブルーデンツとモンタフォンタールの中心、ヘミングウェイが愛したシュルンスへは国鉄支線が結ぶ

国境にそびえるドイツの最高峰ツークシュピッツェ（2963m）へは急角度でトンネルばかりの登山鉄道で登る

ラータールのマイヤホーへ
行く狭軌の観光鉄道。写真
転体験ができるホビー列車

アッヘンゼー（湖）まで走るSLは少し前に傾いている。人が歩く方が早いほどのスピード

「サウンド・オブ・ミュージック」ゆかりのシャーフベルク登山鉄道はいつも待ち行列が長い

プスの登山鉄道の東のしめ
りはシュネーベルク鉄道、
ーンまで後80キロだ

1854年に初めてアルプスを越えたオーストリア国鉄セメリング線の峠にある記念碑と車両

ローカルムード満点のマリアツェル線。マリア・テレジアも利用した中部の保養地を結ぶ

ンツ・ヨーゼフ・ヘーエからグ
グロックナー氷河へ下るケーブ
ー。終点から歩いてまだ下る

登山電車とケーブル⑤ オーストリア

『スイスパス』は個人旅行に必携

水戸黄門の印籠のように、懐からサッと出すと、検札の車掌は「ダンケメルシー」と言ってくれる。何とも優越感が味わえる代物である。いちいち切符を買わなくてもよいし、私のように列車やバスによく乗るものにとっては計算してみると断然割安になっている。旅慣れてきてから、二等のパスから一等のパスに変えた。値段は一・五倍程するが、何がよいかというと普通列車だと一等客車が独占できるのだ。考えてみるとわざわざ普通車の一等に乗る人は少ない。たとえばいつも満席の氷河急行と同じ路線で普通車に乗れば到着時間は変わらないのに、人がいないからゆっくり整理もできるし、リラックスもできる。ただ、「お客さん、終点に着きましたよ」と起こしてもらい、急いでホームの反対側の列車に飛び乗ったことが二度ある。リラックスも程ほどに。

TGVの車体が朝、ジュネーヴ駅にいるのはめずらしい。リヨン行きが一日三本あるだけだ

ウイーンからグラーツへのオーストリア国鉄幹線・セメリング線をシティシャトルが走る

私の好きなティルジット・チー
宣伝をつけたスイス国鉄の機関
ルツェルンにて

スイスのマルティニとフランスのシャモニを結ぶモンブラン・エクスプレス。国境の町にて

ハイジ・エクスプレスが鉄道のベルニナ峠にさしかかったところ。ティラノへ向かって下る

北チロルを走るイタリア国鉄
国境の名水の町 サンカンディ
にて

イタリア北部メラーノとマルスを結ぶ国鉄から独立したフィンシュガウ鉄道。マルスにて

近年オーストリア国鉄から民営化されたツェルアムゼーからクリムルまでのピンツガウ地方鉄道

チューリッヒ駅の地下から出る
リベルク線。頂上からチューリ
湖と市街の眺めが抜群

カリジェのお墓の前を通過する氷河急行の食堂車。トゥルンにて

「国境越えの切符はおまかせがよい」

フランスでラ・メイジュもエクランも見たので、明日はイタリア経由でスイスのルガノまで行く。グルノーブルの駅で切符を買う。フランスからイタリアへのアルプス越えはTGV。そしてミラノで三十分待ってICでルガノまで。合計約五時間だから早出をすれば明るいうちにルガノに着くので、まだケーブルで山へ行ける。ホテルに帰って切符を点検してみると、ミラノでの乗り換えに二時間も取ってある。切符を変えてもらおうと思ったが、まあミラノで前の列車にチェンジすればいいだろうと、そのまま列車に乗った。ところがTGVのミラノ到着は二時間遅れという。横の席の日本人夫婦はミラノからローマへの乗り継ぎができなくなってあわてている。なるほどこういうことかと、発券の駅員にお礼の言葉を言いたい心境だった。しかし列車が遅れたのでその日に山へは行けなかった。

ェ・ブロネイ・シャ
ー鉄道。青車体⑫

ブロネイとシャンビー間を日曜のみ走るSL⑫

モントルー・グリオン・ロシェドネー鉄道⑬

国鉄テリテ駅から赤いケーブルはグリオンへ⑭

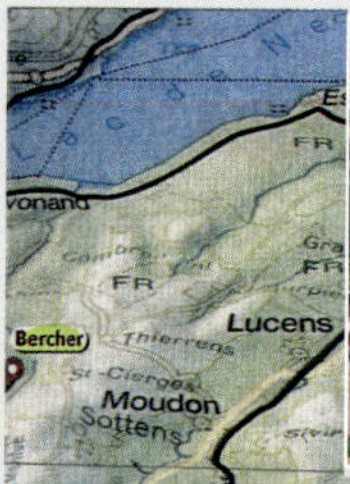

国鉄レザヴァン駅からソンループへケーブル⑮

MOB鉄道のゴールデンパスエクスプレス⑯

MOB鉄道の普通車。水色車体⑯

モントルー発着のチョコレートトレイン⑰

クリーム色のエー
・レザン鉄道⑱

エーグル・セペー・ディアブルレ鉄道⑲

ベ・ヴィラール・ブルタイユ鉄道。黄と赤車体⑳

エーグル・オロン・モンティ・シャンペリ鉄道㉑

ニオン・サンセルグ・ラキュール鉄道。赤車体❶

ビエール・アプレ・モルジュ鉄道。緑と茶車体❷

その支線リズレ線。赤とクリーム色の車体❷

ローザンヌ・エシャランベルヘール鉄道。緑と白

西北西のレナンからローザンヌフロンに来るローザンヌ・メトロ１号線❹

再開通したウーシーとクロワゼットを結ぶローザンヌ・メトロ２号線❹

ジュネーヴからバスと徒歩でフランスに入り、ロープウェイでモンサレーヴ（1375m）頂上へ⓿

モンサレーヴ頂上からモンブランを見る

コソネイ駅と上の村を結ぶ空色のケーブルカー❺

オルブ・シャヴォルネ鉄道。赤車体❻

ヴヴェ・シャブレ・ピュードゥ鉄道。黄車体❾

ヴヴェ・シャルドンヌ・モンペランケーブル❿

ヴヴェ・ブロネイ・レイヤード鉄道⓫

アルプスの鉄道一覧(1)

私はヨーロッパアルプスの登山電車に100パーセント(?)乗りました。
下記はその一覧と印象です。

名[地域名]　フランス			
道名](略称)	[パーミル]	[最高所]	[印　象]
コヴァンス鉄道(CP)	30	1023m	ニースから片道4時間もかかる南欧らしい景観の鉄道
ミュール鉄道(SGLMG)	27.5	925m	トンネル壁面に鉱山時代の影絵が映るおもしろい工夫
ラムウェイ・モンブラン(STMB)	250/S	2386m	登り始めの森林帯が予想以上に美林なのでびっくり
ァモニ・モンタンベール鉄道(CCM)	220/S	1914m	氷河をくりぬいたトンネルの中で犬と記念撮影をした
鉄コル・デ・モンテ線(SNCF)	90	1386m	シャモニより下流側が国鉄らしく新鮮で印象に残った

名[地域名]　フランス⇔イタリア			
道名](略称)	[パーミル]	[最高所]	[印　象]
鉄タンド(仏)・テンダ線(伊)	25	1073m	こんな山中を二回の大戦で仏伊両国が奪い合ったとは
鉄リヨン－トリノTGV		1298m	いつも満員で、座席指定券なしでは大変なのだそうだ

名[地域名]　イタリア			
道名](略称)	[パーミル]	[最高所]	[印　象]
鉄トリノ－プレ・ディディエール		1288m	もう少しでクールマイユールなのに何故ここが終点?
鉄ミラノ－キアベンナ(FS)		333m	日本人は誰も降りない所だが山中まで入ってよかった
鉄ミラノ－ティラノ(FS)		429m	レーティシュ鉄道に乗換えるのに何回も通った国境の町
鉄ボルツァーノ－メラーノ(FS)	45	363m	南チロル。イタリア語、ドイツ語連名の町や村を通る
トナー鉄道(FEAR)		1239m	急斜の鉄道部分が事故でRWに変わってしまっていた
ンシュガウ鉄道		1051m	もとは国鉄路線。メラーノからマルスまで谷を走る

名[地域名]　イタリア⇔スイス			
道名](略称)	[パーミル]	[最高所]	[印　象]
鉄シンプロントンネル越え		682m	ヨーロッパ南北の重要幹線だがトンネルが長く退屈する
鉄コモールガノ(FS)(SBB)		273m	ルガーノ湖のちょうど中央を縦断する長い鉄橋が圧巻
ントヴァリ鉄道(SSIF/FART)		831m	叡山電鉄の雰囲気だが国境では厳しいチェックがある

名[地域名]　スイス(レマン湖畔の小鉄道)			
道名](略称)	[パーミル]	[最高所]	印　象]
ン・サンセルグ・モレ鉄道(NStCM)	73	1047m	ここはジュラ山地。景色ものどかなフランスとの国境
ール・アプレ・モルジュ鉄道(BAM)		694m	ブドウ畑と麦畑とシャトーが美しいのんびりした鉄道
Mリズレ線(BAM)		666m	アプレで乗り換え。リズレ行の赤色の電車が待っている
コーザンヌ・コソネイ・シャボネイ線(CFF)		428m	幹線。ヌシャテル湖を越えてチューリッヒやバーゼルへ
ブ・シャボルネ鉄道(OC)		473m	美しい滝のある渓流とその丘の上の落ち着いた保養地
ザンヌ・エシャラン・ベルシェ鉄道(LEB)	60	627m	エシャランはパンの村。パンの博物館でパンを食べる
ザンヌ・メトロ2号線	120	479m	2012年再開通したウシーとクロワゼットを結ぶ路線
ザンヌ・メトロ1号線		479m	電車はきれいだが沿線に黒人居住地が多く柄が悪い
ヴェ・シェーヴル・ピュードゥ線(CFF)		618m	湖岸には幹線が平行して走る。各駅停車はこの路線で
ェ・ブロネイ・レプレイヤード鉄道(CEV)	200/A	1348m	山上の遊園地は広い。ナルシスのお花畑が拡がっている
ネイ・シャンビー観光鉄道(BC)	50	736m	夏はSLも動いている。終点にはSLの博物館もある
ルー・グリオン・ロッシェドネー鉄道(MGN)	220	1973m	有名な観光路線。奇岩の山頂はツアー観光客でいっぱい
コレートトレイン(CFF)[モントルー発着]		719m	グリュイエール－ブロ。チーズとチョコレートの里を見学
ンデュトレイン(TPF)		771m	ブール－モンボバレ。景色を眺めて車内でチーズフォンデュ
ルー・オーベルラン・ベルノワ鉄道(MOB)	73	1275m	ゴールデンパスルートの南の始まりはMABの路線から
グル・レザン鉄道(AL)	230/A	1450m	かなりの急勾配でブドウ畑の中を保養地めざして登る
グル・セペ・レディアブルレ鉄道(ASD)	60	1155m	ロープウェーを乗継ぐと広い氷河と奇岩が待っている
ル・オロン・モンティ・シャンペリー鉄道(AOMC)	135/S	1049m	ダン・デュ・ミディの近くまでロープウェイで登れる
モンティ・サンジャンゴルフ線(CEF)		406m	ほとんどがバス代替になった。フランスとの国境は近い
ヴィラール・ブルタイユ鉄道(BVB)	200/A	1850m	山上は大きなスキーリゾート。夏は閑散としている

アルプスの鉄道一覧(2)

＊パーミル‰…1000mで○m登るか。この表の場合は一番傾斜がきつい所
＊ラックレールとピニオンギア〔A:アプト式、S:シュトルプ式、R:リッゲンバッハ式、RO:ロヒャ

国名[地域名]　スイス(南西部)			
[鉄道名](略称)	[パーミル]	[最高所]	[印　象]
国鉄ゴッタルト線(SBB)	26	1151m	南北からループを繰り返してゴッタルトトンネルへ
国鉄(ローヌ谷を通る。SBB)		678m	ローヌの氷河が削った大峡谷の中央をつっ走る鉄道
フルカ・オーバーアルプ鉄道(FO)	179/A	2033m	肝心のフルカ峠部分がトンネルでは何が氷河急行?
モンテジェネロッソ鉄道(MG)	220/A	1594m	3回も行ってようやく達成したスイス最南の登山鉄道
ブリーク・フィスプ・ツェルマット鉄道(BVZ)	125/A	1605m	途中でクラインマッターホルンが見えるのを皆知らない
ゴルナーグラート鉄道(GGB)	200/A	3089m	朝一番の電車には日本人がいっぱい乗っていると評判
マルティニ・シャトラール鉄道(MC)	20.9/S	1228m	モンブランエクスプレスのスイス側。深い峡谷を走る
マルティニ・オルシェール鉄道(MO)	37	902m	サンベルナール峠とスキー保養地ヴェルヴィエへの路線
フルカ山岳蒸気鉄道(DFB)	110	2160m	私は峠越の再開一番列車に乗った。イギリス人が多かった

国名[地域名]　スイス(ベルナーオーバーラント)			
[鉄道名](略称)	[パーミル]	[最高所]	[印　象]
ベルナーオーバーラント鉄道(BOB)	120/R	1034m	インターラーケンからグリンデルワルトに行く登山電車
ヴェンゲルンアルプ鉄道(WAB)	250/R	2061m	線路沿いのヴェンゲンまでのトレッキングコースがいい
ユングフラウ鉄道(JB)	250/S	3454m	いつも満員の電車。山らしくないトップオブヨーロッパ
ラウターブルネン・ミューレン鉄道(BLM)	50	1639m	ケーブル部分がロープウェイに変わったので面白さ半減
シーニゲプラッテ鉄道(SPB)	260/R	1967m	高山植物園へ行く人が多い古典的な客車をつないだ路線
ジンメンタール線(SEZ)	26	1068m	線路幅がちがうのでゴールデンパスは此処で乗り換え

国名[地域名]　スイス(ブリューニック線沿い)			
[鉄道名](略称)	[パーミル]	[最高所]	[印　象]
国鉄ブリューニック線(SBB)	120/R	1002m	スイスに来て初めて乗ったラックレールの鉄道
ブリエンツ・ロートホルン鉄道(BRB)	250/A	2298m	とにかく景色ナンバーワン。SLにも乗れる登山鉄道
ピラトゥス鉄道(PB)	480/RO	2070m	傾斜がきついので珍しいロッハー式ラックレールで登る
ルツェルン・シュタンス・エンゲルベルグ鉄道(LSE)	250/R	1002m	ティトリスへ行く人は多いが面白い所は他にもあり
フィッナウ・リギ鉄道(VRB)	250/R	1752m	汽船と鉄道の旅ができるヨーロッパ最初の登山鉄道
アルト・リギ鉄道(ARB)	200/R	1752m	アルプナハシュタットからはこの登山電車で山頂へ
リッチベルグ鉄道(BLS)	27	1240m	トンネルを抜けローヌ谷の壁面を走る所がすばらしい
マイリンゲン・インナートキルヘン鉄道(MIB)	20	636m	忘れられたような登山鉄道。一部のマニア向き路線

国名[地域名]　スイス(中東部)(グラウビュンデン)			
[鉄道名](略称)	[パーミル]	[最高所]	[印　象]
国鉄リンタール線(SBB)		648m	クラウゼン峠へ行く時にチューリッヒから使う路線
アッペンツェラー鉄道(AB)	37	872m	のどかなアルプを走る電車はライン川沿いへ下る
ザンクトガレン・アッペンツェル鉄道(SGA)	160/S	786m	北方からアッペンツェルに入る鉄道。センティス山へ
ジールタール・チューリッヒ・ユトリベルク鉄道(SZU)	70	813m	チューリッヒで時間が余ったらちょっと立寄ってみる
レーティッシュ鉄道(RhB)			
ビュントナーオーバラント線	60	1130m	断層地帯がフォルダーライン川沿いに続く所がよい
アローザ線	60	1742m	クールからこぢんまりした保養地アローザへ向う鉄道
アルブーラ線	35	1823m	ループを繰り返して力強く上がってサンモリッツへ
ダヴォス線(ランドクァルトーフィリズール)	45	1652m	登山よりもスキーや国際会議で有名な世界的保養地
ベルニナ線	70	2256m	私のいち押しの登山鉄道は世界遺産になってしまった
エンガディン線	25	1714m	スグラフィッティの家、ロマンシュ語。ここは異境

アルプスの鉄道一覧(3)

名[地域名] オーストリア			
夫道名](略称)	[パーミル]	[最高所]	[印 象]
鉄西部大幹線 アールベルク越え	31	1311m	ウィーン、東欧へ向かう国際線。谷(タール)の国に入る
鉄オーストリア-イタリア ブレンナー峠越え	25	1371m	大峡谷を鉄橋で渡り、峠を半円を画いて下りボーゼンへ
鉄中部大幹線 ザルツブルグからウィーンへ			インスブルック、ザルツブルグを過ぎて東部ウィーンへ
鉄マリアツェル線	27	892m	狭軌で三時間ほどかかってマリア・テレジアの保養地へ
鉄セメリング線	25	898m	ヨーロッパ初のアルプスの峠越え路線。グラーツ方面へ
鉄タウエルン線	27	638m	ザルツブルグからトンネルを通ってフィラッハまで
鉄ローカル線でザルツカンマーグートへ			温泉あり、湖岸の保養地ありの風光明媚な観光地の路線
鉄シャーフベルク鉄道	255/A	1734m	サウンド・オブ・ミュージックで有名な山への登山列車
鉄シュネーベルク鉄道	200/A	1795m	アルプスの東端、ウィーンへ80キロの山へSLで行く
ンタフォーナ鉄道(MBS)			スイス国境近くのブルーデンツとシュルンスを結ぶ鉄道
チューバイタール鉄道			インスブルックからフルプメス。なかなかのどかな走り
ラータール鉄道		630m	チラー谷奥のマイヤーホーヘンへ。SLやホビー列車も
ッヘンゼー鉄道(AB)		970m	SLのみの運転でゆっくり坂を登ってアッヘン湖へ走る
ークシュピッツェ鉄道	250/A	970m	ドイツの最高峰へ登るドイツらしいドイツの登山電車
ンツガウ地方鉄道(SLB)			ツェルアムゼーからクリムルまで。近年国鉄から独立
鉄ミッテンヴァルト線			ヨーロッパのシーニックルートベスト10に入る名路線

アルプスのケーブルカーとロープウェイ

ヨーロッパでは老人や子どもでも山頂に立てるように夏でも乗り物が用意されている山がたくさんある。山上へ行く手段としてケーブルカーやロープウェイは私もよく使った。なお、日本で言うケーブルカーはFunicular。ロープウェイは Cableway、Gondolalift、Chairliftを指す。

ケーブルカー

夏山に登るために設置されているケーブルカーには全部乗ったはず(約25)。ホテル専用とか丘の上の保養地や村のために設置されているケーブルカーの中には未乗のものが少し残っている(スイス四森林湖周辺など)。概してフランス、イタリア側は少ない。(cc=ケーブルカーの略)

素晴らしいケーブルカーを挙げると、ビオッタ・リットムcc(多分アルプス一の傾斜。878‰)、バーベリーヌ・エモッソcc(870‰)、ロカルノ・オルセリーナcc、ツェルマット・フーリcc、ヴィソワ・サンリュックcc、ライヒェンバッハ滝cc、インターラーケン・ハルダーcc、ミューレン・アルメントフーベルcc、ダヴォス・ヴァイスフルーcc、ニーセンcc、シュタンザーホルンcc、ティトリスcc、サンモリッツ・ピッツネイルcc、プントムラーユ・ムオッタスムラーユcc、レザヴァン・ソンルーcc、テリテ・グリオンcc、ヴヴェ・モンペルランcc、コソネＣＦＦ・村cc、フランツヨーゼフ氷河cc、等など。

ロープウェイ

本来アルプスの観光事業は冬、春のスキーが主である。夏はその中で登山に利用できるものだけが動いている。夏登山によく利用されるものを挙げる。rw＝ロープウェイの略。

エギーユミディrw、モンブランrw、ラパリュド・エルブロンネルrw、ブレヴァンrw、ボゾン氷河rw、グランモンテ展台rw、ラグラーブ・ラメイジュrw、シェクルイ・クールマイヨールrw、マクニャーガ・ベルヴェデーレrw、チェルヴィア・テスタグルージアrw、コルチナダンペッツォ・トファーナrw、ボルミオ3000rw、ステルビオ峠・リヴリオrw、キッソ・パリュrw、サレーヴ山rw、ピヨン峠・グレッシャー3000rw、プラナショーrw、ツィナール・ソルヴォワrw、モンナ・プランモルトrw、ロイカーバード・ゲンミ峠rw、フーリ・クラインマッターホルンrw、ゴルナーグラート・シュックホルンrw、アンデルマット・ゲムシュトックrw、フィーシュ・エッギスホルンrw、ギンメワルト・シルトホルンv、ヴェンゲン・メンリッヒェン・グルントrw、グリンデルヴァルト・フィルストrw、ピラトゥス・クリエンスrw、イトリスrw、カンデルステーク・エッシネン湖rw、アローザ・ワイスホルンrw、コルヴァッチrw、ピッツラガルブ、ディアヴォレッツァrw、センティス山rw、バッチャーコーヘルバーン、シュトーバイアーグレッチャーバーン、ークシュピッツェバーン、ベンケンバーン、ホーエムートrw、ゴーザウカムバーン等など、約70乗った。

スイスアルプス　バスの旅
―ポストバスで越えられる峠　標高ベスト20―

「スイスアルプス山歩きガイド」とか「スイス鉄道の旅」などという本はたくさん出版されている。しかし鉄道を動脈にたとえると毛細血管のようなポスト（PTT）バスの旅について書かれた本はない。レンタカーで走ればよいじゃないかと言われるかも知れないが、日本と通行方向が左右逆であることや日本では慣れていないロータリー方式の方向転換がたくさんあって、そのとまどいなどを考えると私にとってはかなり危険を伴う乗り物である。ここはやはりポストバスに身をゆだねた方が楽しくゆったりした旅ができる。

楽しみ方は二つある。一つはこの章のような南北ヨーロッパを分けるアルプス越えの峠を訪ねる旅である。どの峠も歴史があって、峠の大きさに驚かされる。もう一つはスイスの辺境の旅を考えている。まだ数ヶ所訪ね歩かねばならないので後日発表ということになるが、ミュスタイア谷のリュ、ヴェルサスカ谷のソノーニョなどはぜひ訪れたい村である。（章末に一ヶ所、スイス最東端の辺境の村・サムナウンの旅を予告編のつもりで書いた。）

スイスのポストバスはお隣のイタリアとはちがって時刻表どおりに正確に来る。たまに乗り継ぎのバスや鉄道が数分延着している場合でも待っていてくれる。保障はできないが、意外に最前列の席が空いていて、写真が撮りやすい。警笛の音色が豆腐屋のラッパ風でいい。運転手と乗客のホームタウン的な会話がのどかそのもの。村の郵便局へ立ち寄るために狭い道を通るので、村の家並みや風俗も垣間見ることができる。

一見さんを卒業したアルプストレッカーはこうして次なる深みにはまっていくのである。

山上湖の対岸はイタリア。国境は湖の中ほど。建物の間に立つのが聖ベルナール像。

スイス ポストバスで越えられる峠　標高ベスト20

順位	標高	峠　名	原名（スイス五万図による）
❶	2503m	ウムブライル峠	Pass Umbrail
❷	2478m	ヌフェネン峠	Nufenenpass/Passo della Novena
❸	2469m	グラン・サン・ベルナール峠	Col du Gd St-Bernard
❹	2431m	フルカ峠	Furkapass
❺	2383m	フリュエラ峠	Flüelapass
❻	2323m	ベルニナ峠	Passo del Bernina
❼	2315m	リヴィーニョ峠	Forcola di Livigno
❽	2312m	アルブラ峠	Pass d'Alvra/Albulapass
❾	2284m	ユリア峠	Pass dal Güglia/Julierpass
❿	2224m	スーステン峠	Sustenpass
⓫	2165m	グリムゼル峠	Grimselpass
⓬	2149m	オッフェン峠	Pass dal Fuorn/Ofenpass
⓭	2113m	スプリューゲン峠	Splügenpass/Passo dello Spluga
⓮	2108m	サン・ゴッタルド峠	Passo del S.Gottardo
⓯	2065m	サン・ベルナルディーノ峠	Passo del San Bernardino/Bernhardinpass
⓰	2044m	オーバーアルプ峠	Oberalppass
⓱	2005m	シンプロン峠	Simplonpass
⓲	1948m	クラウゼン峠	Klausenpass
⓳	1916m	ルコマーニョ峠	Passo del Lucomagno/Cuolm Lucmagn
⓴	1815m	マロヤ峠	Passo del Maloja

＊❽⓰にはポストバスは走っていない

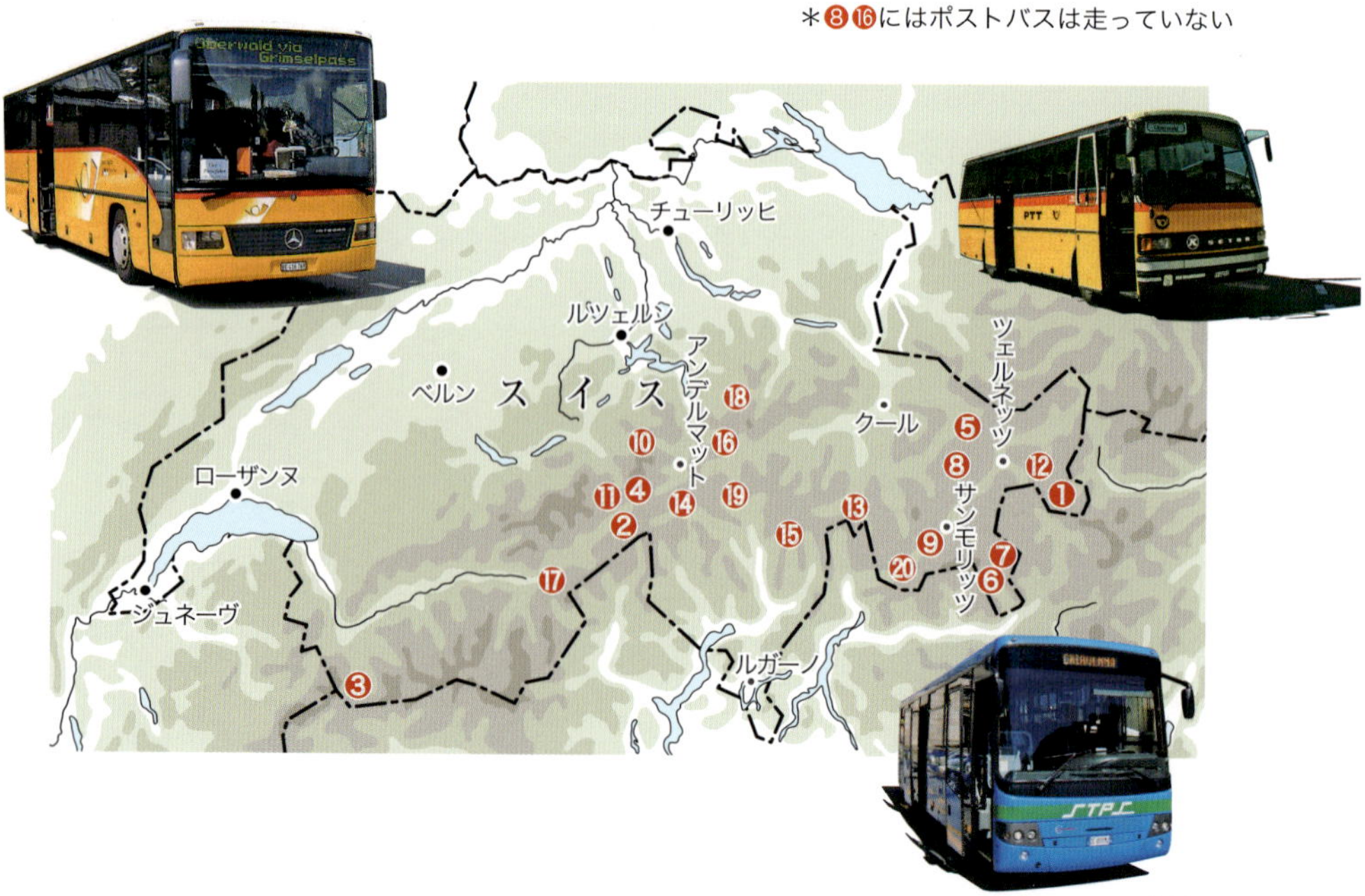

（1）ウムブライル峠　2503m

Pass Umbrail

五万図 Ofenpass (Pass dal Fuorn)

手前左はボルミオへ、右はステルビオ峠へ。正面にイタリア側税関とスイスのサンタマリアへの道。スイス側から来ないと峠の感じはない。

バスで越えられる峠としてはアルプスで二番目に高いステルビオ峠（2757m）に行き、そこからチロルの最高峰オルトレス（3905m）を見るのが今回の目的だった。

スイスのサンモリッツ方面がスタート地点だと一日では限界に近い冒険なので始発列車で出発する。イタリアに入り、ティラノ、ボルミオとバスを乗り継ぎ、ステルビオ峠に到着したらお昼をまわっていた。

峠で景観を満喫。帰途はウムブライル峠からスイスのミュスタイア谷へ下る予定だ。バスは日本を出る前に予約をしておいたが、午後一本のみのバスなので少し早めにバス停らしき所で待っていた。だが、バスは定刻になっても現れない。少し焦りだした頃にご婦人が二人来て、手前のジープの人に声をかけた。私も近づいてみて驚いた。ジープのボンネットにポストバスの黄色いステッカーが貼ってある。予約人数が少ないのでジープだったのだ。予約表とパスポートを見せてOK。ホッとした私とご婦人たちを乗せてジープはウムブライル峠と標識にある所からスイスへ入り、一目散に下った。

（2）ヌフェネン峠 2478m

Nufenenpass/Passo della Novena
五万図 Nufenenpass

7月になっても、5月の立山のように、両側に雪壁が残っているのは此処だけだ。峠の高さとベルナーアルプスの眺望が売り。

鉄道では近づくことが出来ない辺境の村やスリルに満ちた山岳道路をポストバスで周る旅には、山登りとはまた一味違う楽しみが待っている。

ローヌ川の最上流にオーバーワルトという交通の要衝がある。ここを起点にすると二つの峠めぐりのコースがとれる。まずはローヌ氷河の周囲を大きく周るような、⇩〈フルカ峠〉⇩ゲシュネン⇩〈スーステン峠〉⇩マイリンゲン⇩〈グリムゼル峠〉⇩のコース。もう一つはローヌ谷の南峠を周る、⇩〈ヌフェネン峠〉⇩アイロロ⇩〈サンゴッタルド峠〉⇩アンデルマット⇩〈フルカ峠〉⇩のコース。フルカ峠は重複するが、氷河急行の旧線に夏だけ蒸気機関車が運行されているので、それで越えれば変化があって面白い。

7月初旬、オーバーワルトでヌフェネン峠経由アイロロ行きのバスを待つ。同行の士は二、三人。ローヌ谷から離れるウルリッヘンでも五人程度。七月にこれでは赤字路線だ。アゲーネ谷に沿って上るとやがてヘアピンカーブが始まり、大きなダム湖の横を通る。そして見晴らしの良い広い峠に到着すると、ベルナーアルプスの最高峰フィンスターアールホルン（4273m）が印象的。この後、峠からアイロロまでの下り道は意外に長かった。

(3) グランサンベルナール峠 2469m

Col du Gd St-Bernard

五万図 Courmayeur

峠としての要素がすべて揃っている完璧な峠。モンブランに近いプチ・サン・ベルナール峠の方がうら淋しさが残っていて好ましい。

車の通るような大きな峠には必ずといってよいほどホスピーツがある。日本では終末医療と結びついて暗いが、ここでは徒歩で越えたころからあって修道院が運営している巡礼者用の宿屋のことをいう。夏以外だと峠近くには雪があるから修道院が「お助け小屋」を置いているのだ。この峠では9世紀に聖ベルナール・マントンが創設。その後ナポレオンが改築したので立派な建物だ。

しかしここで一番有名なのはセントバーナード犬である。遭難者のもとへ首にラム酒の小樽をつけて助けに行く話は有名だ。峠にはもちろん本物も居るが縫ぐるみになるとナポレオンの軍隊ほどいる。

この峠の上にも大きな池があり、その真ん中辺りが国境である。峠からは東の方角にグランコンバン(4314m)とモンベラン(3731m)が大きく見えた。

（4）フルカ峠 2431m

Furkapass
五万図 Sustenpass

左端白いのがローヌ氷河。正面の建物がバスが止まるベルヴェデーレ。右上が車道のフルカ峠。右下の線路はフルカ山岳蒸気鉄道。100年ほど前の写真や絵を見ると、岩壁の下まで氷河が落ちている。氷河急行の名に相応しいその頃の景色を眺めてみたかった。

かつて氷河急行が通っていたフルカ峠の旧線が「フルカ山岳蒸気鉄道」として復活した。２０００年には峠を越えてレアルプからグレッチまで開通すると聞いたので、その一番列車に乗りに行った。東側の出発駅レアルプはカメラを提げた好事家《テッチャン》でいっぱい。しかし東洋人はこどもを連れたインド人の夫婦と私だけだった。「これは帰ったら自慢が出来るわい。」とひとり悦に入った。

やがて一度ベトナムへ売ったが買い戻したという蒸気機関車が発車。峠の少し手前でグレッチから来たＳＬと対面。乗客は皆降りて写真を撮る。関連グッズから軽食まで売っている。トンネルで峠を越えるとローヌ氷河の末端の岩壁が見える。新線が出来る前の氷河急行の見せ場だ。

グレッチに到着すると今度はバスで逆にフルカ峠に向かう。峠の手前のローヌ氷河の景観はもちろんだが、峠を越えると眼下にはＳＬの吐く煙が見える。この日はアンデルマットまで行き、かつてゲーテが滞在したという宿屋に泊まる。

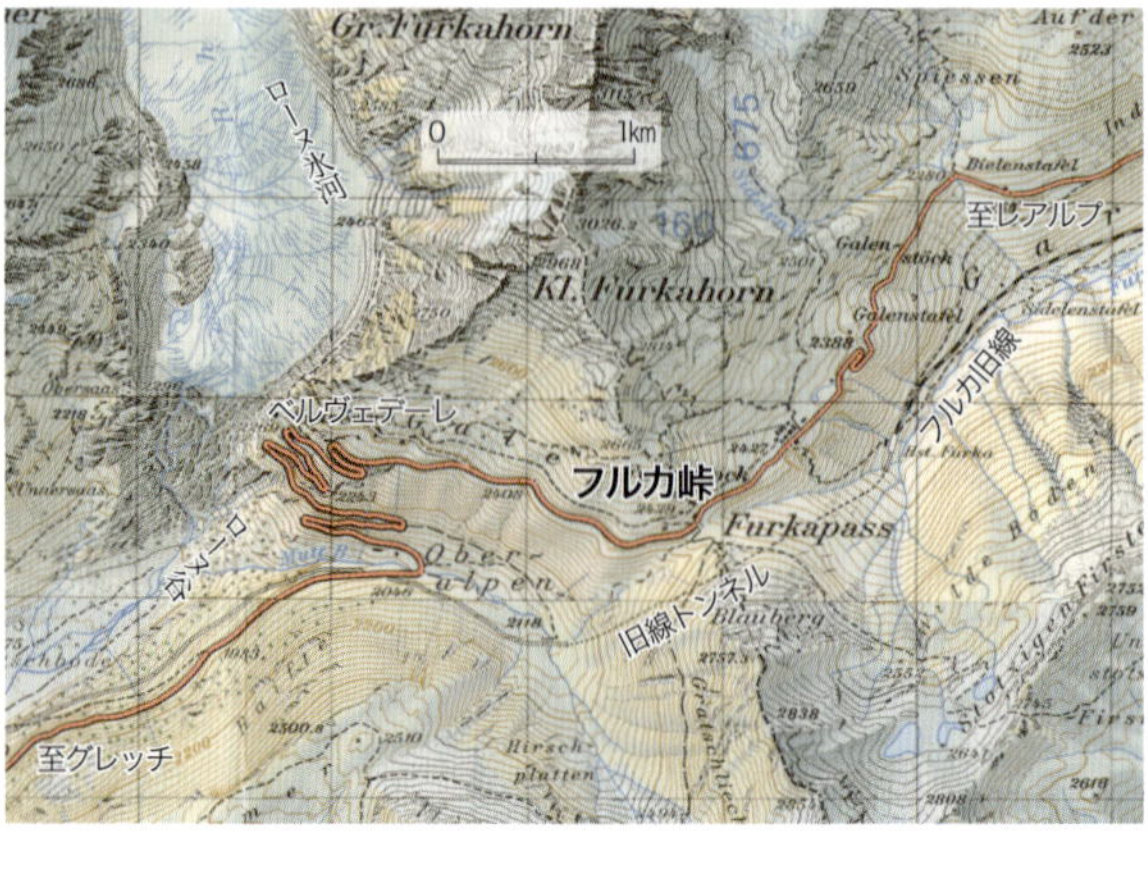

（5）フリュエラ峠　2383m

Flüelapass

五万図　Bergün/Bravuogn

峠で休憩になると、イタリア語圏では「カプチーノ」。ドイツ語圏では両手を前に出して「カフェミット　ミルヒ」と言って満々と注いでもらう。

毎年7月に行われる自転車ロードレースのツール・ド・フランスは有名だが、6月にツール・ド・スイスがあるのを知る人は日本では少ない。このフリュエラ峠はコースとして毎年のように採り上げられている。比較的なだらかな峠道だが、２０００メートルを超えているから選手たちは息が苦しいことだろう。

この峠をダヴォス側から越えるとエンガディンである。私の常宿のあるサメダンは近い。そのホテルの前にベルニナアルプスの最高峰ピッツベルニナ（４０４９ｍ）が近くに見えるコルバッチ展望台へ行くバス停がある。ある朝ここで日本人に出会った。明日はフリュエラ峠を越えるエンガディンマラソンに参加するとの事だった。これがこの峠を知った最初だった。

エンガディン側からの峠道は最初にヘアピンカーブがあるだけで、比較的なだらかだが、両側の岩壁は鋭い。やがて池のある峠に到着。峠のレストランのピンク色の壁には、この地方の州の紋章、アイベックスが跳ねている。

ダヴォス側も比較的なだらかで左岸の山はスキーで有名なヤコブスホルン（２５９０ｍ）の側面だ。私がダヴォスに立つといつもギリシャ正教の黒衣の人が多いのはなぜだろう。

(6) ベルニナ峠 2323m

Passo del Bernina

五万図 Passo del Bernina

『佐貫亦男のアルプ日記』という本がある。40年ほど前に書かれた本だが今読んでも新鮮で、スイスの風物をよく捉えて書かれている。この本が私のスイス行のバイブルである。本の中で佐貫さんは、オーバーエンガディンの山は寂しい山だと言われているが、これは私の印象とは少しちがう。白銀に輝く山稜を三つも見せるピッツパリュ（3905m）が好きだ。サメダンの常宿では必ずベランダからこの山姿が見える部屋を用意してもらっている。周囲の山がまだ暗い中、ピンク色に浮き上がるパリュの姿はこの世のものとは思えない。次はピッツベルニナ（4049m）の永遠に白い尾根ビアンコグラート。佐貫さんは女性的だと言われるが、そんなものは超越している。

　ベルニナ峠についても少し違った見方をしている。古い歴史は知らないが、私には昔はここがスイスとイタリアの国境だったような匂いがする。この峠の南のポスキアーボ谷は、ある戦争の結果スイスに併合されたのではなかろうか。それほど劇的にスイスとイタリアを分けている。ベルニナ峠はそんな峠だ。高原状のベルニナ谷を氷河を見たり、鉄道の線路と平行したりして走るとラーゴビアンコ（湖）に沿うオスピッツオベルニナに到着する。そのすぐ先に峠がある。

世界遺産になったベルニナ線が平行して走っている。氷河やベルニナアルプスの山、ラーゴビアンコ（湖）などの景色が通り過ぎると峠だ。

（7）リヴィーニョ峠 2315m
Forcola di Livigno
五万図 Passo del Bernina

峠が国境で、検問のある所がかなりある。概してスイス側はやさしくて、イタリア側は厳しく感じられるのは私だけだろうか。

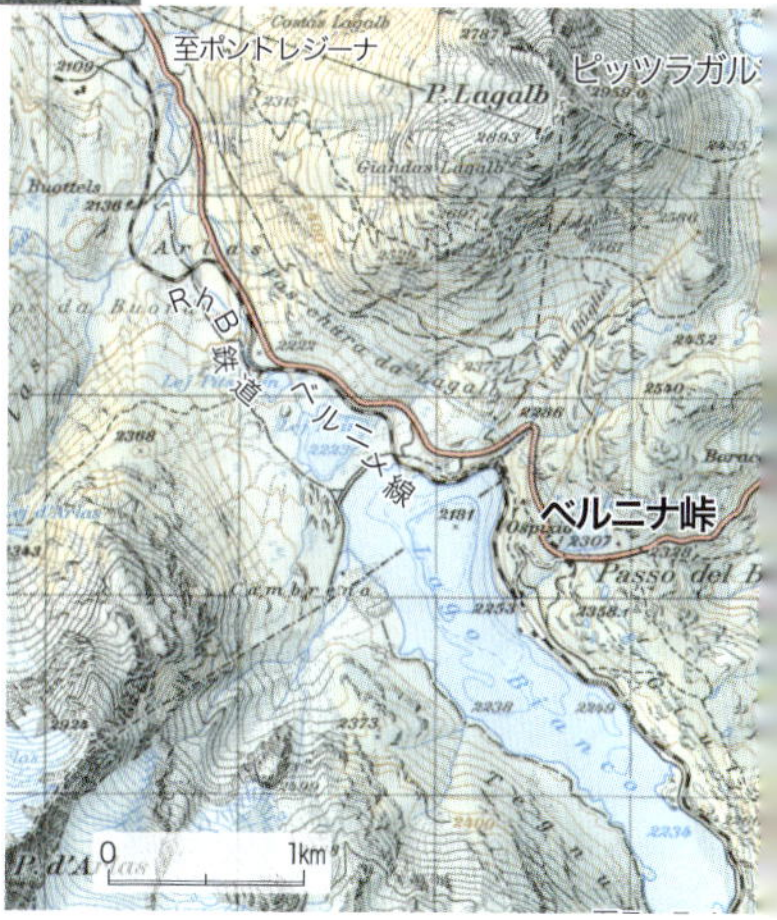

数年前からベルニナ谷の入口にある保養地ポントレジーナからイタリアのリヴィーニョまでポストバスが走り出した。前節のベルニナ峠から鉄道はすぐにイタリアへ向かって下りだすが、車道は東へ向かう。2キロほど走ると北へリヴィーニョの標識がある。そこで主道と分かれて北へ直角に曲がる。道は急に細くなり、バス同士の離合はぎりぎり。カーブでは警笛を響かして徐行する。道の両側に針葉樹はなく、一面がお花畑である。やがて国境の検問所に到着。そこがリヴィーニョ峠である。イタリアに入っても周囲の岩山と綺麗なお花畑の道は続く。やがてスキーリフトが見えてきてその下に家並みが連なるとそこがリヴィーニョ。

辺境のムラにしては車も人も多く、古民家と西部劇風の店が混在して並んでいる。ここは免税村なのだ。電化製品や酒、タバコ、香水に衣類などが主だが、私はキノコの専門店が気に入った。

帰途はツェルネッツ行きのポストバスに乗る。長細いリヴィーニョ湖に沿って北へ、そしてトンネルで国境を越えるとスイスの国立公園に出る。公園を散策してもよし、そのままツェルネッツへ出るもよしで、後は駅前で大好きなピッツリナルド（3411m）と対面して鉄道で戻る。

（8）アルブラ峠　2312m

Pass d'Alvra/Albulapass

五万図　Bergün/Bravuogn

プレダからホテルの車で運んでもらったときが20 SF。後日、反対側のサメダンからタクシーで往復したときが100SF。ポストバスよ、走れ!!

この峠にはポストバスは通っていない。観光のツアーバスはもう一本北のフリュエラ峠の方が傾斜がゆるやかなのでそちらを利用する。また鉄道路線はここが鉄橋やループ線を繰り返して登るハイライト部分なので観光客はそこを避けては通りにくい。鉄道の最後はアルプス越えでは最高所（１８２０ｍ）のアルブラトンネル（約６キロ）で通過する。車道の峠はそこから標高にしてさらに５００メートルも上にある。バスなしでの攻略方法は熟考の末、まずトンネルの北西側出口にあるプレダ駅（氷河急行では二番目に高い）の近くのホテルに二泊の予約をする。そして徒歩かヒッチハイクで攻略しようと考えた。

ホテルに到着するなりオーナーらしき女将《おかみ》に峠に対する熱意をぶつけてみた。そうすると「今日は雨だが、明日なら私が車で連れて行ってあげよう」と言ってくれた。渡りに船とはこのことだ。

翌日は晴れ。10時頃に出発。離合の難しい狭い道を20分ほどで峠に到着。このあたりの峠は全部そうだがドナウ川とライン川の分岐だ。峠の南東側には大きな池がある。峠のレストランのシェフに「これでこの絵はがきの峠は全部越えた」と自慢する。後日、エンガディン側のサメダンからも登って峠道を繋いだ。

(9) ユリア峠 2284m

Pass dal Güglia/Julierpass
五万図 Julierpass (Pass dal Güglia)

峠名からジュリアス・シーザー、ローマ帝国、『ガリア戦記』と連想し、ハンニバルの象によるアルプス越えがこの峠なら、と夢が膨らむ。

グラウビュンデン州の州都クールはローマ文化とゲルマン文化の接点として古い歴史を誇っている。そのクールへイタリアから峠を越えて向かう道はたくさんある。ユリア峠もその一つ。ブレガリア谷からマロヤ峠を通ってエンガディンに入り、シルヴァプラナからユリア峠に向かう。峠近くの道の両側に立つローマ時代の石柱、並列して並ぶ戦車除けといわれる岩石群はユリア峠という古風な名前を納得させてくれる。

この峠はサンモリッツ側からは近く、ポストバスに乗ると約30分で着く。クール側からは特急バスでも2時間はかかる。便数が少なくて、朝の8時30分のバスを峠で下車すると次のクール行きは4時にしか来ない。7時間も峠ではすごせないので、逆に一時間後にクールから来るバスで戻ることになる。故に峠からクールまでの景観は未だ知らない。

ローマ時代の石柱を見に樹木のない高山植物の咲く道を歩いた。峠は広々として気持ちが良かった。自動車の通る国道の横の古代の石柱におもわず触ってみた。

サンモリッツへ戻るバスからはシルヴァプラナ湖が綺麗に見えた。

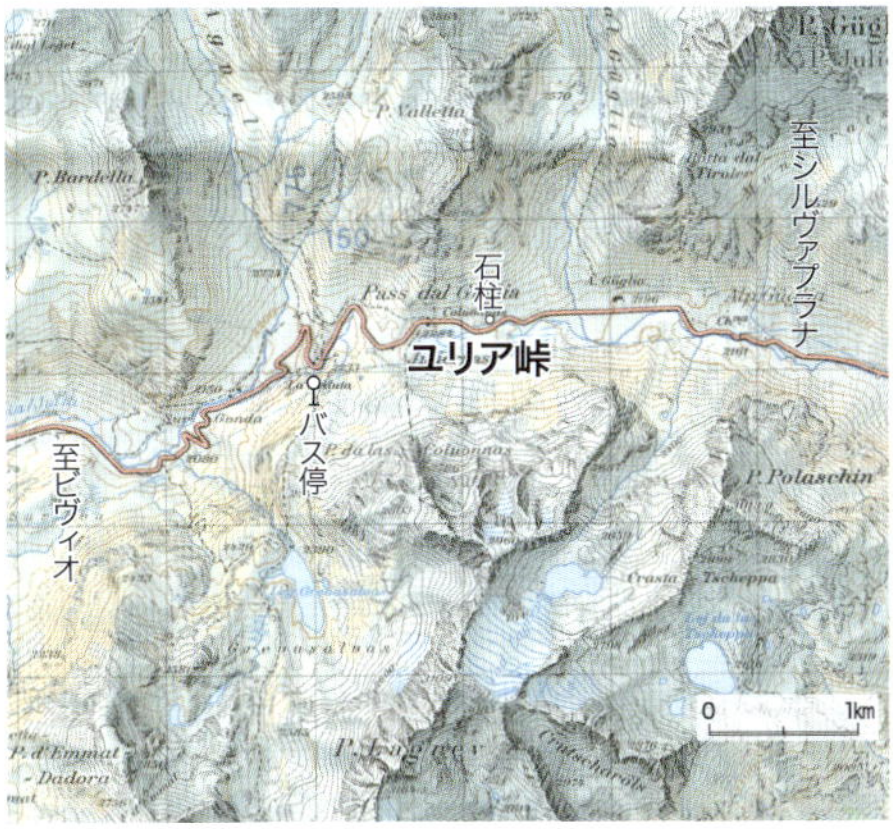

(10) スーステン峠 2224m

Sustenpass

五万図 Sustenpass

まだ出来て70年という峠道。造り始めは戦争中だから戦車などの車両通行用だったのだろう。道幅も広いし、カーブも無理なものがない。

出来てから半世紀ぐらいの新しい峠道らしく、自動車交通のいろいろなノウハウが加味してあるのだそうだ。しかし私がゲシュネンからマイリンゲンまでこの峠道を使って移動したときは、前日が大雨だったのでまったく印象がちがった。

朝、まだ雨が少し残るゲシュネンをバスは平気な顔をして走り出した。鉄道では大きなループの見せ場があるワッセンの町を通り過ぎると、西へ向きを変えマイエン谷に入った。初めは快調に飛ばしていたが、やがて集落がなくなり山が迫ってくると、車道めがけて小滝が連続して落ちてくる。その道路上を横切る茶色い水流と共に石礫《いしころ》も流れてきて散乱してくる。少し大きい沢に来ると橙色の合羽を着た保線作業員が2、3人いて拳を振上げてエールを送ってくる。

最後にジグザグと一回曲がってトンネルに入る。最高点はどうもこのトンネルの中のようだ。やがてシュタイン湖は見えたが上部の氷河は雲に隠れて見えない。ホテルの前を通って、ヘアピンカーブを繰り返して下る。ガドメン辺りからは傾斜もゆるくなり、バスは谷に沿って一路マイリンゲンに下った。

天候の良い時にもう一度通ろう。

（11）グリムゼル峠　2165m
Grimselpass
五万図　Nufenenpass

手前ガードレールはグリムゼル峠からの下り道。その上がローヌ川と遊歩道。左からフルカ旧線。上の車道はフルカ峠へ行く。中央はレアルプ。

ドイツ語圏のスイスでは湖は"See《ゼー》"という。大きな峠の上にはほとんどゼーがある。しかし湖と池の区別が日本とは少し違うようで、「なんだ。これは湖ではなく、池じゃないか」と思う所が多い。大小で用途がちがうだろうが、なぜ峠の上に溜め池なのか。飲料水ではないのは確か。発電をするには水量が少ない。結局のところ私には雪解けの水量調節以外に考えられないゼーである。

マイリンゲンからハスリ谷をつめてグリムゼル峠に登ってくると、ボーデン湖《ゼー》、グリムゼル湖《ゼー》と大きく見晴らしの良い堰止湖が続く。そして峠にはトーテ湖《ゼー》（死の湖）という池がある。この名前は18世紀末にフランス軍とオーストリア連合軍が此処で激戦を繰り返して、多数の死者をだした事に由来するという。

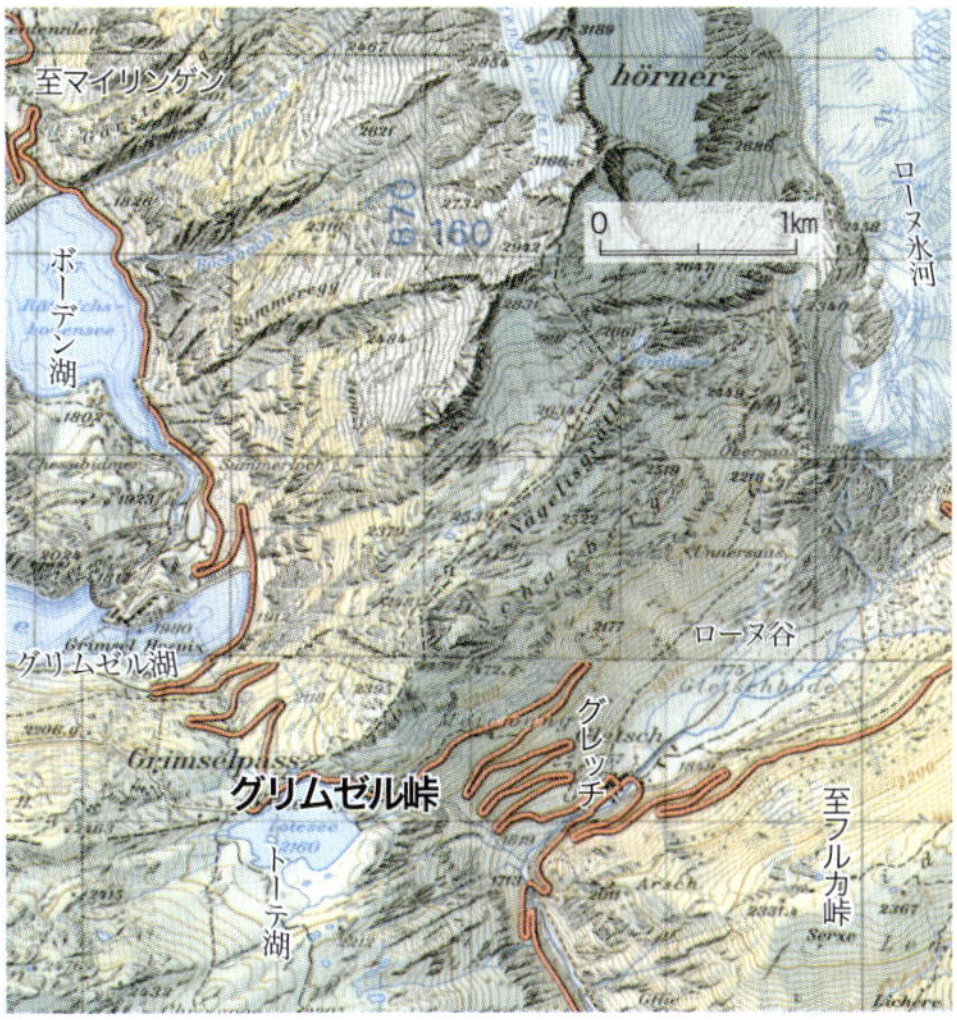

この峠の見せ場は峠から見える山々以外にもう一つある。峠からローヌ谷へ下るヘアピンカーブからのローヌ谷の景観である。フルカ峠も素晴らしいが私はこちらの方がより箱庭的で好きだ。ローヌ谷を下る蒸気機関車を探すのは私だけか。

(12) オッフェン峠 2149m

Pass dal Fuorn/Ofenpass

五万図 Ofenpass (Pass dal Fuorn)

位置的にロマンシュ語からイタリア語へ言語が変わる峠と説明されるが、そんなことはない。みんなバイ×バイリンガルな人たちばかりだ。

一人旅のバスツアーは少し早めに行って、運転席（左）の右側の一番前の席に陣取るに限る。峠に来ると止まるバスが多いが、なかには素通りするポストバスもある。その時にはフロントガラス越しに写真を撮ることができる。

ツェルネッツから国立公園の中心のイルフォルンを過ぎると公園内ただ一本の車道は一直線に南東へ向かう。最後に山を廻り込むとオッフェン峠だ。この峠は他の峠のように広々とした台地ではないし池《ゼー》もない。峠の茶屋が一軒あるだけで日本風でなつかしい。遠くに雪を冠ったオルトレスがはじめて顔を出す。三好達治の「彼方に遠き山は見ゆ……」を想い起す。この峠の見せ場だ。

ミュスタイア谷を下る。バスは峠を越えてイタリア風になった村々のポストに立ち寄りながらのどかに行く。今回は2回目のオルトレス詣である。世界遺産の修道院があるミュスタイアで1泊する。

翌朝、ウルブライユ峠経由ステルビオ峠行きのバスに乗る。サンタマリアまで来ると、バスのマイクが「日本人が1人乗っているか」。「乗っている」とやっている。日本でバスの予約をしたので親切な事だ。終点のステルビオ峠から夏スキーのメッカ、ビヴリオまで行くとオルトレス山は眼前にあった。

⑬ スプリューゲン峠 2113m

Splügenpass/Passo dello Spluga

五万図 San Bernardino

広いアルプの牧場があって、その真ん中を十回以上ヘアピンカーブを描いて強引に上って行く。牛とぶつかればどうするんだと思う。

私の机の上に「スイスの峠16」という絵はがきが貼ってある。今回採り上げた20峠から抜けているのは、①ウムブライユ峠（場所が辺鄙《ぴ》）、②ヌフェネン峠（不明）、⑦リヴィーニョ峠（まだ認知度が低い）、そして⑬スプリューゲン峠である。この峠は利用者が少ないからだろう。

クールからイタリアへ抜ける峠は幾つもある。この峠はコモ湖方面への峠で、少し西にはロカルノのあるマジョーレ湖へ行くサンベルナルディーノ峠もある。峠の北側のウンターライン川は険峡で、道も悪路だったという。私もツィリス手前の「悪い道《ヴィアマーラ》」を歩いた事がある。

鉄道をトゥージスで降りて川沿いにバスでスプリューゲンに行く。ここで峠行きのバスに乗り換える。南へ支流沿いに入り山が迫ってくると牧草地の斜面をヘアピンを繰り返して登っていく。やがてスイス側の検問所、次にイタリア側の検問所がある。バスはフリーパス。越えたモンテスプルーガの池畔で運転手も乗客も珈琲ブレイクとなる。この後、キアベンナまでのイタリア側の谷は長い。しかし村々にはそれぞれ特徴があって飽きさせない。終着駅のキアベンナの昼下がりは二度経験したが強い日差しの下の町には人影もなくけだるい。ソーリオに立ち寄ってサメダンに戻った。

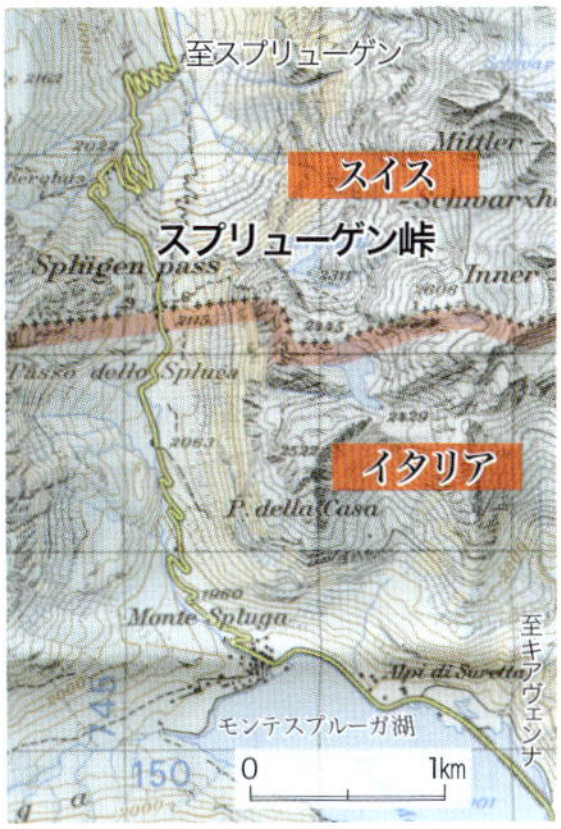

(14) サンゴッタルド峠 2108m
Passo del S.Gottardo
五万図 Nufenenpass

歴史のある峠道には歴史ある取り組みがよく似合う。19世紀にケラーが描いた駅馬車と同じ白馬の馬車が復元されて走っている。左は峠の記念碑

中世以後イタリアのミラノへ行くのにもっとも利用された峠である。往時を偲んで昔の郵便馬車が夏の日曜日にアンデルマットから峠を越えてアイロロまで運行されている。運賃がすこぶる高いので白馬5頭に牽かれた馬車の出発だけを見送って、私はバスで峠に向かった。

荒寥とした岩だけの道が続く。峠は台地も広いし、池も大きいし、旧ホスピーツのホテルも立派。ゲーテは此処まで来て、陽光燦々たるイタリアの誘惑を振り切って、恋人の待つドイツに戻ったことがあるそうだ。

この峠の地下を自動車用トンネルと鉄道トンネルが通っている。今また、青函トンネルを抜いて世界一になるゴッタルド基底トンネル（約57キロ）が貫通して、5年後には南北ヨーロッパを結ぶ幹線の時間は短縮されようとしている。私はあまり乗りたいとは思わないが。

⑮ サンベルナルディーノ峠 2065m

Passo del San Bernardino/
Bernhardinpass
五万図 San Bernardino

素晴らしい峠なのにバイパスが出来たので人々は通らなくなった。風で波打つ湖面を眺めながら、寂しくオスピツオでエスプレッソを飲む。

クールからベリンツォーナやルガノまで行くにはサンベルナルディーノ峠越えで行くと、近年、峠にバイパストンネルが出来たので、3時間弱で行ける。したがって利用者も多く、バス便も多い。その代わり峠の上まで行く人は観光客だけになり、バスも1日に3便しかない。

南のベリンツォーナから入ると、半世紀前の廃線跡の残るソアッツァ、メゾッコと古いイタリア風の町が続く。峠行きのバスの出るサンベルナルディーノも落ち着いた村だ。

乗客は私一人。バスはすぐに針葉樹の疎林が美しい高原を走る。運転手が「ここで写真を撮れ」と3回も車を止めてくれる。峠の湖畔の最高点では記念写真も撮ってくれた。湖端のオスピツオでは一緒にエスプレッソを飲んだ。スイス側の下りのヘアピンカーブはすごい。バスの大回しでは大声をあげて二人で楽しんだ。バイパス岐れの近くには戦車隊の演習場があった。

⑯ オーバーアルプ峠 2044m

Oberalppass
五万図 Disentis (Mustér)

鉄道を降りて峠に立つとカウベルの音、アルプホルンの響き、ヨーデルの合唱と揃っていたが、唯一ポストバスのラッパの響きが無かった。

アンデルマットをスイスアルプスの十字路と言う人がある。南北は地下を通るゴッタルドトンネルでドイツ語圏とイタリア語圏を分けている。西はフルカ峠を通ってローヌ谷に入るとフランス語圏は近い。東はスイスで一番大きいグラウビュンデン州。スイス第4の言語であるロマンシュ語を使う人もある州である。

　オーバーアルプ峠にはポストバスは走っていない。私が思うに、この峠を境にして東西方向の交流は疎遠気味になるようだ。しかし観光客にはそんなことは関係ない。氷河急行を筆頭にして鉄道も車道もほとんど平行して東西に横断して走っていく。

　アンデルマットから峠の上までのヘアピンカーブで見せる西方のフルカ峠までの景観は「見せ場」である。そして峠には湖があり、そこが現在の氷河急行の最高地点（2033m）である。車道の最高点はそこより少し東になる。峠一帯には高山植物が咲き乱れ、放牧された牛のカウベルの音が聞こえ、青い湖の向こうには雪を頂いた岩山がそびえる。スイスの典型的な風景である。

　峠から車はヘアピンカーブで下る。鉄道は最初トンネルで下る。後はディセンティスまで並んで駆け下っていく。

　鉄道はここでマッターホルン・ゴッタルド鉄道《バーン》からレーティッシュ鉄道《バーン》に交替する。

(17) シンプロン峠 2005m

Simplonpass

五万図 Visp

ナポレオンが造った立派なオスピスだが完成は死んでから。右側通行はナポレオンが作った条例。占領されなかったイギリスは左側通行。

私の子どもの頃はシンプロントンネルが世界一だった。それは30年前に上越新幹線の大清水トンネルが出来るまで続いていた。イタリアのミラノからスイスへ入るときにこのトンネルに何回かお世話になった。国境がトンネルの中ほどになるので、パスポートの検閲に来るときがある。

峠を通るポストバスのイタリア側の発着地はドモドッソラ。出発すると少しの間だけ鉄道が付き合ってくれる。

国境の検問所を通り、スイスの国境の町ゴンドに到着する。やたらとガソリンスタンドが多いのはイタリア側から注油に来るからだろう。ゴンド峡谷を登りきるとシンプロンの村《ドルフ》があり、少しして鐘楼つきの古い救護院《アルターシュピッテル》があり、つづいてナポレオンの建てたホスピスがある。そして峠に到着すると高台に巨大な鷲の石像が聳える。

ブリークへの下りはスノーシェッドの半トンネルが多い。

(18) クラウゼン峠 1948m

Klausenpass

五万図 Klausenpass

リンタールはグラールス州の「聖者」の旗だったのに、どこで変わったのだろう。峠の茶屋ではもうウーリ州の「牛」の旗になっていた。左は今も変わらない峠のレストラン。バスはしばし休憩。

土、日だけチューリッヒから終点のリンタールまで急行が出ている。それに乗ると1時間30分程で到着した。リント谷の入口の州都グラールスあたりは工場が多かったが、終点のリンタールまで来ると保養地のようで早朝の駅前は寂しい。峠行きのバスが1台ポツンと待っている。天気がよければここでもケーブルカーやロープウェイで山上へ見物に行く所があるが、雨では仕方がない。すぐにバスに乗りこむ。町中をぬけるとヘアピンカーブで高度を上げる。両側から岩壁が迫ってくる。特に左岸側のイェーガーストックが壁のように覆いかぶさってきて迫力満点である。最後もかなりの高度をヘアピンカーブでこなして峠に到着。峠のレストランで全員がしばし一服する。

下り始めるとすぐに放牧地だが、谷側はストンと落ちている。この峠は両方とも最後のツメの傾斜が厳しい。シェッヘン谷をどんどん下るとやがてウイリアム・テルの生誕地ビュルグレンに到着する。この辺りから急に車が増えて四森林湖の港のあるフリュエレンまでは渋滞する。その頃になると空はもう晴れていた。

(19) ルコマーニョ峠 1916m

Passo del Lucomagno/
Cuolm Lucmagn
五万図 Valle Leventina

フォルダーライン川の源流はオーバーアルプ峠近くのトーマ湖といわれているが、この峠湖の源流カドリーモ谷の方が長いと思うのだが。

峠の南側の発着点はヴィアスカ。ベリンツォーナの北西20キロの所にある。この辺りのティッチーノ川の右岸は岩壁が続き、綺麗な小滝が数多く落ちている。バスは駅前から出るので、場所を確かめてから町を散策する。町はイタリア風で駅前のレストランはどこも満員だ。一人では入り難い。それでピザの立ち喰いということになってしまった。

バスがブレンノ川沿いに走り出すと、教会を中心にした信仰の厚そうな村を次々と通過する。ブドウ畑やリンゴかマルメロの果樹畑が両側に続く。峠までのバスと乗り換えるオリヴォーネの村にも立派な教会が目に付く。換わりのバスで村を出ると周囲に針葉樹が増え、辺りは高原状になってくる。右の山側に大きなサンタマリア像が見えると峠だ。峠の北側には大きなダム湖が見える。

ディセンティスからのバスが来るまでの間に例によって絵はがきを買ってカプチーノを飲む。ほどなく同型のバスが到着。乗客はたえず運転手に話しかける老女と私だけ。バスは湖岸の長いスノーシェッドを通り、なだらかなメデル谷を下っていく。運転手に今日泊まるディセンティスのホテルの名前を言ったら、町に入ってからスピードをゆるめて、指差して教えてくれた。駅前《バーンホフ》に着いたら修道院の鐘の音が刻をつげていた。

（20）マロヤ峠 1815m

Pass del Maloja

五万図 Julierpass (Pass dal Güglia)

イタリアへ行く人。北欧へ帰る人。旅人にとってこのつづら折れの峠道は難関だったことだろう。古道に残る轍の跡がそれをものがたる。

エンガディン（イン川の谷の意）という地名の響きがいい。オーストリア風にインタールでなくてよかった。下流の方から、シュクオル、グァルダ、ツェルネッツ、サメダンといかにもロマンシュ語らしい地名がつづく。それが上流にくると、チェレリーナ、サンモリッツ、シルスマリア、マローヤとやさしくなるのは、森と湖と白い山のなせるわざか。

エンガディンの最西端がマロヤ峠。イン川の源流もすぐそこである。峠にマロヤクルムというホテルがあり、その道の向いに展望台がある。そこに立つとマロヤ峠から下っていくブレガリア谷がよく見える。なぜ氷河期に西側だけ３００メートルも深く削られたのか、その急崖をへアピンカーブで車が上下する。旧道にはローマ時代の車輪の轍が残っているそうだ。

私が最初に此処を訪れた目的はセガンティーニの住まいとお墓の見学だった。その後、サンモリッツの美術館で有名な3連作の絵「生」「自然」「死」に感激して、その「死」の絵の背景の山並みがマローヤから見たものだとわかり、同定しに来たこともあった。セガンティーニは死ぬまで5年間この地に住んだ。隣のシルスではニーチェが10年程夏を過ごした。ブレガリア谷を少し下ったボルコノーヴォはジャコメッティの生誕地だ。

(仏) リズラン峠　2770m

Col de L'Iseran

サヴォア地方でイタリア国境に近い。北側のヴァルディゼールが起点のスキーリゾート地。

アルプスのバスの通る峠で一番高い。広大な峠は一位の貫禄充分。イタリアのグランパラディーソが近いはずだが前山にかくれて見えない。

(伊) ステルビオ峠　2763m

Passo dello Stelvio

ボルビオとソンドリオを結ぶ峠。スイス国境に近く、スイスからもバスが来る。

アルプスで二番目に高いバスの通る峠。チロルの最高峰、オルトレス山が間近に見える観光地。夏のスキーリゾートとしても賑わう。

(墺) ホッホトーア峠　2505m

Hochtor pass

グロスグロックナー山岳道路の途中にある。トンネルの入口なので見過し易い。

オーストリア最高峰からツェルアムゼーへ向かう観光道路。近くに道路最高点の展望台エーデルヴァイスシュピッツェ（中央）がある。

歴史を刻んだ古い峠

(仏)(伊) プチサンベルナール峠 2189m

Col du Petit St.Bernard/Colle del Piccolo San Bernardo

クールマイユールからフランスのブール・サン・モーリスへ。サヴォアに古くからある峠。峠からモンブランが見えるのは感動的。第二次世界大戦の激戦の地でもある。弾痕が峠の館に多数残っている。

ドロミテの奇観

(伊) ポルドイ峠 2239m

Passo Pordoi

ドロミテ街道で最も標高の高い峠。カナツェイから東へ近い。ロープウェイでサッソポルドイまで上るとドロミテの最高峰マルモラーダ（3343m）が見える。ここから東へファルツァレーゴ峠（2105m）を越えるとコルティナ・ダンペッツォに着く。

アルペンスキー発祥の地

(墺) アールベルク峠 1793m

Arlberg pass

チロルとフォアアールベルク州の境の峠。麓のザンクトアントンと共にスキーのメッカ。日本に最初に入ったシュナイダーのアールベルクスキー術はここから。今もアルペンリゾート。地下に一万米超の鉄道幹線のトンネルが通る。

だからバスの旅はやめられない

瑞《スイス》・墺《オーストリア》・伊《イタリア》三国国境の山に登りたくて地図を眺めていて、瑞の辺境にサムナウンという秘境のような村を見つけた。墺との鉄道最東端スクオルの駅前から東の国境の村マルチナまではポストバス。そこからサムナウンまでは小型のバスに乗り換えて国境に沿って、時計の反対周りでまだ約45分もかかる。

イン川本流に沿う道は良かったが、国境に沿ってチェーラ谷に入ると離合が困難な狭い道になった。谷底まで２００《メートル》はあるだろう。その山腹をバスはいくつものトンネルを越えてトラバース気味に走る。ポストバスのラッパが林間にたびたび鳴り響く。やがて谷が浅くなり、そして水平になった所で墺側からこんな辺境には似合わない二車線の立派な道が合流してくる。そこから谷は広くなり、ロープウェイの下を通りサムナウンに到着する。

着いてまず驚いたのは辺境の村にしては新しい建物が多い事だ。次に驚いたのはそれがすべて免税店だった事だ。そして店内には「ハングルわかります。」との札がある。人は瑞側からはあまり来ないから、どうも墺側から韓国のバスツアー客が時計や宝石を買いに大挙来ているようだ。もちろん東欧の人だろうか、西洋人も多い。昼食時のレストランはどこも満員だった。それで少し時間をずらそうと水上《みなかみ》の方へ散歩に行くと、そこには支え柱に鼠返しのついた古い正倉院風の倉がいくつも並んでいてまさに辺境の村だった。冬にはここのスキー場は墺側のゲレンデと続いていて賑わうのだそうだ。

半分苦々しい思いを胸に抱いてバスに戻ると、運転手と女将《おかみ》さん風の人がロマンシュ語で喋っていた。僕はそのイントネーションにしばし聞きほれた。

サムナウン。バスプールから村を見る。
新しい建物が林立しているが、古い村はその奥にある。

雨の日によく行く本屋さん。山の本はたくさんあるがグラフィックが中心

ブレヴァン行きのロープウェイチケット

雲のかかるモンブランの下部のボゾン氷河

地形のせいかシャモニではよく雨に降られる。昼頃には晴れないかと登山電車やロープウェイで高台まで出てみるが結局は駄目。シャモニに戻って駅近くの墓地へ先人を訪ねる。山岳会へパンフレットを探しに行く。土曜日にはモンブラン広場の朝市にも立寄ってみる。3時頃になると日本人案内所へベルナディット・津田さんをたずねて無理を聞いてもらう。『ロープレスキュー技術』を書いてもらった堤信夫さんも習練の場はシャモニ。ベルナディットさんとは旧知のようだ。

モンブラン広場で土曜日の午前中に開かれる朝市の古書店。山の本は少ない

わが社の山の本ベストセラー堤信夫著『ロープレスキュー技術』

フランス山岳会(お金を払えば誰でも入会できる)

『アルプス登攀記』の著者、エドワード・ウインパーの墓

『無償の征服者』の名ガイド、リオネル・テレイの墓はウィンパーの墓の隣にある

『星と嵐』の著者、ガストン・レビュファの墓

ベストセラー『ザイルのトップ』の著者、フリゾン・ロッシュの墓(左)

Ⅵ

京都に棲息七十七年 ―こだわりの自分史抄―

幼虫の住処　―ゆりかごの山・吉田山―

「吉田山を散策する（ガイドブック風に）」

吉田山は京都盆地の東方にある南北五百米ばかりの丘陵である。「神の世に神集まりて神楽岡」と山中の石碑にあるように、古来、神楽岡《かぐらおか》と呼ばれ、山中には十五社ほどの神社が点在した、どちらかというと明るい感じの丘陵である。南北に長い山稜の西側は神域となっていることもあって、里山としての自然が豊富に残っていて、最近ではキノコや小鳥などの自然観察の場としてよく利用されている。

メインとなる散策路は東一条通からである。東大路から東を見ると、両側に石垣塀が続く。左側が京都大学の石垣塀、右側が旧制第三高等学校（現京大総合人間学部）のもの、そして彼方には吉田神社の朱の鳥居が眺められる。その鳥居をくぐると表参道。ここから次の鳥居までの百米ほどの参道はつい最近までは松並木が見事であった。しかし近年、その松が松くい虫にやられて壊滅してしまって、今では駐車場化しているのは残念である。

やがて中の鳥居で石段にあたる。その左手に坐《いま》すのが今宮社。この神社は吉田の地（旧吉田村）の産土《うぶすな》の神である。室町時代から別名木瓜《きゅうり》大明神とも呼ばれている。祭神は八坂神社（祇園社）と同じくスサノオノミコト（牛頭《ごず》天王）。牛頭

天王は比叡山の近くの瓜生山《うりゅう》に降臨し、ホップ、ステップ、ジャンプと祇園社に飛んで行かれたのだそうである。この神社の紋がキュウリの切断面に似ているるので、社家の鈴鹿を名乗る人の中には、今でも祭りの間はキュウリを口にしない人がおられると聞いている。

大杉が日差しをさえぎる石段を登りきると、毎年節分にお火焚き行事の催される広場に出る。広場北側の本殿前は玉垣と鳥居の朱色が一段と冴える。ここは歌舞伎「菅原伝授手習鑑」三段目、車引きの場の舞台の背景そのもので、歌舞伎ではこの前で松王、梅王、桜丸が立ち回りを演じる。

そしてその鳥居をくぐると荘厳な吉田神社の本殿である。平安京への遷都と共に創建された藤原氏ゆかりの社で、奈良春日大社の平安京支店(?)なので春日社とも呼ばれる。本宮に向かって右手、石段の上に延喜式にも記載されている摂社がある。私が本宮とともに必ずお参りするのはこの社で、吉田山でいちばん古い神様、神楽岡社だ。私を育ててくださった吉田山の神様である。

春日社から節分で有名な大元宮までは南東方向へだらだらと登っていく。この坂道を日降坂《ひぶりざか》と言い、参道の両側には由緒ある摂社が点在している。その中ほどに料理の神様として知られた山蔭社がある。日本で初めて食べものを調理し、味をつけたといわれている藤原山蔭卿が祀られている。

日降坂を登り切ると大元宮である。さきほどの春日社に対してここは吉田社とも呼ばれる。八角形の本殿は一五世紀創建の重文。敷地内には日本中の神様

が祀られている。この吉田社は応仁の乱の混乱のなかから吉田兼倶《かねとも》によって確立された吉田神道をもって江戸時代末までは、出雲大社、伊勢神宮とならんで絶大な権威を誇っていたそうだ。今でも二月の節分には十万人以上の参拝客で賑わっている。

榎がひときわ高く聳える道を東へ行くと峠のような所にでる。そのまま東へ下る坂は和琴《わごん》坂、その右手は孝明天皇のご信仰が厚かった黒住教の宗忠神社。史跡だけを訪ねるのなら、宗忠神社から表参道の桜並木のつづく石段を東へ下って、応仁の乱のときに東陣のあった真如堂、法然上人ゆかりの黒谷さん(金戒光明寺)への道がおすすめ。自然派は私と一緒に吉田山の山頂へ。

峠から北へお稲荷さんらしく鳥居が並立する参道を百米ばかり北へ行くと竹中稲荷の社殿にでる。このあたりからは大文字山がきれいに望める。江戸時代にはこのお稲荷さんは女性の参詣人でいっぱいだったとか。今も江戸時代の面影は残っていて、テレビの時代劇のロケ地によく利用されている。境内左奥には在原業平の塚があるので探してみよう。

左へ少し登ると子供の家もある頂上広場に出る。「紅もゆる丘の花」の石碑は旧制第三高等学校を偲ぶもの。三等三角点があり、説明板に一〇五・一二米と書いてある。これをもって吉田山の最高点としてある本が多いが、それは間違い。ここは測量のために大文字山(如意ケ岳)、愛宕山、稲荷山から見えやすい地点なのだ。吉田山の最高点は三角点より百五十米ほど北にある。その辺り

は現在では京都市の緑地公園として山頂休憩広場も作られていて、大文字の送り火を見るのに絶好の場所となっている。標高は百二〇米くらいだろう。

山頂から大文字山を眺めたら、二股道の所まで戻って下の方の道を北へとると木々の間の綺麗な散策路が続く。このあたり子供の頃は松とツツジが目立ったが、五〇年以上経った今では見違えるように美しいクヌギとコナラの林になった。十一月末から十二月はじめの紅葉は素晴らしいの一語だ。しかし近年その雑木林が大きくなりすぎて昆虫（カシノナガキクイムシ？）に穴を空けられて枯れてきている。はたして吉田山の次の林相は何が占めるのだろう。楽しみがまた増えた。この道はかつて三高生が逍遙の道として親しんだ道である。この吉田神社の北参道の自然を楽しみながら今出川通までゆっくり下ることにしよう。

［吉田山はわがプレイグランド］

京都大学の付属病院で生まれ、京都大学正門前の本屋の小僧として育った私だが、子どもの頃の遊び場は京大構内よりも吉田山の方だった。山は探検気分が味わえて大好きだった。小学校から帰るとすぐに吉田山へ遊びに行った。頂上近くの笹原にロビンソンクルーソーのように笹を編んで家を作って遊んだり（警察に逃亡者の家と間違えられて大目玉）、小さい社の石垣を西部劇のアパッチ砦に見立てて、ゴムのパチンコで撃ち合いをしたり（神主さんに社が痛

むと大目玉）、冬季オリンピックをまねて、竹で橇を作り赤土のスロープを滑り降りたり（すぐにクギでズボンが破れて母親から大目玉）、プロ野球のピッチャーをまねて、頂上から下へ向かって石の遠投を競ったり（潅木のかげからアベックが出てきて大目玉）、鉄条網で進入禁止になっている茶室に入り込んで手塚治虫のマンガを読んだり（管理人さんに見つかって大目玉）等々やりたい放題の毎日だった。

その頃の吉田山の植生は松とツツジが主だった。旧制第三高等学校の逍遙の歌として名高い「紅もゆる岡の花・・」の花は、本来は三高の記章の桜花だろうが、その頃は山桜が少しあるだけで、ツツジのピンクの方がだんぜん優勢だった。第二次大戦のすぐ後の何もない時代だったから、そのツツジの花の蜜を啜って甘味を堪能したりしていた。他にも、グミやシイの実を採って食べたりもした。逍遙の歌の最後、「・・月こそかかれ吉田山」は、わが家が山の西麓にあったので、大きな満月はちょうど吉田山を越えて東から出てくる。それは綺麗なもので、いまだに満月を見ると逍遙の歌が浮かんでくる。

高校生の頃だったと思うが、吉田山の主要散策路には道に沿って鉄条網が張られた。そのためにこれまでのように縦横無尽に走り回れなくなった。当時はこんな無粋なものを張って、と立腹していたのだが、そのおかげで落ち葉がしっとりと積もりだし、赤土むき出しの箇所がなくなってきて、地味が肥えてきた。土壌が育ってきたせいか、十年もすれば、植生も変わってきて、松が枯れ、

クヌギやコナラの林に変身していった。初秋にもなるとその下には以前の松茸とは違ういろいろな別の種類のキノコが目を楽しませてくれるようになった。吉田山で最も変貌したのは山の中央から北の方で、クヌギ、コナラを中心とする林は十一月下旬から十二月中旬にかけて山の色を見事に変えてくれるようになった。

かたや神社の周辺に元々あったスギ、ヒノキ、クスノキ、スダシイなどの常緑樹も、栄養がゆきとどいてきたせいか、もこもことした元気な森に復活した。初夏のスダシイの花は山の下層の色を黄色く変えて見事だ。

京大の辺りから吉田山を眺めると、子供の頃には赤松が多くいかにも松茸の出そうな(現実によく松茸が採れていた)山で、山肌の赤土の部分が結構目立ったのに、この頃では、完全に樹木で覆われてしまっている。山の木々も背が高くなってきたせいか、以前は京大の正門の前から、吉田山ごしに大文字の送り火が拝めたのが、今ではもう少し西の方(遠く)へ行かないと見えなくなってしまった。

このような変化は吉田山だけのことではなくて、東山三十六峰全体についていえることである。昔を懐かしんで、松の復活を唱える人があるが、植生は完全にクライマックスを目指して進行中なのである。荒れていた頃の古絵図に出てくる松の疎林を懐かしむより、自然に任すべきだと思う。神戸の六甲山のように人工物が山を駆け上がってくると大変だが、京都は今のように周囲の山へ

雑木林の美しい吉田山西面(京都大学から見る)

の建築を禁止して景観保存につとめれば、京都の盆地を囲む里山の林はまだまだ良い方向に進んでいくと思う。

「『吉田探訪誌』とわが町」

京都の有名な神社ではどこでもお詣りする人向きの由来書を持っていて、それを読むと神社の歴史や宝物を一般の人でも知ることができる。しかし、吉田神社にはそのようなものが存在せず、私は以前からあればいいのにと思っていた。吉田兼倶により確立した吉田神道の解説書なんかはあっても「神地垂迹説」なんてちんぷんかんぷん何もわからない。

そんなこともあって鈴鹿隆男氏の書かれた『平安京を彩る神と仏の里―吉田探訪誌』（二〇〇〇）は地元の人にとっては待望の書であった。著者の鈴鹿隆男氏は長らく氏子総代をしておられた人で、吉田神社の社家・乾の鈴鹿家六四代の当主である。もとは顔見世で有名な南座の支配人をしておられたし、京土産の聖護院八ツ橋の顧問も兼任しておられた地元の名士である。（二〇一二年に鬼籍に入られた。）

この本の内容を大きく分けると、「春日社と藤原山蔭卿」「吉田兼倶と吉田神道」「吉田今宮社（木瓜大名神）と吉田の地」の三部構成になっている。もちろん神社のことが詳しく記されているのだが、吉田の地籍についても多くの筆をさいておられる。私は子どもの頃から吉田の地に住んでいるのに、この本

には知らないことが多々書いてあり、編集しながら興味深く読ませてもらった。

私の住んでいた二本松町という字《あざ》は江戸時代に巨大な二株の松の木があったことに由来している。子どもの頃には旧制第三高等学校（同じ二本松町）の中にまだその名残のような松の切り株が残っていたのを覚えている。明治時代の中頃になって京大や三高が出来始めるのだが、それ以前は、鴨川から東は一面、聖護院大根や聖護院かぶの畑だったという。そのなかに農道を除くと、道は荒神橋から北東に続いて琵琶湖に抜ける山中越えの道と吉田神社の参道があるだけだったそうである。

明治三十年頃に京大（本町）、三高（二本松町）、一中（近衛町）が出来て大根畑の一部はキャンパスに化けた。その学校と畑の境に石垣ができると、その石垣の外側に沿ってまず村の人たちが下宿屋をはじめる。次にその下宿生や寮生相手の喫茶店やミルクホール、玉突き屋などができ、そして先生の住居などが建ちはじめる。その三高の東側の塀に沿った新しい町がわが二本松町であった。

昭和の始めごろは、久米先生（三高最後の生物学の教授）によると次頁の図のような町であったようだ。昭和の三十年ごろの図は私が記憶で書いてみた。比べてみると第二次大戦後は東一条通りの疏水の分水は暗渠となり、カツラ並木もちらほらになってしまっている。カツラの木の最後の一本は教養部（旧三高）の正門の向かいに残っていたのだが、それも学園紛争の時（一九七〇年ころ）に誰かが折ってしまった。以後、東一条通りに並木を復活させようという動きが

父 喜一郎が二十三歳のときに「ナカニシヤ書店」を開業。四年後（一九三二）に京大正門前に移転したときの写真。左・二十歳代の父と母。

ないのは寂しいことだ。京大の中に斜めに続いていただろう中世の東海道の道（山中越）とともに心残りだ。

ナカニシヤ書店は昭和三年（一九二八）に開業した。最初の場所は地図でいうと、吉田神社の鳥居の所で右におれた齋藤（洋服）と書いてある辺りだったが、四年後には図の位置に変わって戦後まで続いた。創業者・父、喜一郎は丸善京都支店の洋書部に勤務、母も丸善に勤務していたそうだから職場恋愛結婚の魁かもしれない。開業が先か結婚が先かは二人とも私が子どもの時に死んでいるのでわからない。

ナカニシヤ書店は京大や三高の先生、学生以外の人にはあまり知られていない所にある本屋だった。京大出身の作家、野間宏は『わが塔はそこに立つ』の中で、「……ナカニシ屋の店先で本の立読みをしているなかに知った顔があるのをふと見つけ……」と書いている。

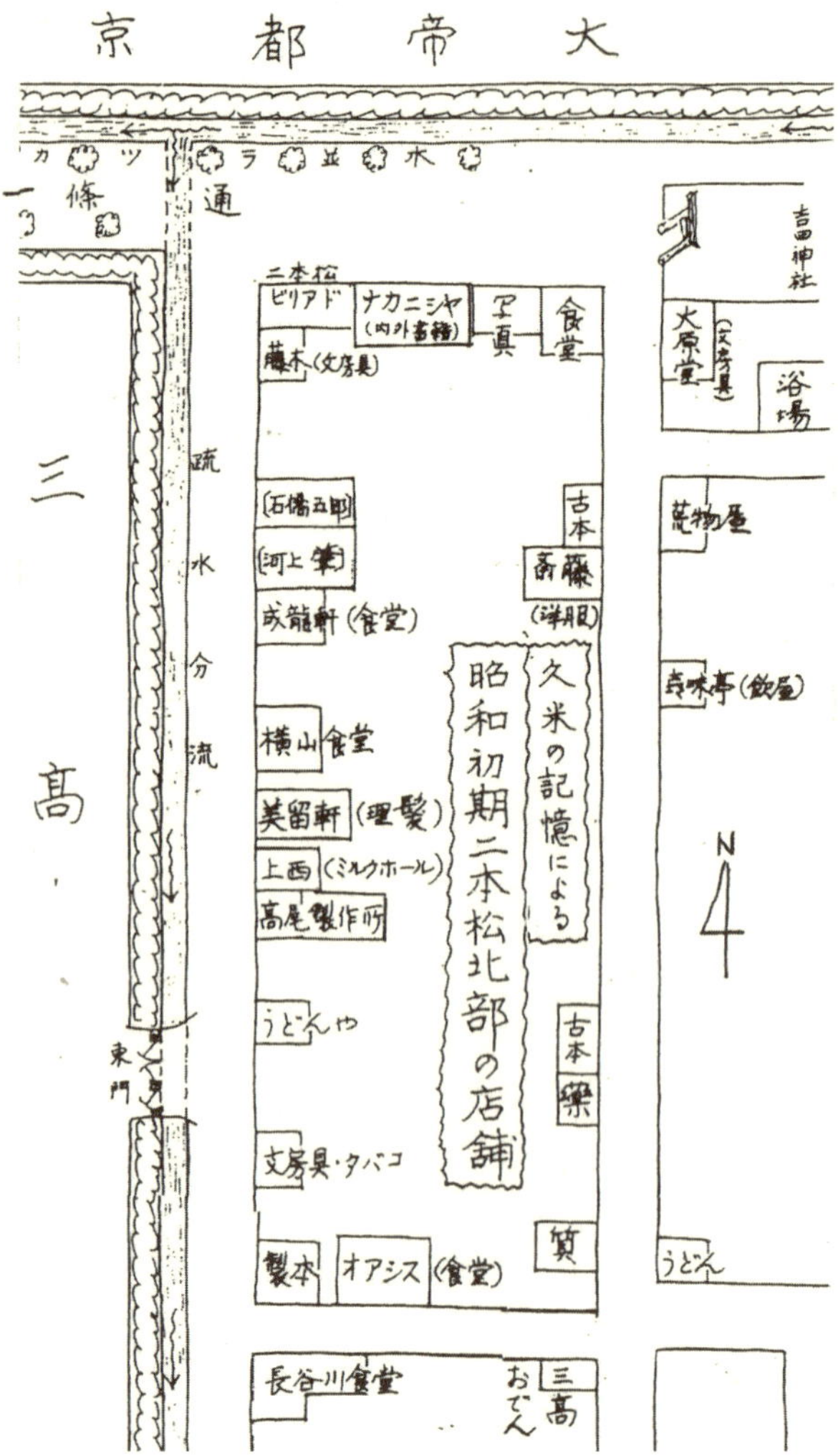

その後その主人公は吉田神社の鳥居をくぐり吉田山に登っていく。昭和一〇年前後の話であろう。その他、田宮虎彦の随筆にもナカニシヤは登場している。

終戦の頃には『貧乏物語』を書かれた河上肇先生が近くに住んでおられた。しかし先生もそして私の父もあの頃は不治の病とされていた結核で、前後して亡くなった。もう一、二年寿命があったら、ペニシリンやストレプトマイシンが進駐軍から手に入って助かったかもしれないのに残念なことである。

昭和三十年の図では戦前から続いている学生相手のお店がまだ何件か残っているが、現在ではさらに少なくなって、学生相手の店で続いているのは散髪屋の美留軒がただ一軒のみになってしまった。思い出は尽きないが、このあたりで閉じよう。

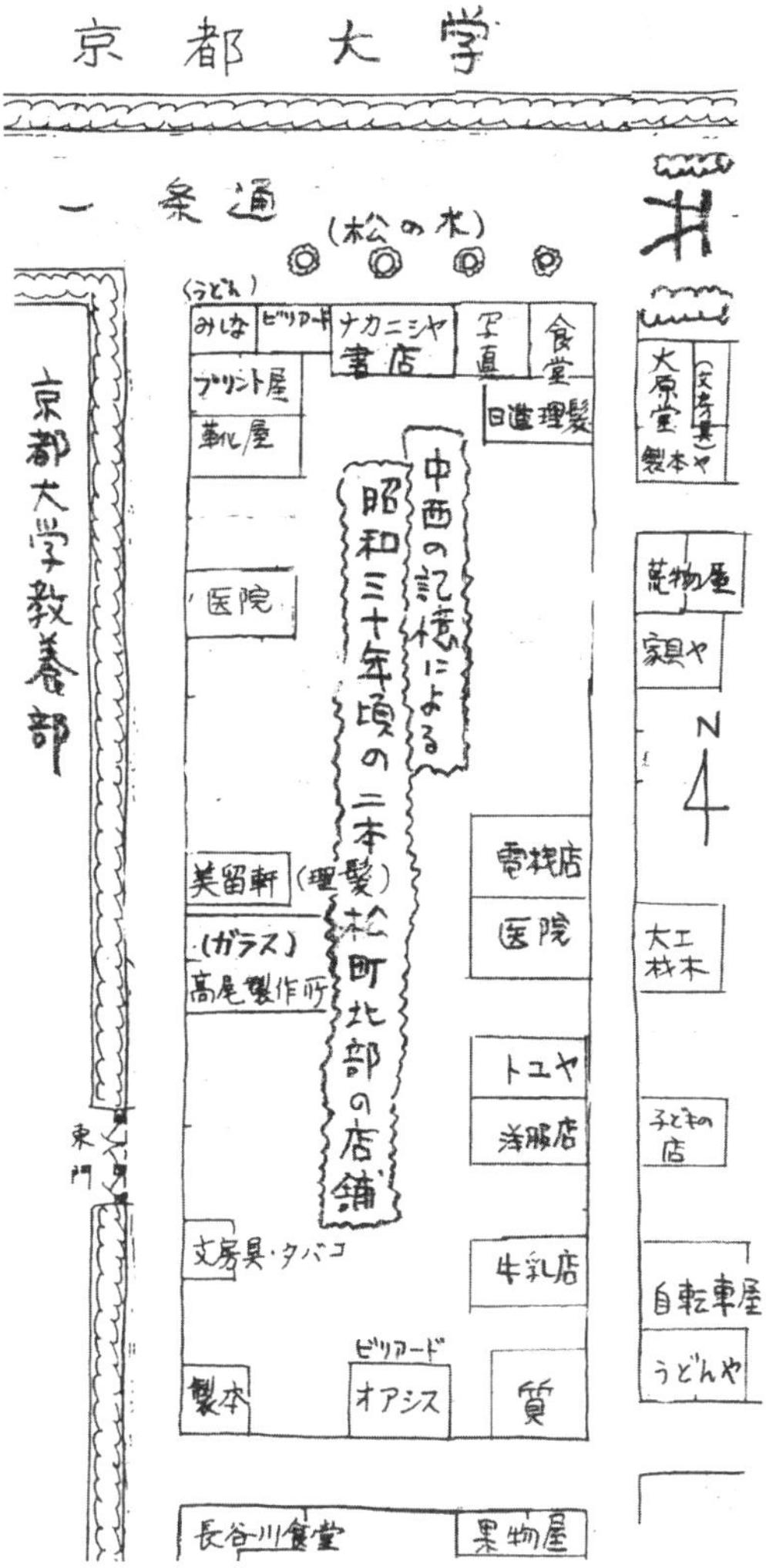

グルメの青虫　—美味しい京野菜—

私がグルメかどうかは別にして、食には長年に亘ってかなりこだわってきたつもりでいる。京都の食通としていくつか雑文を書いたが、その中から初期に書いた一編を残しておく。

「京野菜が危ない」

林義雄著『京の野菜記』を出版したのは今から四十年近く前の昭和五〇年（一九七五）のことだった。そのころの京野菜は、今日の京野菜ブームからは考えられないことだが、一部を除いて息もたえだえ、まさに滅びかけていた。本の腰巻き（帯）にも「京童の味覚を楽しませた多くの京野菜が、開発の波に押し流され、消えていく。惜別の情で語る京野菜の興亡史。」と書いた。この本の著者で、当時京都府の農業試験場長を退職されたばかりの林義雄先生の言では、すぐき漬けにするすぐき菜、千枚漬けにする聖護院かぶ、田楽にする賀茂なす、日常的におばんざいとして使う九条ねぎ、壬生《みぶ》菜ぐらいは残るだろうがそれ以外は危ないとのことだった。

京都には他にも聖護院大根、鹿ケ谷かぼちゃ、万願寺とうがらし、堀川ごぼう、柊野《ひいらぎの》ささげなど地名が付いた野菜がたくさんある。それは京都盆地のあち

らこちらで野菜が栽培されていた証拠である。そしてこれらの京野菜は他の地方のものと比べると確かに美味しい。何故そうなのか、それは京都が長い間、都であったから、全国から美味しい野菜が集まって来たからである。

本作りをしていて、写真が少し足りないのに気づき、先生のお供をしてあちらこちらへ写真取材に行った。桂離宮の近くで作られているはずの桂瓜の写真を撮りに行くと、もう何処にも栽培畑はなかった。その原因を地元の栽培農家の人に聞くと、味はよいが、形が揃わない、一度作ると七年間別の作物を作らなければならない(忌地作物《いやじ》)、それに桂も家が多くなり、仕方なく他の地域で作ったら良い瓜が採れない、などが原因だった。桂瓜を使った奈良漬けで有名な田中長漬物店も契約していた農家が作らなくなったので、仕方なく別の関東の瓜を使っているとのことだった。

また瓢箪型をした鹿ケ谷かぼちゃは、家でぎっしり埋まってしまった今の鹿ケ谷ではもちろん作っている所は一軒もなかった。法然院の南隣に鈴虫、松虫ゆかりの安楽寺というお寺がある。その安楽寺で毎年七月二十五日、土用の日に、中風除けの「かぼちゃ供養」という行事が催される。その時のお供え用として、委託された洛北の農家があと一、二軒作っているだけだった。夏の暑い中「かぼちゃ供養」の取材にも行った。本堂の仏さんのお供え(写真 下)は瓢箪形の鹿ケ谷かぼちゃだったが、中風除けとして参拝者がお相伴にあずかる大きな鍋で炊かれている南瓜は丸かぼちゃだった。(今ではまた元に戻っている。)

その他にも、どぼ漬け（ぬか漬け）にすると美味しい山科なすもあと数軒が細々と作っているという状態でまさに滅びかけていた。

ただ亀岡に京都府立農業試験所（現農業総合研究所）があり、そこでは種の保存のために各種の京野菜を栽培していたが、これは例外と考えるべきだろう。

伝統野菜というように、その一つひとつに興味深い歴史があるが、それは林先生の本を読んでもらうこととして、滅びかけた理由を簡単にまとめてみると、戦中戦後の食料不足の時以来、生産者側ではまだ収穫量重視の姿勢が続いていた。流通側ではスーパーなどが出来て、変質しない見かけの良い野菜を要求した。一方で消費者側は価格の安さがいちばんの要求であったことである。

例えば山科なすは、戦前は朝、収穫して、農家の人がそのまま荷車やリヤカーに乗せて京都へ「振り売り」（写真 下）にきていた。皮がうすくて歯ざわりがよいので、どぼ漬はもちろん、焼きなすにしても煮ものにしても、いちばん美味しかったと今でも年配の人たちはなつかしがる。ところが、戦後は中央卸売市場やスーパーの流通機構に出荷するようになる。つまり、食卓まで届くのにまる一日多くの時間が必要になったのだ。すると、山科なすの薄いなす紺の皮はこの一日の間に茶色く変色してしまい、商品価値がなくなってしまう。それならと収穫量も多く変色もしない、皮の厚いなすの方が作られるようになる。そうして山科盆地から美味しい山科なすが消えていくのである。他の野菜も似たような経過をたどったようである。いわば、第二次大戦以来、「味」の軽視

された時代が長く続いていたということになる。

「グルメの時代がやってきた」

そして、日本経済の急成長とともにいよいよグルメの時代がやってくる。「味」の優先順位があがったのだ。今まで堀川ごぼうやうぐいす菜など、料亭での美味な京野菜の話はご主人から聞くだけであった奥様方も簡単に料亭のお昼のお弁当などで食べられるようになる。「田楽には賀茂なすが最高」（写真 下）「堀川ごぼうのそぼろづめは豪華」「えび芋と子芋ではぜんぜん味がちがう」「スキヤキに芹がないなんて」・・・。

この現象は京都へ遊びにくる人々の間から次第に全国に広まり、やがて京野菜は美味しい野菜の代名詞にまで成長していく。東京の百貨店にもコーナーができる。各地で催される京都の名産展にも必ず出品される。雑誌にもよく京都の味覚の特集で掲載される。そして何よりも影響が大きかったのはやはりテレビのグルメ番組だろう。

こうして「京の伝統野菜」はブランドものとなって劇的に復活していったのである。先生の書かれたこの京野菜の歴史の本は、今まであまり語られなかったことで、新鮮でおもしろく本もよく売れた。私は復活の一翼を担ったようで大変嬉しかった。

「特産品の将来」

私はこれで京野菜も万々歳、大丈夫だろうと思っていた。しかし、著者の林先生は見方が違っていた。こんな現象は一時的なブームで、すぐ終わってしまうと冷淡だった。その時の私にはそのようには思えなかったのだが、その後、加齢とともに先生が言っておられた意味が理解できるようになってきた。要は「特産品とは何か」ということなのである。全国何処でも作られ、何処に行っても食べられたら、それはもう特産品ではないのだ。上賀茂でしか作っていないから、すぐきは特産品なので、したがって付加価値も高く保っていられる。それが何処でも作られるようになると、普及はするが、もう京の特産品ではなくなるということなのだ。

先生は試験場長時代に、時の京都府知事・蜷川虎三氏とその件で大激論をされたと聞いている。知事は「すぐき」がそんなに儲かるのなら京都の各地で量産しようと言い出したのだそうだ。そんなことをしたら今述べたように失敗になることは明白である。

たとえば、大原のしば漬けにその傾向がみられる。全国どこへ行ってもホテルや旅館の朝の和定食には必ずといってよいほど付いてくる。戦後すぐの東京の福神漬けもそうだった。特産品としてはこうなると危ない。だけどしば漬けの場合は消費者の好みがそうさせたのか、他地方で作るしば漬けはきゅうりを中心としたしば漬けが多い。これは救いといえば救いだ。だから大原では、本

九条葱のネギ干し（上鳥羽）

来のなすの多い、少し匂いのする酸っぱいしば漬けを作っていればよいのだ。しかし大原でもきゅうりやみょうがなどの多いしば漬けが売れるからといって、変わりしば漬けを多く作っている。このあたりに特産品を生産する側の姿勢の問題もあるような気がする。

特産品は生産量も少なく、稀少価値でもって、付加価値を高くして売るのがよいようである。毎日、売り切れる店がある。そうするとお客さんが行列をして並ぶ。このあたりが商売のコツであり、特産品の売り方のコツでもあるような気がする。もちろん味が良くなくては駄目だが。

最近では、「われも京野菜」「われも京野菜」と名乗りをあげ、府の認定するものだけで四十種類以上にもなっている。丹波大納言小豆、丹波黒大豆などにも「京野菜」のラベルが貼ってある。本来、黒大豆は丹波は丹波でも兵庫県の丹波篠山あたりの名産のはずである。いくら京都の伝統野菜というブランドを付ければ売れるからと言っても、私には行き過ぎてきたように思える。またこのように種類も沢山になると消費者の目も当然分散してしまう。生産地の要望ももちろんあるのだろうが、もっと数をしぼって丁寧に扱うべきだと思うのだが如何なものだろうか。少し京野菜の将来が気になってきた。

こうして林先生に生前ご教示いただいた京野菜にたいするこだわりは、私の中ではまだまだ続いているのである。

最後にとり残された京漬物の名品を紹介しよう。それは松ヶ崎で作られる寒

芹田（十条。今はない）

咲菜種の古漬け（糠《ぬか》漬け）である（松ヶ崎では「花漬け」という）。これを炊きたてのご飯の上にのせて食べるとお茶碗一杯では終わらない。菜種の花芽と葉を湯通しして塩漬けにした漬け物はよくあるが、この糠漬けは乳酸菌発酵が加わって味の深みが全然ちがう。ただ少し臭みがあるのでそれが若い人達に受けないのだろうか。最近では松ヶ崎にも広い道路が出来て、めっきり菜の花畑が少なくなってしまった。以前は旧街道沿いの農家で少しずつ味のちがった自家製の古漬けを見かけたが、現在では街道の中程にある久右衛門さんの「花漬」しか見当らなくなってしまった。

「岩城先生のこと」

好評の『京の野菜記』につづいて『京の野菜　味と育ち』（一九八八）を続編として出版した。この本は前編に書ききれなかった伝統野菜十四種の話と、先生が調べておられた京野菜の栽培に使っていた消えゆく農具の話、それに先生の下で京都府の生活改善員をしておられた岩城由子さんに「京野菜を使った家庭料理」を書いてもらい一冊の本にまとめたものである。

またその後、京野菜の料理法だけの本がほしいとの要望が強く出たので、岩城先生の書かれた部分だけを独立させ、それをもう少し増補してもらって『おいしい京野菜　おばんざい１６０』（一九八九）という一冊の本にして出版した。岩城さんはバイタリティがあり、努力家でしたので、その後、京都府女性総合

センター館長と出世された。

その岩城さんの紹介で平成五年に、久多木の実会編『京都久多―女性がつづる山里のくらし』（一九九三）という本を作らせてもらった。無形文化財の花笠踊りやお盆の松上げ行事で知られる、京都市最北端の山里・久多での女性たちの暮らしを、自身で纏めあげた民俗歳時記である。炭焼き、麻作り、機織りなどの労働、自然の恵みを生かした食生活、結婚式、お産などなど久多の女性が自らで書いた貴重な本である。またそれを書いて残すように薦めた農業改良普及所の方々の努力の成果でもあった。

この本のことで二つほどエピソードを書かせてもらおう。まずはじめは、久多は狭いところだから住んでいる皆さんの表札名入りの地図を本の中に入れたのだが、本が出来てから、私の家だけ載ってない、との指摘をいただいた。怒っておられるわけではないのだが、私が新参者なので、と言われて困った。この山深い里にもそのころ芸術家の人たちが住みはじめたのだ。一人の氏名だけで本を作り直すわけにもいかず、結局その方の家を書き加えた地図をコピーして挟み込む事で了承してもらった。もうひとつは、出版記念会で、かねがね噂に聞いていた、久多の地鶏のすき焼きにありつけたことである。市中で食する鶏すきとはちがい、いまだに味が忘れられないほど美味だった。

今でも安曇川に沿って滋賀県西部の朽木へは、鯖寿司や橡餅を求めてよく行くが、その途中で久多との分岐に来ると、ふと西へ橋を渡って久多の方へ行きたくなる。

紙魚《しみ》の世界　―京の本屋ぐらし―

最後に出版業界との関わりを少し書いておきたいと思う。

「日本書籍出版協会に入会したころ」

出版を親父の代からやっていたことははじめに書いたが、株式会社ナカニシヤ出版が正式に誕生したのは昭和五七年（一九八二）のことである。そして経営が安定して軌道に乗りだしたのは、一九九〇年代に入ってからだ。そのころ兄が親の代から続いていたナカニシヤ書店を閉じたのだが、幸いなことにそれがちょうどバブルが頂上のときだったため、書店の土地が予想より高い値段で売れ、兄は誰にも迷惑をかけることなしに無事終えることができた。もし書店の債務がまだ取次店などに残っていたりしていたら、当然、同名のナカニシヤ出版の方にも取次店から圧力がかかったりして、火の粉を少しはかぶる羽目に陥ったかもしれない。バブルのおかげで、兄も周囲をきれいにして辞められたし、私も余波を受けずに済んだ。世の中一般にあるバブルの話とは反対で、バブルの恩恵に預かったという運のいいことだった。

社団法人日本書籍出版協会（以後略して「書協」）に入会することにどれだけのメリットがあるのかと言えば、何もないかもしれない。あるとすれば、取次

一九八五年頃

店などが「ナカニシヤ出版とは何者?」と思ったときに、「あそこは書協に加入している」ということが、ひとつステータスの目安になるぐらいのことだろう。日本の全出版社が四千社とか五千社といわれるなかで、書協の加盟社は約一割の四五〇社弱である。しかしその四五〇社で売上の約八〇パーセントを占めているのだから、日本の出版社を代表する団体といえるだろう。

　私が入会した一九九〇年で京都支部の会員は約三十社ほどだった(二〇一二年現在三九社)。実際に入会してみると、会合や旅行や親睦行事などがよくあるので、それを通じていろんな出版社の社長さんたちと親しくなった。そして書協の仕事をやらせてもらったりしたことが、結果的には出版人としての自分の成長に大変役立ったので、入会してよかったと思っている。

　入会には推薦者が二名必要とのこと。一人は書店の時から京大の教科書の販売でお世話になっていた、東京神田小川町にあった大明堂の神戸祐三社長にお願いしたが、もう一人がどなたであったかは今となっては失念してしまった。多分、朝倉書店の朝倉邦造社長だったような気がする。取りあえず入会の書類を一式揃えて、当時、京都の支部長をしておられた人文書院の渡邉睦久社長のところへお邪魔をしたのは、一九九〇年初春の頃だった。人文書院はそのころは洛中のど真ん中、東洞院の仏光寺通を東に入ったところにあり、南側には通りを隔てて真宗本山・仏光寺があった。人文書院の建物は京都の古くからある大きな町家で、その家を中だけを改造して使っておられた。後になって聞いた

二〇〇〇年頃

ことだが、別にお金に困っておられる訳でもないのにその建物は、借家とのことだった。こんな純京都風なところから、サルトルやフロイトの本が出版されるのかと感動したのを覚えている。階段をミシミシと二階の事務所にあがり、渡邉社長にお会いし、入会書類を手渡した。そして面接された。質問は、兄の書店が沈没したのに大丈夫か、というようなものだったので、現在の状況を説明し、決着がついたので伺ったのであって、ご迷惑をおかけするようなことはないと説明した。

入会を許可されて間もなくの頃に、書協京都支部で編集して出版された『京都出版史』の完成記念パーティーが市内のホテルで催された。その時、渡邉社長はお嬢さんと共に列席されていたので、後継ぎはお嬢さんがされるのかと専らの評判だったが、現在では息子さんが後を次いでおられる。爾来、懇意にしてもらっているが、九十歳を超えておられるのに、まだ背筋がぴんと伸びてかくしゃくとしておられるのには感心させられる。

書協京都支部の会合は今も昔も毎月、第一金曜日にある。入会したころは、まだ鹿ケ谷に社屋のある金芳堂の小林社長がお元気な頃で、金芳堂にちかい天王町の岡崎ホテルで行われていたが、今は御所の近くのブライトンホテルになった。私は書協に入って業界の事に詳しくなれば、紙が安く買えるようになったり、印刷代が下がったりと、実利的なことを期待していたのだが、そのようなことは何もなかったのには、少しがっかりしたものだ。しかし、前にも書い

たように、いろいろな出版社のいろいろな社長さんと親しくなり、出版社にも社長さんにもいろいろなタイプがあるんだなぁ、とたいへん世の中の勉強になった。そして一緒に書協の仕事をしながら、出版人としての生き方を教わったのは大きいことだった。

「日本出版文化史展'96京都のころ」

一九九二年が役員の改選年で、支部長が人文書院の渡邉社長から淡交社の臼井史朗副社長に交代された。その時同時に行われた役員選挙の投票で幹事の一人に私が選ばれてしまった。九〇年に入会したのに、少し早すぎると思うのだが、すぐ口を出すおっちょこちょいの性格のせいだと思っている。

臼井支部長は最初の幹事会で、自分の在任中(四年間)に「日本における出版文化の発祥の地・京都で日本出版文化史展をやりたい」といわれた。そのころ京の巷では、平安建都千二百年を再来年の九四年にむかえるので、いろんなイベント企画が目白押しで進行中だった。我々の企画はサブタイトルに、「百万塔陀羅尼からマルチメディアまで」とうたう通り、日本の代表的な出版物を、現存する世界で最古の印刷物である、法隆寺の五重塔に残る百万塔の中に入った陀羅尼経の経文から現代の紙に変わる出版物までの展示をメインとした事業であった。

結果は、成功裏に終わるのだが、その展覧会の内容は『図録　日本出版文化

史展'96京都』に、また顛末は『同　顛末拾遺』に詳しいのでここでは省くことにする。

そのとき私の役割は広報部長。共催の京都府、京都市、朝日新聞社、文化博物館との折衝や、電通、凸版印刷との共同作業、それに関西の各鉄道へのPRのお願いなどなど、いままで付き合ったことのない大きなところへ放り込まれてしまって、東奔西走というか右往左往というか、本業を放り出して毎日その仕事に没頭していた。

やがて展覧会が迫ってくると、何か抜けていないか、細かいことも考えるようになり、来場者に対するサービスとして無料で持ち帰ってもらうものとして出版物のカタログを各種揃えることになった。主な出版社のカタログは簡単に並ぶが、その他にトーハンにある総目録刊行会の出している「人文科学書総目録」や「自然科学書総目録」など各種の部門別総目録も大量に取り寄せた。しかし、せっかく京都で催すのに京都の出版社を紹介したPR物がない。それで急いで編集し、刊行されたのが、今まで何処にも顛末を書いたことのない、『京都の出版社'96』である。

これをつくるまで、「今、京都にどれだけの出版社があるのか」という簡単な質問に対して返答出来る資料はなかった。それで、現在京都にはどれだけの出版社があるのか、そしてどのような本を出版しているのか、それを調べて全国に発信しようと考えた。

国立国会図書館には日本で出版された本はほとんど揃っているはずである。その中から京都で出版された本の版元は抽出できる。約一千あった。しかし抽出された「しゃ」は者であり、社ではない。一冊ぽっきりの自費出版者の個人名ばかりが目につく。これでは用をなさない。一方、どこまでを出版社というのか、というその定義がまた意外と難しい。例えば、研究所（京都大学人文科学研究所など）や他業種（多数の農業、園芸の本を出しているタキイ種苗など）などから、かなりの本が出版されている。しかし、彼らは出版社と自認していない。だから彼らは出版社ではない。

そこで、京都の出版社の定義を、「本社が京都にあって、取次店、書店を通して市販するのに必要なＩＳＢＮコードを保有していて、しかも自らを出版社と認めている」ということでくくった。これでは自費出版の本ばかりつくっている印刷所や出版プロダクションは省かれてしまうが、こちらのめざす一覧は、読者の、あるいは出版関係者たちが、出版社に連絡したい時などに必要な、いわゆる便覧として利用しやすいものをめざしているので、これでよしとした。

まず、京都の出版社の住所を国会図書館の出版社一覧や取次店の取引名簿、書協京都支部メンバーのノウハウなどから約四百社抽出した。そしてその社に返信付でアンケートを郵送した。その結果、約百八十社から返信があった。しかし、その中に混じる出版社でない所（主に印刷所）は除き、逆に返事の来ない出版社には再度発送して返事をもらい、まず第一回はこんなものだろう、とい

一万人目の入場者に記念品を贈る
書協理事長・二玄社渡邊隆男社長（当時）

うことでまとめたのが『京都の出版社'96』である。

出版社とのやりとりで、新たに勉強になることがいろいろあった。例えば、謡曲の本などで江戸時代から続いていて、二条の夷川に古色蒼然とした看板をだして店構えを張っている檜書店からは返事が来ないので、催促すると、私どもの本店は東京です、と冷たく断られた。私は銀座に店があるのは知っていたけれど、出版している本が本だけに京都が本店だと思い込んでいた。明治になって、お公家さんも大店もこうして東京へいってしまったのだろう。また逆に学習参考書の大手・数研は、わが社の本店は東京だが、今でも京都の出版社だと思っているので参加させてほしい、と言ってこられた。全国展開のお店だが、社長は北白川に住んでおられて、京都にこだわっておられる。しかしそのような出版社は他にもあり、収拾がつかなくなるので、本社が京都でないことを理由にご辞退願った。

本は、展覧会の一週間前に無事でき上がった。その後、私のところが抜けている！というお叱りはなかったので、ほっとした。掲載した出版社は全部で百四十社であった。読者の反応は「へぇ、京都に出版社はこんなにたくさんあるの。」という声だった。取次店、全国の書店には必ず一冊備えてもらっていて、大変役立つと好評だった。本は会期中になくなった。しかしその後も出版関係者などから引き合いが多々あったので、二〇〇一年に改訂増補して再版した。

支部長の臼井史朗さんとは、この出版文化史展の催しなどを通して大変親し

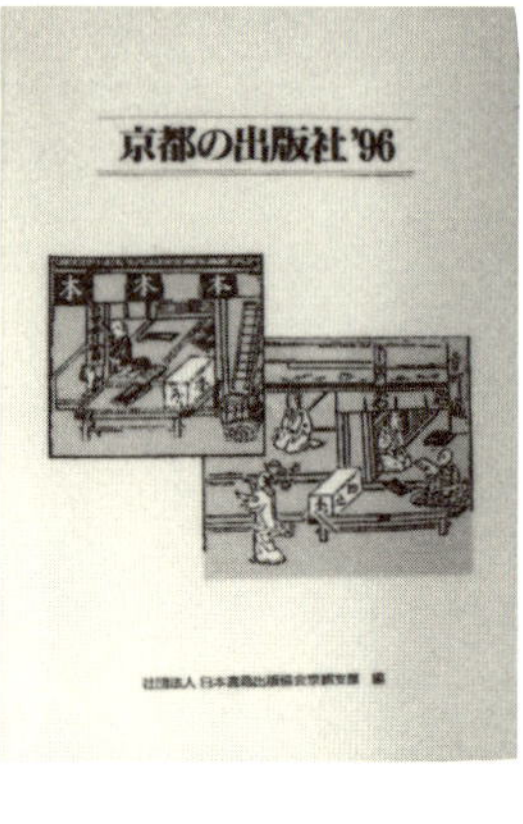

くなった。長年、淡交社で編集長、副社長を務めてこられたので、著者関係はもちろんのこと、行政、報道関係などにも旧知の間柄の方々が多く、臼井さんについてまわると私も知り合いに名士が増えた。もともと編集の道をひとすじに歩んでこられた方なので、私のように営業から出版に入った者とは肌合いも違ったしそれも新鮮な体験であった。

　聞かせてもらったおもしろい話を一つだけ書いておこう。それは、作家、今東光和尚のことである。まだ和尚が無名で大阪八尾の貧乏寺の住職だったころ、「お吟さま」というおもしろい小説を書いているのを臼井さんは見つけられた。それを淡交社のお茶の雑誌「淡交」に連載したところ、評判を得て、完結後に出した単行本もよく売れた。臼井さんのお陰で今東光の名前は戦後ふたたび一躍世に出た。臼井さんとしては、二作目も三作目も勢いよく出版するつもりでおられたらしいが、今東光和尚のことを聞きつけた東京の大手出版の編集者が、私のところなら大きな部数を発行するといって横取りしていってしまった。事実、本は東京のその出版社が出してよく売れたので、今先生はもう京都の出版社に戻ってこられなかった、という今でも通用する京都編集人の悲哀の物語である。

　臼井さんは引退後も執筆活動を続けておられる。一年に一冊か二冊、それを送っていただいて、ご健在を知り、礼状で無沙汰を詫びるこのごろである。

（二〇一〇年、鬼籍に入られた。）

オープニングで挨拶をされる臼井氏

「理事として東京通いをしていたころ」

一九九六年二月二五日に無事「日本出版文化史展」を終えた。しかし、万歳解散かと思いきや、その後、誰も知らないところで、まだ仕事が続くことを始めて知った。それぞれの担当幹事は展示物の返却や収支決算などで働いていたし、私は臼井さんと一緒に協力団体、関係者の御礼参りにあけくれていた。それも五月頃には終わり、ほっとしていると、臼井さんが後のちになると分からなくなるので、「顛末拾遺」を出しておこう、とおっしゃり、またまた仕事ができた。そしてそれが完成したのが十月、その時ようやく部屋に貼ってあった展覧会のポスターを下ろした。

少し逆上るがこの年の三月に書協京都支部の新しい体制が決定。支部長が臼井さんからミネルヴァ書房の杉田信夫社長に交代された。小生は幹事留任だが、本部の理事にも選ばれた。理事は全国で約三十名、そのうち京都二名、大阪三名、残りは東京の人で占められていた。京都は恒例として支部長ともう一人の二名が理事になる。それまでは臼井さんと法蔵館の西村七兵衛社長、今回からは杉田社長と中西ということになった。月一回、東京の神楽坂の上にある書協本部で理事会がある。それに出席して、その経過を持ち帰って支部会で報告するのが主な役目である。他にも付随するいろいろな用事があり、多いときは月三回行くこともあった。最低でも月に一回はどちらかの理事が理事会のために上京しなければならない。杉田さんは既に七十を越えておられたので、あまりご無理もいえないので、私の上京回数が増えた。

上京が増えたはじめの頃は、ついでに上野の博物館や美術館へ行こうとか、神田の古本屋街をじっくり回ろうとか、楽しみも数多くあったが、四年後に支部長になったころには、だんだん加齢のためか神楽坂の書協本部詣でだけで終わりという上京が増えてきた。何よりも東京は人が多すぎる。美術館も行列、昼食も行列、人いきれに圧倒されてしまう。やっぱり一人で山へ入るのが私にはいちばん向いているとつくづく思った。

杉田社長とは、自分が書店の小僧をやっていた昭和二十年代の後半から面識があった。そのころのミネルヴァ書房はいま現在ご自宅になっている、御所南の柳馬場通の押小路を上がったところにあった。ナカニシヤ書店ではミネルヴァ書房の本は問屋を通さずに直接仕入れていたから、自転車でよく本をもらいに行った。その時にお会いして親しくしてもらっていた。ミネルヴァ書房には他に大西さんというダンディな番頭さんがおられた。その大西さんとは一緒の野球チームだったので、日曜日にはよく草野球を楽しんだ。また営業の是永君とは同じ山岳会で、一緒によく比良山に登った。

杉田さんは誠実を絵に書いたようなお人柄で、いまだに出版界での理想の人物として私は鏡にしている。言われたことで実行していることが幾つかある。「中西君、出版社はあんまり大きくしたらあかんよ。一五人位が限度。それ以上になると、誰が何の仕事をしているかわからなくなって面白くなくなるよ。」

京都の本屋の野球チーム「ヤンホー」、昭和三五年（一九六〇）ごろ。前列左から大西（ミネルヴァ書房）、堺（東販）、時松監督（柳原書店）、木村（丸三書店）　中列左から前川（有斐閣）、中西（ナカニシヤ）、大垣主将（大垣書店）、林（中央図書）　後列左、中島（アオキ書店）

「出版社といっても商売。社長になってもどんな本が売れているか、毎日朝に問屋を通じて来る読者の注文カードを見なさい。」「京都の出版社は東京の真似をしたらつぶれるよ。」などなど、次の世代にも言い伝えておきたい言葉が多い。

今では、息子さんが立派に継承しておられるので、ミネルヴァ書房は万々歳である。

「書協京都支部長をしていたころ」

（「新聞の新聞」二〇〇二年一月七日号より抜粋）

［記者の質問］　大型書店の進出などで、中小書店は厳しい状況にあります。

［中西］　書協で再販問題を何年か取り組んでいると、以前に多かった「欲しい本が手に入らない」というお客さんの不満が減ってきているのがわかります。検索の仕方が便利になったこともありますが、何よりも大型店がたくさん各地にできてきたためです。今までは、東京を除くと近くに大型の書店がないので、その不満がたくさんありました。しかしこの頃は東京以外でもどんどん大きな本屋さんができたから、「欲しい本が手に入らない」という声が減ってきています。

中小の書店さんには悪いのですが、その点では大型店は読書界に貢献しています。ですから読者から見て中小書店が大型店の出店を悪く言えるかというと、これもまた難しい問題です。大型店はもともと中小書店だったと思っています。

読者の要望に応えて、本をたくさん置き、大型店になったという解釈が正常ではないでしょうか。もちろん、資本がないとできないから一概には言えませんが。店頭で読者の声を聞いていると、「欲しい本がない。もっと本を揃えなさいよ」と当然言われるし、もっと大きな本屋を作り、本をたくさん置いて読者に満足してもらえるような本屋さんにしよう・・。そういう風にして育ってきたのが大型店(という解釈)です。

どんどん大型店が増えてきている中、それに乗れるか乗れないかというところで、今、乗れなかった中小書店がご苦労なさっています。昔、私も本屋をやっていましたから、そのご苦労はわかりますので、何とか中小書店が生き残っていく道はないかということで、京都出版三者交流会をこしらえ、書協京都支部と書店組合、取次京栄会の三団体が一緒になって、抱えている同じような悩みについて研究していこうということになっています。

問　三者交流会の目指すものは?

[中西]　流通、販売、IT、読書推進の四委員会に分けてやろうということになっています。流通については、京都の取次の店売に地元の出版社の本がなく、読者の手元に早く届かないことが問題となっています。京都の読者からすれば京都の本は東京の本より早く届くのが当たり前のことですが、今の流通形態では、京都の出版社の本の注文でも、一度東京まで行ってしまいます。そこで東京のセンターに本がないと、また注文カードが京都へ流れてきて・・とい

二〇〇四年に転居した一乗寺の本社ビル

う悪循環がおこります。東京では「物流のコンピューター化でものすごく早くなった」と言いますが、こちらは柳原書店さんのような地元密着型の取次店がなくなりましたので、かえって遅くなっています。それを改善しようということです。例えばトーハンや日販、大阪屋の店売に京都モノだけ置いてもらうとか、もし取次が動いてくれないのなら書店組合の店売にお願いするとか、今現在、書店組合さんでは、地図や旅行ものを置いて結構注文もあるようですから、京都の出版社の本を置いてもらえればそれでもよいのですが、まずは取次さんのご意向を聞いてみなくてはなりません。取次店の方で現状を変えられないという返事なら書店さんとそれから先を考えます。

その他、販売委員会では、京都の出版社の本の店頭フェアーを企画したいと考えています。IT委員会では、新刊案内のIT化を考えています。出版物の新刊案内のチラシを規格化し、同じ形のものをパソコン上で見られるようにし、その中から書店さんが自分の店で必要なものだけ取り出す。そしてそれをコピーしてお客さんに回します。そうすれば出版社がいちいちチラシをいろんな所に配付するよりお金がかからなくて済みます。このお客さんにはこの本が向くとなれば、プリントアウトしてもらいチラシを持っていく。そういう考え方なのですよ。細かいところまで詰まってはいませんが、京都の出版社のチラシを規格化しようというところまできています。買ってもくれない所にまでランダムにチラシを大量に撒いていたのですから非常に効率的ではありません。しかし、

オープニング披露のとき（二〇〇四年九月一日）

端末を使えない書店さんもいますので（従来のチラシと）両方やらなければなりませんね（笑い）。

問　読書推進委員会は、いかがでしょう。

［中西］　読書週間には、書協京都支部で毎年何かやっています。昨年は八文字屋の会（別項）をやり、地味ながら結構たくさんの人に来てもらい盛会でしたが、これは書協だけ。書店も取次も出版社も一緒になったようなイベントを考えなくてはなりません。いろいろなことが考えられますが、例えば、公正取引委員会も再販の弾力的運用を地方でもやれ、と言っているのだから、「弾力運用フェアー」みたいなものをやりましょうと…。これなら書協の本部も喜んでくれるでしょうし（笑い）…。でもこれは出版社によって温度差がすごくありますし、実際に再販に対する切迫度を感じていない人が多いですから「なんでそんな安売りをするんや」となり、難しい。私は常々東京の理事会に顔を出しているから、痛切に感じるんですが…。それこそ読者を呼んで講演会をしてもよいわけですし、いろんなことをやることによってお客さんが本の方を向いてくれるようにすればよいのですから、とても必要な事だと思います。

問　交流会での取り組みが、中小書店の活性化、生き残りにつながる？

［中西］　現状では、それで中小の書店さんが店を閉じられるのが止められるかとなるとそれは別。難しい問題です。専門店化したらよいとか、いろいろ方法はあるのですがね。しかし直ぐにはうまくいきませんし…。どちらにしても

新社屋オープニングのとき。大垣書店・大垣和央会長とトーハン元社長・近藤敏貴氏

金太郎飴書店では駄目です。それは再販制度、委託販売制度の悪いところが出た訳で、それを脱皮しなければなりません。

私は古書も好きなので、よく古書屋さんに行きますが、古書屋さんは何やかやいっても買い切りですよ。だから仕入れもシビアで、新しくできたブックオフのようなところは別にして、それぞれに「私のところは国文学の本を集めている」「私のところは洋書を揃えている」とか、皆、特色を出してやられています。買い切りであれば、それをやらねばなりません。ですから大型書店に対抗しようと思えば特色を出さないと…。特色を出すとスペースが狭くても大型店より良い本が集まりますし、読者も集まる。

ちょっと変わった店ですが、京都に三月書房というマニアックな店があり、そこには本が好きと言うか、ちょっとラディカルな感じのお客さんが昔から集まっています。それだけの読者を集めていたら、何やかや言いながら、食べていけるようです。その代わり買い切りの本も棚に並んでいて、仕入れに失敗し売れ残ったらダンピングして売っています。それが本来の姿ですね。委託制度に安穏としていると、それこそ金太郎飴書店になってしまいます。

京都ぐらい学生や先生が多くて本を読む人が多かったら、それぞれ特色を出した店で充分やっていけると思います。現在でも中国書専門とか、仏教書専門とかいろいろな店があります。読者には、そこの主人としゃべりたいとの欲望があるんです。書店の主人は、しゃべる機会を増やして、コミュニケーションを取りながらやっていくと、本屋としての生き甲斐も出てきますし面白い。そういうことをやっていくことが一つの方法ではあります。大型店ではこれはできません。

私は出版社と書店の両方を四半世紀ずつやりました。その経験から言いますと、今の時代は出版の方がリスクはあるけど楽ですね。しかし、以前には小売店の方が楽な時代もあったようです。わが社は大学のテキストなどを作っているので、残ったらまた次の年に使ってもらえます。それで、僕のところはもっているんですよ。書店さんの棚に並んでからいくら売れるかという本を作っていたら、大手の出版社に勝てませんよ。自分のところは宣伝力がありませんから。あれは宣伝力ですよ。よほど内容の良い本をこしらえれば別ですが…。

問　東京への一極集中が続く中で、京都の出版社のなすべきことは？

［中西］　出版社のシェアでいうと、およそ東京が全体の八十％、京都五％、大阪五％、残り一〇％は全国各地。少なくとも江戸時代の終わりまでは、東京、京都、大阪で張り合っていました。いろんな理由があるわけですが、こうなってしまったら仕方がありません。では、五を一〇にするにはどうしたらよいか。まずすべきことは東京に負けない編集者を育てることです。それが成功すればだんだん追いついていくはずです。

僕のところ（ナカニシヤ出版）は、京都大学のそばにあるから、若い優秀な先生を見つけやすい環境にあります。ところが、「それを本にされませんか」と

下鴨神社で行われた書協例会（二〇〇三）。左から山下専務理事、西村法蔵館社長、杉田ミネルヴァ書房会長、朝倉書協理事長

声を掛け、本を出すと、一ヵ月もしないうちに東京の大手出版社の編集者から「次の本は私のところから出してください」と著者に電話がかかっています。ボクのところのような小さな出版社の本をそこの編集者は読んでいるということです。東の方が西より競争が激しく、編集者は切磋琢磨しているのです。常に次の企画に何かいいものはないかと、アンテナを張っているんです。京都はその点まだおっとりしています。

そして、一度、東京で本が出るともう戻ってきません。それはなぜかというと、刷部数が違うからです。著者はたくさんの人に読んでもらえればよいわけですから、たくさん刷ってくれる出版社がよいのは当たり前。「東京の出版社なら全国にちゃんと撒いてくれる」「京都だと、関西だけしか撒いてないのとちゃうか」と、刷り部数が違うと思われてしまうかも知れません(笑い)。優秀な編集者がたくさん京都に集まれば、東京と同じにはならないにしても、五％から一〇％にするのは不可能なことではありません。そうした地道な取り組みをコツコツとやっていかねばなりません。

よく京都の出版社は「宿り木出版社」と言われます。どういうことかというと、西本願寺の出版社には、日本一古い永田文昌堂が付いており、東本願寺には法藏館が、日蓮宗だと同じく四百年続く平楽寺書店、さらに表千家は河原書店、裏千家は淡交社という風に、全部宿り木。ところが一つの木にあまり二つはくっついていませんね。二つ付いていたらもうちょっと競争して東京のようになったかもしれませんが。逆にそれが長生きの秘訣なのかもしれません。学術書の世界でも、同志社大学はミネルヴァ書房が強いとか、立命館には法律文化社、京都産業大学は嵯峨野書院。相手はそう思ってないでしょうが、ボクのとこは京都大学だと思っています(笑い)。もちろん競争はありますが、東京ほど激しくはありません。先ほども言ったように京都は甘いのです。

いつも思うことですが、四百年も続いている出版社が京都には三軒もあるのはどういうことなのか。今のような不況は、この四百年の間に何回となくあったはずです。天変地異も廃仏棄釈もあった。それでも続いているのはどうしてなのか。こうしたところから教えを受けなければと思っています。ですから私はその三軒はどういう経営をなさっているのか、陰ながら見守らせていただいています(笑い)。こうしてわかることは、単純なことですが、信用なのです。四百年間も西本願寺なり、東本願寺との信用を保ちつづけることは大変なことです。それが一つ。二つ目は、東京の人には分からないかもしれませんが、企業ではなしに家業であるということです。企業として物事を考えると、どんどん売上をあげて、大きくしていかねばなりません。これでは四百年も続きません。八文字屋もそうでした。ものすごく大きな出版社だったが、江戸末期には無くなってしまいました。

問　その八文字屋とはどういう版元だったのですか?

[中西]　八文字屋の盛んだった江戸時代前期(十七世紀後半)の頃、版元と草

八文字屋自笑翁邸跡地

紙屋は厳然として違っていたようです。版元は宗教とか思想の本を出しているところ。草紙屋は、大人向けを含め絵本を出すところ。八文字屋は、その草紙屋で成功しました。二代目の八文字屋自笑が、江島基磧という、京都大仏（今の方広寺）前の餅家の主人に目を付けました。主人ともなると、何もすることがなく、小説みたいなものを書いていたところ、文章が上手かった。八文字屋がそれに目を付け本にして売ったところ、すごく売れたという訳です。また、歌舞伎芝居の筋書きを読み物にした「絵入狂言本」や「役者評判記」という当時の歌舞伎役者の評判を毎年、新版で発行し、劇書では第一の版元になりました。特にいちばんよく売れたのが「役者評判記」で、今、京都で十二月に顔見世がありますが、旧暦では十一月になりますが、顔見世の始めの十日間位を見て、直ぐに書き、浮世絵を刷って、一月一日にはもう出ていました。当時、顔見世の評判が、次の年の歌舞伎役者の評判になりますから、役者も熱を入れてやっていました。京都の顔見世には、それだけの伝統があるということです。江戸には一月十五日には、本になって来ていたといいますから、今と少しも変わらない、ものすごいスピードで作っていたようです。これが毎年新版が出て特によく売れていたようです。

問　小学校跡地を出版文化施設にとの構想があるようですが、具体化してきているのでしょうか?。

［中西］　京都市に金がないからおそらく動かないと思います。こちらにも金

八文字屋屋敷跡に説明板を設置する（二〇〇一）。右から宗政五十緒龍谷大学名誉教授、小生、学芸出版社京極社長、ミネルヴァ書房杉田社長（当時）、京都古書組合理事長キクオ書店前田社長。

がないから、うっかり（やりましょうと）言えません。ただひとつ言えることは、文化的な施設が出来ると、その近所に変な店が出来ないということです。

過去、木屋町通りの三条と四条の間にあった小学校を廃校にした途端に、四条の木屋町通りにファッションマッサージの店がズラッと出来たという経緯がありました。それまで京都は、表（郊外）まで出ていかないと、遊ぶところがありませんでした。教育施設から半径二〇〇米以内には（そうした店を）こしらえてはいけないことになっており、市内には全部規制が掛かっている状態でした。文化的な施設にするということで廃校にしていれば、建てられなかったのです。地元の人はそうしたことをよくご存じなので、町の誰もが文化的施設なら賛成をしてくれます。そうした思惑もあって、京都の情報発進基地にでもしてはどうだということになっています。この前、市役所で副市長と教育長に会って話をしてきましたが、向こうからも、こちらからもお金のことは言えませんでした（笑い）。小学校の跡地を文化施設にしようとすると、大変な仕事になります。博物館的に古い版木であるとか、印刷機の古いものを運びこんだりは出来ますが…。

なぜ、こんなことをやるのかというと、基本的には京都でできた伝統産業ともいえる出版文化の底上げを考えてのことです。シェア五％を一〇％にするには地道にやっていくしかありません。編集者を育てる。そして読者を育てる。変わったことではなく、そうしたことからやっていかないと駄目だと思うのです。

あとがきにかえて

［梓会出版文化賞特別賞受賞の時の挨拶（二〇〇六）より］

ナカニシヤ出版の中西でございます。このたびは梓会の出版文化賞の特別賞をいただきまして、ありがとうございます。ご選考の先生方、出版社の方々、それから梓会の皆さん方、心から御礼を申し上げます。どうも、ありがとうございます。なにぶん普段、京都におりますので、あまり皆さんも私どものことをご存じないと思いますので、今日はこの場を借りましてそういう話からさせていただけたらと思います。

ナカニシヤ出版というのは、私の親父が昭和三年にナカニシヤ書店というのを、丸善の洋書部から独立して、京都大学の前に出したのが最初です。そのときに屋号のナカニシヤというのはもう片仮名でした。なぜ当時としてはモダンな片仮名なのかなと思いましたら、そのころ丸善さんが神田の小川町で洋書の日本で初めての古本屋さんをやっておられまして、その屋号が中西屋だったからです。丸善さんはハヤシライスの創始者といわれる早矢仕さんという姓なのになぜ中西と付けられたかというと、丸善さんは中国の中と西洋の西をとって中西屋とされたのでした。その名前があったものですから、うちの親父は丸善から独立したので同じ名前は付けられない。それで片仮名にしたようです。

今日まで凡そ八十年続いておりますが、そのうち昭和三十年から五十年間ほど私がやらせていただいております。始めの二十五年がナカニシヤ書店ということで書店をやりました。オーバーラップしている期間がありますが、あとの二十五年か三十年ぐらい出版社をやりました。ですから四半世紀ずつ書店と出版社をやったことになります。こういう経歴の人は業界を見渡しても少ないと思います。どちらが面白かったかという話は皆さんもお聞きになりたいことでしょう(笑い)。そのことについていろいろ考えてみたのですが、儲かる、儲からないを別にすると、僕としては書店の方が面白かったように思います。

毎日、先生の研究室へ行きまして、「先生、こんな本が出ましたよ。こんな本が今売れてますよ」とか「このごろの学生は、こんな本を読んでますよ」とかいう話をして日長一日過ごしていましたが、これはなかなか楽しいことでした。それからもう一つの楽しみは、毎朝、店の前へ取次店さんが持ってこられる新刊の入った九号の箱を開ける時です。ポンポンと積まれる箱を開けるのが、なんとも玉手箱から何が出てくるかというような楽しみでした。毎日その新刊を見て、これは図書館に入れる本だ、これは棚に置く本だ、これは平積みする本だとか、これは当社には向かないから即返すという仕分けをするのです。それを十五年程やりましたら、だんだん勘で本を一目見て、この本は売れる、この本は売れないが分かってくるようになりました。とは言いながら、売れへん本ばっかり出しているのですが…（笑）。それが私の書店時代での一番の財産だったと思っています。

例えば、私が担当していた頃ですと、図書館へ納入するにしても、今みたいに予算がないので京都大学中で一冊しか買わないなんてけちなことは言いませんでした。経済学の新刊が出たとしますと、経済学部の図書館、経済研究所、農学部の農林経済学科とか、簿記研究所、それに本部の付属図書館、人文科学研究所とかいろんなところ、それに先生方の研究室に入るわけです。それを毎日仕分けするのです。

そういうときに本の中身を見ずに…、今日は中身のない話で申しわけございません（笑）。中身を見ずに本の売れる、売れないをどうやって判断するかといいますと、一番はやっぱり著者とタイトルです。それで大体判断するのですが、その次は出版社の名前で判断します。あとは皆さんの書かれた腰巻き（帯）のコピーだとか装丁、それでわからないと目次をみるとか、いろいろそんなこともあるのですが、大体、著者、タイトル、出版社の三つぐらいで判断してしまいます。これは書店さん、どこでも同じだと思います。あるいは新聞社の読書欄担当の人や書評委員の先生方もいちいち読んではいられませんから、初めはそういうことで本を分けられるのではないでしょうか。

そんなことで長いこと本に関わってやってきました。その間のエピソードもいろいろあるのですが、あまり長くなると怒られますので、一つだけご紹介しましょう。

本屋はどのように勉強していくか、という話です。学園紛争の最中の昭和四五年ごろのことですが、いつものように朝、店先で新刊を選別していると、北望社というあまり聞かない出版社の『主体性』という本に出くわしました。なかなか装丁もよく売れそうな雰囲気を持っている本でした。少し中を見てみると、何の本かわからないが哲学に近い本だという印象でした。店に置こうかどうしようか、迷った末に、あまり聞かない出版社だから返品を後で引き取って貰えないと困るので取次に返してしまいました。

その日の午後、お得意さんの先生が店に来られて、「ナカニシヤさんのとこには『主体性』という新刊は来てないの?」とおっしゃる。「今日来ましたが何の本かわからんので返しました。」というと、先生は「あの本は売れると思うで」と言われたので、すぐに取次に電話をして京都中の取次店の店売にある本を全部かき集めて、次の日から店売で平積みにしました。するとベストセラーほどのスピードではありませんが、着実に売れ続けました。後で分かったのですが、その本はエリクソンのアイデンティティーの日本で初めての紹介書だったのです。そのころまだ自我同一性という言葉はできてなく、アイデンティティーを「主体性」と翻訳したのでしょう。余談ですが、その『主体性』という本は翻訳がまずく読みづらかったと先生は後で言っておられました。また、北望社は翻訳権を取らずに出版して原出版社ともめたという話も聞きました。今では考えられないことです。隔世の観ありです。

このように新しい学問、例えば文化人類学とか現象学とかもそうでしたが、そんなものが出てきても本屋にはわかりません。しかし、アンテナを張っていると引っ掛かってくるのです。私が心理学の本を中心において出版活動を進めてきたのも、そういう姿勢の延長の上にあるのです。

そうこうするうちに、今のご時世、私らのような中小書店は駄目になってきまして、出版の方へ力を入れることになりました。それで京都大学の大先生のところに行きまして、これからは出版を主にやりたいと言いましたら、大先生曰く、「戦前は東の岩波、西の弘文堂といって、関西にも弘文堂という立派ないい本を出す出版社があった。同じやるなら弘文堂をめざしてやりなさい」と激励されました。

それ以来約三十年、弘文堂さんをめざしてやってきました。二〇〇六年には出版点数が千点を超えました。はじめる時に貰った出版社コードでは千点しか出せないので、急遽新しいコード番号をもらいました。多分、書店が出版をするのだから千点分もあれば十分だろうと思われたのでしょう。私自身もこんなにたくさんの本を出版できるとは思ってもみませんでしたから。しかし、弘文堂さんを山に例えるとまだ中腹の五合目にも届かないような状態で、頂上に到るのは夢のまた夢です。出版の道も深いので、それはそれでそれなりの楽しみを感じてやらせていただいております。

もう株式会社になって三十年になるのですが、商標、トレードマークも決まっておりませんので、少し前、編集長にそろそろ何かマークを付けようじゃないかと言いましたら、編集長が、「東の某出版社はミレーの種蒔く人だから、うちとこは落穂拾いにしようと言いました」(笑)。なかなか面白くて…、東京から来たブルドーザーがドッと通ったあとの落穂を拾っている自分の姿を想像して思わず笑ってしまいました。そんな関西流の落ちがついたところで終わりにさせていただきたいと思います。

ナカニシヤ出版「山と自然の本」出版一覧

発行年月	書　名	判型	頁数	著　者
2005.4	蟻さんの熊野紀行Ⅲ高野・小辺路を行く	A5	280	山村茂樹　著
2005.5	岳書縦走	菊	444	雁部貞夫　著
2005.10	新日本山岳誌	菊	1992	日本山岳会　編著
2005.11	世界の屋根に登った人びと	四六	216	酒井敏明　著
2006.1	記録 五十年の踏み跡	菊	606	関西学院大学ワンダーフォーゲル部 編
2006.5	旗振り山	A5	328	柴田昭彦　著
2006.6	森林はモリやハヤシではない	四六	288	四手井綱英　著
2006.6	富山湾岸からの北アルプス	四六	268	佐伯邦夫　著
2006.7	大峰奥駈道七十五靡	A5	312	森沢義信　著
2006.11	比叡山 1000 年の道を歩く	A5	152	竹内康之　著
2006.12	雲の上で暮らす	四六	398	山本紀夫　著
2007.1	シルクロードの風	A5	284	内田嘉弘　著
2007.2	好日山荘往来（上）	四六	308	大賀壽二　著
2007.3	山と氷河の図譜—五百澤智也山岳図集	B5	144	五百澤智也　著
2007.5	関西の沢登り【3】南紀の沢	四六	248	樋上嘉秀　著
2007.8	三訂　奥美濃	四六	244	高木泰夫　著
2007.9	北アルプス大日岳の事故と事件	A5	190	斎藤惇生　編
2008.3	由良川源流　芦生原生林生物誌	A5	184	渡辺弘之　著
2008.6	好日山荘往来（下）	四六	352	大賀壽二　著
2008.6	山の本歳時記	四六	176	大森久雄　著
2008.10	ゴローのヒマラヤ回想録	四六	244	岩坪五郎　著
2008.11	葵祭の始原の祭り - 御生神事 - 御陰祭を探る	A5	194	新木直人　著
2008.11	京都北山から	A5	194	京都府山岳連盟　編著
2009.6	伊吹山案内	A5	184	草川啓三　著
2009.6	秘境ヒンドゥ・クシュの山と人	菊	412	雁部貞夫　著
2009.7	紀伊の歴史地理考	A5	212	中野榮治　著
2009.9	これからの日本の森林づくり	四六	184	四手井綱英　他著
2010.3	春夏秋冬山のぼり	A5	240	増永迪男　著
2010.3	極上の山歩き	A5	128	草川啓三　文・写真
2010.5	生駒山	A5	200	大阪府みどり公社　編
2010.6	写真で見る京都自然紀行	A5	224	京都地学教育研究会　編著
2010.6	西国三十三所　道中案内地図（上）	B5	152	森沢義信　著
2010.6	西国三十三所　道中案内地図（下）	B5	152	森沢義信　著
2010.6	西国三十三所　道中の今と昔（上）	A5	288	森沢義信　著
2010.6	西国三十三所　道中の今と昔（下）	A5	256	森沢義信　著
2010.12	飛騨の山 - 研究と案内	A5	328	飛騨山岳会　編著
2011.3	琵琶湖の北に連なる山	A5	164	草川啓三　著
2011.3	日本のジオパーク	A5	216	尾池和夫・加藤碵一・渡辺真人　著
2011.3	映像で見る　奈良まつり歳時記	A5	160	武藤康弘　著
2011.10	登山案内　一等三角点全国ガイド	A5	260	一等三角点研究会 編著
2012.3	写真地理を考える	B5	158	原　眞一　著
2012.6	登る、比良山	A5	164	草川啓三　著
2012.6	地理の目で歩く スイス・アルプス	A5	196	坂本英夫　著
2012.10	おいしく食べられる山野草の料理	変型	90	道下暁子　著
2013.3	世界遺産 春日山原生林	A5	255	前迫ゆり　編
2013.8	山の本をつくる	A5	282	中西健夫　著
2013.12	登山案内 続 一等三角点全国ガイド	A5	190	一等三角点研究会 編著

ナカニシヤ出版「山と自然の本」出版一覧

発行年月	書　名	判型	頁数	著　者
1995.10	霧の山—続ふくいの山四季—	四六	210	増永迪男　著
1996.3	初登頂	四六	360	平井一正　著
1996.10	層峰春秋	B6	222	西尾寿一　著
1996.12	関西　山越の古道　下巻	四六	248	中庄谷　直　著
1996.12	美濃の山　第1巻	四六	272	大垣山岳協会　編
1997.2	比良の父・角倉太郎	四六	214	角倉太郎著　佐々木信夫編
1997.4	京都丹波の山（下）	四六	270	内田嘉弘　著
1997.5	仏和山岳用語集	B6	184	村西博次　編著
1997.10	美濃の山　第2巻	四六	274	大垣山岳協会　編
1997.10	山の響き	四六	296	田畑吉雄　著
1998.3	蒼山遊渓	B6	222	西尾寿一　著
1998.3	落日の山	A5	232	荒賀憲雄　著
1998.4	ミニヤコンカ初登頂	四六	296	バードソル、エモンズ、ムーア、ヤング著 山本健一郎訳
1998.4	ヒドンピーク初登頂	四六	420	ニコラス・クリンチ著　薬師義美、吉永定雄訳
1998.4	和仏山岳用語集	B6	272	村西博次　編著
1998.6	近江地域研究	A5	318	小林健太郎　著
1998.7	ぶらり中山道	B5	308	松山達彦　著
1998.9	沢歩き記録集（近畿編）	四六	250	同人・わっさかわっさか沢歩き 編
1998.11	美濃の山　第3巻	四六	310	大垣山岳協会　編
1998.11	関西の山　日帰り縦走	四六	230	中庄谷　直　著
1999.3	スイスの風景	A5	168	浮田典良　著
1999.5	近江百山	B5	230	近江百山之会　編
1999.7	近畿の山　続　日帰り沢登り	四六	215	中庄谷直・吉岡章　著
1999.7	沢歩き記録集（鈴鹿・奥美濃・白山編）	四六	208	同人・わっさかわっさか沢歩き 編
2000.2	大和まほろばの山旅	四六	224	内田嘉弘　著
2000.7	近江の山を歩く	菊変	160	草川啓三　著
2000.7	アウトドアライフ論	A5	196	塚本珪一　著
2000.11	世界の風土と人々	A5	280	野外歴史地理学研究会　編
2000.12	吉田探訪誌	A5	276	鈴鹿隆男　編著
2000.12	深山・芦生・越美　低山趣味	四六	218	広谷良韶　著
2001.4	北摂の山（上）	四六	272	慶佐次　盛一　著
2001.5	カラコルム・ヒンズークシュ登山地図	B全・A4変	385	宮森常雄・雁部貞夫　編著
2001.6	山・旅・友	A5	228	石村揚正　著
2001.11	関西周辺低山ワールドを楽しむ	四六	254	中庄谷　直　著
2002.3	北摂の山（下）	四六	272	慶佐次　盛一　著
2002.4	御嶽の風に吹かれて	四六	180	久山喜久雄　著
2002.5	蟻さんの熊野紀行Ⅰ紀伊路・中辺路を行く	A5	232	山村茂樹　著
2002.7	四国の山を歩く	四六	292	尾野益大　著
2002.7	エベレスト61歳の青春	A5	280	川田哲二　著
2002.10	京都北山　京女の森	四六	240	高桑　進　著
2002.10	大阪50山	四六	290	大阪府山岳連盟　編
2002.10	葛城の峰と修験の道	A5	312	中野榮治　著
2003.2	全世界紀行	A5	470	南里章二　著
2003.4	大文字山を歩こう	四六	210	法然院森のセンター　久山喜久雄　編
2003.4	鈴鹿の山を歩く	四六	334	草川啓三　著
2003.5	関西の沢登り【1】台高の山	四六	230	樋上嘉秀　著
2003.7	関西の沢登り【2】大峰の沢	四六	224	樋上嘉秀　著
2003.7	蟻さんの熊野紀行Ⅱ新大辺路を行く	A5	228	山村茂樹　著
2003.12	禁断のアフガニスターン・パミール紀行	A5	490	平井　剛　著
2004.3	白川郷	A5	232	合田昭二・有本信昭　編
2004.6	近江　湖西の山を歩く	A5	176	草川啓三　著
2004.7	おれ　にんげんたち—デルスー・ウザラーはどこに—	四六	220	岡本武司　著
2004.7	地図表現ガイドブック	B5	140	浮田典良・森三紀　著
2005.3	与論島	A5	216	高橋誠一・竹盛窪　著

ナカニシヤ出版「山と自然の本」出版一覧

発行年月	書名	判型	頁数	著者
1970.10	京都の秘境・芦生	四六	212	渡辺弘之　著
1972.6	秘境・奥美濃の山旅	四六	230	芝村文治　編著
1973.11	きのこの手帖	四六	190	四手井淑子・四手井綱英　著
1975.5	大台ケ原・大杉谷の自然	四六	264	菅沼孝之・鶴田正人　著
1975.11	京の野菜記	四六	180	林　義雄　著
1977.11	比良―山の自然譜	四六	260	中井一郎　著
1978.11	北山の峠（上）	A5	246	金久昌業　著
1979.11	北山の峠（中）	A5	240	金久昌業　著
1980.7	びわ湖周遊	四六	282	藤岡謙二郎　編著
1980.11	北山の峠（下）	A5	256	金久昌業　著
1982.1	万葉の山をゆく	四六	252	新井　清　著
1982.11	古代地中海の旅	四六	262	藤岡謙二郎　監修
1984.12	京都の自然	四六	226	塚本珪一　著
1985.10	近江　湖北の山	四六変	166	山本武人　著
1987.5	鈴鹿の山と谷　第１巻	A5	364	西尾寿一　著
1987.10	奥美濃	四六	244	高木泰夫　著
1988.2	鈴鹿山地の雨乞	B6	182	西尾寿一　著
1988.3	京都北山百山	A5	508	北山クラブ　編著
1988.5	鈴鹿の山と谷　第２巻	A5	316	西尾寿一　著
1988.11	京の野菜　味と育ち	四六	164	林　義雄・岩城由子　著
1988.11	近江の祭りと民俗	A4	332	宮畑巳年生　著
1989.2	鈴鹿の山と谷　第３巻	A5	318	西尾寿一　著
1989.5	京都　北山を歩く　第１巻	四六	178	澤　潔　著
1989.8	おいしい京野菜	B6	98	岩城由子　著
1989.9	湖国の街道	四六	204	浅香勝輔　編
1989.11	福井の山１５０	A5変	330	増永迪男　著
1989.11	山のスケッチ	四六	232	内田嘉弘　著
1990.2	鈴鹿の山と谷　第４巻	A5	308	西尾寿一　著
1990.5	京都　北山を歩く　第２巻	四六	176	澤　潔　著
1990.9	青海高原	A5	280	京都山の会　著
1990.11	飛騨の山山（ヤブ山編）	四六	318	酒井昭市　著
1991.3	鈴鹿の山と谷　第５巻	A5	355	西尾寿一　著
1991.8	フィールドガイド大文字山	四六	180	法然院森の教室　編
1991.10	京都　北山を歩く　第３巻	四六	176	澤　潔　著
1992.3	飛騨の山山（国境編）	四六	352	酒井昭市　著
1992.5	京都滋賀南部の山	四六	240	内田嘉弘　著
1992.6	近江　朽木の山	B5	120	山本武人　著
1992.10	鈴鹿の山と谷　第６巻	A5	352	西尾寿一　著
1992.10	兵庫丹波の山（上）	四六	208	慶佐次　盛一　著
1992.10	アムド山旅	A5	208	京都山の会　黄南 TraverseTeam
1993.4	琵琶湖周辺の山	四六	270	長宗清司　著
1993.4	霧の森―ふくいの山四季―	四六	182	増永迪男　著
1993.5	下鴨神社　糺の森	四六	300	四手井綱英　編
1993.9	兵庫丹波の山（下）	四六	204	慶佐次　盛一　著
1993.11	京都・久多	四六	202	久多木の実会　著
1994.1	山城三十山	四六	200	日本山岳会京都支部　編
1994.4	初登山―今西錦司初期山岳著作集―	四六	320	今西錦司著・斎藤清明編
1994.4	ヒマラヤ山河誌	菊	392	諏訪多栄蔵著　雁部貞夫・薬師義美編
1994.6	近畿の山　日帰り沢登り	四六	230	中庄谷直・吉岡章　著
1994.10	渓峰閑話	B6	218	西尾寿一　著
1995.2	京都丹波の山（上）	四六	244	内田嘉弘　著
1995.2	関西　山越の古道　上巻	四六	248	中庄谷　直　著
1995.6	京都府の三角点峰	A5	392	横田和雄　著
1995.10	関西　山越の古道　中巻	四六	248	中庄谷　直　著

山の本をつくる

二〇一三年八月一九日　初版第一刷発行

著者・発行者　中西　健夫

発行所　株式会社　ナカニシヤ出版
〒六〇六-八一六一　京都市左京区一乗寺木ノ本町一五番地
電話（〇七五）七二三-〇一一一
ファックス（〇七五）七二三-〇〇九五
振替　〇一〇三〇-〇-一三一二八
URL　http://www.nakanishiya.co.jp/
e-mail　iihon-ippai@nakanishiya.co.jp

装　幀　竹内　康之
印刷所　ファインワークス
製本所　兼文堂

ISBN978-4-7795-0713-7　C0026